sv

STADT FRANKFURT AM MAIN

Lebenslagen älterer Menschen

Ein Rückblick auf die Aktionswochen
Älter werden in Frankfurt

SOCIETÄTS**VERLAG**

Alle Rechte vorbehalten • Societäts-Verlag
© 2010 Frankfurter Societäts-Druckerei GmbH
Herausgeber: Stadt Frankfurt am Main, Jugend- und Sozialamt 51.F12,
Pia Flörsheimer, Eschersheimer Landstraße 241 – 245,
60320 Frankfurt am Main, pia.florsheimer@stadt-frankfurt.de,
www.aelterwerden-in-frankfurt.de, www.stadt-frankfurt.de
In Zusammenarbeit mit Dr. Jürgen Kron
Satz: Nicole Proba, Societäts-Verlag
Schutzumschlaggestaltung: Jörg Wunn, GFFB gGmbH
Druck und Verarbeitung: Kessler Druck + Medien GmbH
Printed in Germany 2010

ISBN 978-3-7973-1241-9

Inhaltsverzeichnis

1. Grußwort Frau Prof. Dr. Daniela Birkenfeld — 7

2. Einführung Frau Pia Flörsheimer — 8

3. Das Altern im Kontext einer allgemeinen Theorie der Sozialpolitik (Schulz-Nieswandt) — 10

4. Entwicklungsaufgaben im Alter (Ding-Greiner) — 35

5. Altern als biografische und gesellschaftliche Herausforderung: eine philosophische Perspektive (Quante) — 47

6. Versorgungsbrüche in der Altenarbeit aus Sicht der Träger (Frase) — 60

7. Versorgungsbrüche in der gesundheitlichen und pflegerischen Versorgung älterer Menschen (Schnabel) — 64

8. Pflegebedürftigkeit: Begriffe in der Pflegeversicherung und Chancen für die Qualität der Pflege (Bartholomeyczik) — 77

9. Minimierung von Versorgungsbrüchen mit Hilfe von Case Management (Roccor) — 89

10. Reaktivierung von Traumata – Einführung und Moderation (Winzen) — 103

11. Traumata und ihre Reaktivierung (Heuft) — 106

12. Kindheiten im Zweiten Weltkrieg – generationengeschichtliche Aspekte (Reulecke) — 117

13. Traumata aus Sicht der Kriegskinderforschung: Kriegstöchter/
vaterlose Töchter (Stambolis) 130

14. Reaktivierung von Traumen im Alter –
Psychoanalytische Aspekte (Schrader) 140

15. Traumabezogene Behandlungsmöglichkeiten bei Zeitzeugen
des (Zweiten Welt-)Krieges und ihren Nachkommen (Möllering) 154

16. Kann die Handtasche traumatisieren? (Hirsch) 170

Autoren 191

Sehr geehrte Damen und Herren, liebe Leserinnen und Leser,

seit mittlerweile neun Jahren führt die Stadt Frankfurt am Main einmal jährlich die Aktionswoche „Älter werden in Frankfurt" durch. Hier werden vielfältige Veranstaltungen „rund um das Älterwerden" angeboten.

Die alljährliche positive Resonanz und das immer größer werdende Interesse an den Veranstaltungen haben gezeigt, dass die Auseinandersetzung mit dem Altern auch in der breiten Öffentlichkeit mit zunehmender Aufmerksamkeit wahrgenommen wird.

Insbesondere die Fachtagungen, in denen unterschiedlichste Themen und Fragen des Älterwerdens von verschiedenen renommierten Wissenschaftlern interdisziplinär beleuchtet werden, stoßen regelmäßig auf großes Interesse.

Aus diesem Grund und aufgrund vieler Nachfragen erscheint nun dieses Buch, das die Themen der Fachtagungen aus den Jahren 2008 und 2009 aufgreift.

Ob Kommunitarismus, Versorgungsbrüche in der Altenarbeit, Entwicklungsaufgaben im Alter oder die Reaktivierung von Traumata – hier können Sie die Beiträge der Referenten nachlesen und finden weitere Literaturhinweise.

Unser Dank gilt allen Referenten, die sich bereiterklärt haben, ihre Vorträge in schriftliche Form zu bringen.

Auch möchte ich mich noch einmal herzlich bei der BHF-BANK-Stiftung bedanken, die nicht nur die Fachtagungen selbst durch Bereitstellen der Räumlichkeiten und die Bewirtung sehr unterstützt, sondern auch einen finanziellen Beitrag zu diesem Buch geleistet hat.

Ich wünsche Ihnen viel Vergnügen beim Lesen.

Ihre

Prof. Dr. Daniela Birkenfeld
Dezernentin für Soziales, Senioren, Jugend und Recht

Liebe Leserin, lieber Leser,

im Jahr 2002 startete die erste Aktionswoche „Älter werden in Frankfurt" mit 130 Veranstaltungen. Bis heute haben sich die jährlichen Aktionswochen „Älter werden in Frankfurt" mit dem Anliegen, für die vielfältigen Themen des Alterns zu sensibilisieren und sie öffentlich zu diskutieren, gut etablieren können. Dabei lag der Fokus der Veranstaltungen bewusst auf den Kompetenzen, den Entwicklungspotenzialen aber auch auf den Defiziten des Alterns.

Die alljährliche positive Resonanz und das große Interesse an den vielfältigen Veranstaltungen „rund um das Älterwerden" zeigen, dass die Auseinandersetzung mit dem Alter(n) auch von der breiten Öffentlichkeit mit zunehmender Aufmerksamkeit wahr- und angenommen wird.

Die Aktionswochen in den zurückliegenden Jahren haben sich auf sehr unterschiedliche Themen von der Partizipation im Alter über **Versorgungsbrüche in der Altenarbeit** bis hin zu einer **kritischen Auseinandersetzung zur Verlängerung der Lebensarbeitszeit** konzentriert. Die Themenstellungen orientieren sich überwiegend an dem Bereich der kommunalen Altersplanung sowie an gesellschafts- und altenpolitisch aktuellen Fragestellungen. Dabei werden sowohl Aspekte, die zu Versorgungsbrüchen im Hilfesystem führen, als auch notwendige Lösungsmöglichkeiten beleuchtet.

Intention der Fachtagungen ist, unter Heranziehung sozialaltenpolitischer und gerontologischer Fokussierung, das Thema Altern und Alter und sich hieraus ergebende Anforderungen und Aufgaben sowie Konsequenzen für das Versorgungssystem zu skizzieren. Der Blickwinkel orientiert sich dabei absichtlich an den Kompetenzen und Entfaltungsmöglichkeiten im Alter, um zu verdeutlichen, dass Menschen, die die Lebensmitte überschritten haben, als aktive Individuen wahrzunehmen sind. Gleichzeitig sollen aber auch Aspekte, die soziale Benachteiligung im Alter verstärken, sowie notwendige kompensatorische Unterstützungsmöglichkeiten aufgegriffen werden.

Aufgrund vieler Rückfragen der Besucher unserer Veranstaltungen und um eine Nachlese zu den unterschiedlichen Themen der Aktionswoche

„Älter werden" in Frankfurt zu bieten, haben wir uns entschieden, diesen Reader zu erstellen, der eine Vertiefung zu den unterschiedlichen Lebenslagen des Alterns auf der Basis der Fachtagungsthemen der vergangenen zwei Jahre ermöglicht.

Abschließend möchte ich mich ganz herzlich bei den Autoren des Readers und meinem Team Frau Manuela See und Frau Christine Trübner bedanken, die trotz ihrer vielen Arbeit mit großem Engagement an diesem Band mitgewirkt haben.

Pia Flörsheimer
51. F12 Älterwerden
Fachreferat Grundsatz
Jugend- und Sozialamt

Das Altern im Kontext einer allgemeinen Theorie der Sozialpolitik

Frank Schulz-Nieswandt

Ich werde versuchen, auf knappstem Raum (Schulz-Nieswandt, 2006a; ausführlicher ders., 2006) mein Verständnis von Sozialpolitik wiederzugeben und dadurch auf dieser Grundlage darzustellen, wie das Altern systematisch als Thema einzuordnen ist, wobei ich exemplarisch und fokussierend darlegen will, welche Zusammenhänge zwischen Prinzipien der sozialen Gerechtigkeit und der architektonischen Logik des Sozial- und Gesundheitswesens bestehen mögen.

Allgemeine Theorie bedeutet: anthropologisch fundiert und multidisziplinär gebündelt auf den gesamten Lebenslauf des Menschen schauend, um von daher das Alter sinnhaft zu verstehen und ursächlich zu erklären.

Es geht bei tieferer kulturgrammatischer (Schulz-Nieswandt, 2010a) Betrachtung um die Frage, welches Menschenbild die Logik gesundheitsbezogener und sozialer Dienste und sozialer Arbeit steuert. Es geht auf dieser Grundlage sodann um die Folgefrage, wie soziale Dienste entsprechend modern gestaltet werden müssen. Über die explizierende Darlegung des oftmals nur impliziten Menschenbildes werden die Wertgrundlagen der Handlungslogik sozialer Dienste transparenter (Schulz-Nieswandt, 2009c; ders., 2009a). Es geht also um das Verständnis des Lebens als Lebenslauf, vorauseilend auf das Alter. Die Abhandlung zentriert sich demnach sozialpolitikwissenschaftlich in gerontologischer Absicht um das Altern als Prozess in Bewegung auf das Alter hin. Damit ordnet sich die Altersklasse des „Alters" netzwerktheoretisch in das Generationengefüge ein.

1. Philosophische Anthropologie personalen Seins

1.1 Endliches Sein als Lebensaufgabe eines zum Scheitern fähigen Menschen

Das Konzept der Person hat im Lichte philosophischer Anthropologie eine anspruchsvolle Vorstellung von Individualität und Individuation (Prozess der Personwerdung) zur Grundlage (Schulz-Nieswandt, 2010; 2010a). Juristisch gesehen sind Personen mit (politischen, wirtschaftlichen und sozialen) Grundrechten ausgestattet. Das schließt die Interpretation der sozialen Grundrechte ein, dass der Mensch in seiner sozialen Existenz teilhabetheoretisch gefasst werden muss: Der Mensch ist Teilhaber an den ökonomischen, sozialen, kulturellen und politischen Ressourcen unserer Gesellschaft. Der begründende Zugang zu dieser Sicht ist entwicklungspsychologischer Art: Eine Person muss erfolgreich (gelingend) durch ihren Lebenslauf gehen (Schulz-Nieswandt, 2007b; ders., 2008; 2008a). Dieser Lebenslauf ist letztendlich nichts anderes als die Abfolge von Entwicklungsaufgaben der menschlichen Person. Die menschliche Person muss die Herausforderungen, die der Lebenslauf stellt, bewältigen können. Das ganze Dasein ist, wie Heidegger sagt, ein Sein zum Tode. Die Menschen werden geboren und die daraus resultierende Existenz ist endlich. Die anthropologisch gesehen grundlegende (existenzielle) Herausforderung besteht nun darin, diese Endlichkeit zu durchlaufen und zwar sinn- und aufgabenorientiert, um vielleicht am Ende rückblickend zu sagen: Das war ein gelungenes Leben. Nicht fehlerfrei – dafür ist die menschliche Kreatur nicht gebaut und entworfen. Sie ist geprägt von vielerlei Unvollkommenheiten. Und diese Unvollkommenheit und Fehlerhaftigkeit wird uns weiter unten noch gerechtigkeitstheoretisch und mit Blick auf eine Bestimmung von Solidarität beschäftigen. Dennoch, also trotz ihrer Unvollkommenheit, sollte die menschliche Persönlichkeit sagen können wollen, dass sie erfolgreich, produktiv, gelingend gelebt hat und gealtert ist. Das ist der anthropologische Entwurf. Das bedeutet, dass der Mensch als Person durch Personwerdung seinen Lebenslauf gelingend zu durchwandern versucht.

Diese Personwerdung geht nicht ohne Ressourcen (Schulz-Nieswandt, 2007a; Driller u. a., 2009 mit Blick auf assistierende Technologien für Menschen mit Behinderungen). Die sich durch das Geworfensein des Menschen stellenden Herausforderungen und die gesetzten Aufgaben (also die ganze Sorgestruktur des menschlichen Daseins) müssen bewältigt werden. Es stellt sich die Frage nach der Verfügbarkeit solcher Ressourcen. Und an diesem Punkt der Darlegung meiner Überlegungen wird deutlich, wie und wieso die oben nur sehr knapp und oberflächlich skizzierten Überlegungen zu einer philosophischen Anthropologie des Menschen als Person, die seine Seinsverfasstheit deutlich macht (Schulz-Nieswandt, 2009), sozialpolitikwissenschaftlich, also hinsichtlich einer Theorie praktischer Sozialpolitik und somit mit Blick auf eine Klärung der Rolle sozialer Dienstleistungen hoch relevant sind.

1.2 Lebenslaufbewältigung und praktische Sozialpolitik: eine Ressourcenfrage

Menschen durchwandern, da der Lebenslauf in (von Statuspassagen abgegrenzten und oftmals geradezu identitätsstiftenden) Altersklassen aufgeteilt wird, verschiedene Lebensphasen, die sich als jeweils durch spezifische Lebenslagen geprägt charakterisieren lassen (Schulz-Nieswandt, 2006). Lebenslagen sind Konfigurationen und Bündel von Ressourcen. Lebenslagen lassen sich dergestalt mehrdimensional und sozialräumlich konzeptionell fassen. Menschen sind in der Folge dieses konzeptionellen Zugangs sozialpolitisch zu betrachten mit Blick auf ihre Lebenslage, d. h. hinsichtlich ihrer ökonomischen Ressourcen (Einkommen und Vermögen) und ihrer sozialen Ressourcen, z. B. ihren Netzwerken (Verfügbarkeit, Erreichbarkeit, Belastbarkeit, Bereitschaft zur Unterstützung: Schulz-Nieswandt & Köstler, 2009; Schulz-Nieswandt u. a., 2009; Driller u. a., 2008). Ferner haben Menschen Kompetenzen (personale Ressourcen) verschiedenster Art, kulturelle, berufsbezogene (Humankapital), psychische etc. Das Thema der Resilienz in der Kinder- bzw. Kindheitsforschung ebenso wie in der Alter(n)sforschung knüpft hier an. Die Frage, über welche, wie viele und wie gebündelte Ressourcen Personen verfügen, prägt die Lebenslagen und somit letztendlich die Lebensqualität und die Lebenszufriedenheit. Objektiver Befund und subjektive Einschätzungen müssen dabei nicht immer in Übereinstimmung stehen. Die Lebenslage ist im Grunde diese Interaktion zwischen Person und den (leiblich spürbaren) Anforderungen der sozialen Mitwelt und der technisch-dinglichen Umwelt (das ist die Sichtweise des Transaktionalismus). Menschen verfügen (differenziell) über diese Ressourcenkonfigurationen, um die jeweils anstehenden Entwicklungsaufgaben ihrer Lebensphase im Lebenslauf erfolgreich zu bewältigen. An dieser existenziellen Aufgabe können Menschen scheitern, wenn die Ressourcen und die Aufgaben auseinanderfallen. Unverschuldetheit, Mitverschuldung und Selbstverschuldung gehen dabei komplizierte, auch kompliziert zu bewertende Mischungen ein. Es ist eine primäre Aufgabe der praktischen Sozialpolitik, im Sinne der Bereitstellung von Ressourcen dergestalt zu intervenieren, dass Menschen diesen auf ein Gelingen hin definierten Lebenslauf gestalterisch schaffen können. Und diese Gestaltbarkeit selbst spüren bzw. erfahren zu können, ist im Sinne von Integritäts- und Kontroll-Kompetenzerlebnissen psychodynamisch (auch salutogenetisch) von außerordentlich großer Bedeutung. Damit sind wir natürlich auch sehr nahe an der Frage angelangt, welche Bedeutung soziale Dienste und die soziale Arbeit insgesamt in diesem ganzen komplexen Zusammenhang haben. Unsere Deduktionen führen uns zu der Prämisse, dass soziale Dienste als Teil einer (instrumentell wie trägerschaftlich) vielgestaltigen praktischen Sozialpolitik im Sinne einer freiheitsliebenden Sozialpolitik eine Voraussetzung dafür sind, dass Menschen überhaupt in die Lage gesetzt werden, ihrem Lebenslauf und ihren Entwicklungsaufgaben als menschliche Person in mit Chancenwahrscheinlichkeit geprägter gelingender Weise nachzukommen.

1.3 Eigensinn und Gemeinsinn: eine Balance-Frage der psychischen Entwicklung, zugleich die Basis gelingenden Zusammenlebens

Was ist die Person? Ich definiere die Person hier als einen Entwurf eines schwierigen Balanceaktes zwischen der Selbstsorge, der Mitsorge und der Fremdsorge: Die Ich-Perspektive, die Du-Perspektive, die Wir-Perspektive müssen eine gestalthafte Beziehung zueinander eingehen. Das ist entwicklungspsychologisch nichts anderes als das, was ich oben bereits knapp entfaltet habe: Eine im Lebenslauf erfolgreiche Person wächst zwischen Eigensinn und Gemeinsinn heran zu einer reifen Daseinsform. Dabei gilt: „Ich" zu sagen ist keine kulturelle Erosion kohärenten Zusammenlebens und kein „autistisches" oder unproduktiv-narzisstisches Verhalten, sondern eine unabdingbare ontogenetische und evolutionäre Voraussetzung, sich als psychisch gesunde Person zu entwickeln. Wer nicht „Ich" sagen kann, ist psychisch nicht gesund. Die Frage ist natürlich, ob Menschen die Balance finden, gleichzeitig den Daseinsaufgaben (z. B. im Generationsgefüge: Schulz-Nieswandt u. a., 2009) nachzukommen, also eine für sich spezifische Balance zu realisieren zwischen Eigensinn und Gemeinsinn.

Entscheidend ist in diesem Zusammenhang wohl, wie wir aus der entwicklungspsychologischen Forschung wissen, ob Kinder positive Bindungserfahrungen machen. Dann sind sie später selbst bindungsfähig oder auch, anders formuliert, liebesfähig. Sie wären damit bei aller gesunden Selbstbezüglichkeit gerade erst dadurch auf dem Weg zu einem reifen personalen Selbst, weil und insoweit sie fähig und willens sind, an dem Wohlsein anderer Menschen, den Mitmenschen, ein Interesse zu finden. Sie gehen dann ihren eigenen Lebenslauf nicht nur selbstständig und selbstverantwortlich an, sondern sind in ihrem Daseinsmodus sozial mitverantwortlich. Sie nehmen die Du-Perspektive an, sind fähig zur Mitsorge und Fremdsorge, z. B. auch in großen kollektiven Solidargebilden. Dabei geht es nicht mehr nur um den (oftmals angesichts der Dialektik von Hilfe und sozialer Kontrolle ambivalenten) Nahraum von Familie und Verwandtschaft oder Freundschaft, mit denen sie eine solidarische Risikogemeinschaft eingehen, sondern es sind anonyme Fremde (nationalstaatlich definierte MitbürgerInnen oder auch MigrantInnen), auf die sich die Perspektivenübernahme („fremdensozialrechtlich" oder gastfreundschaftsanthropologisch definiert) bezieht.

Diese Argumentation von mir ist als ein entwicklungspsychologischer Zugang zur praktischen Sozialpolitik, zum Gesundheitswesen und zu den komplementären sozialen Diensten (Pflege etc.) charakterisierbar. Er ermöglicht zugleich, das Altern in den Mittelpunkt aller Betrachtungen zu stellen. Dieser Zugang ist nicht gängig in der einschlägigen Literatur. Ich bin jedoch der Ansicht, er erweist sich als besonders fruchtbar. Sozialpolitik dient in diesem Lichte dazu, Ressourcen bereitzustellen und Kompetenzen zu entwickeln, so dass Menschen den Aufgaben in der Ich-Du-Wir-Figuration angemessen nachkommen können. Das ist ein Aspekt von nicht zu unterschätzender Kulturbedeutung. Im Modus des sozialen Miteinanders muss sich, das darf hier nochmals betont werden, um eventuellen Missverständnissen vorzubeugen, auch eine gesunde Ich-Funktion der Person entfalten. Die Sozialpolitik resultiert in diesem Verständnis aus einem bestimmten Verständnis vom Menschen als Person und als politischem Bürger.

2. Rechtsphilosophie der Sozialpolitik

2.1 Grundrechte und Teilhabechancen

Dabei orientiere ich mich (Schulz-Nieswandt, 2006a) sehr stark an einer rechtlichen und politischen Entwicklung, die zunehmend auch europarechtlich unter dem Stichwort „Vergrundrechtlichung" diskutiert wird (vgl. auch insgesamt Schulz-Nieswandt, Mann & Sauer, 2010).[1]

Die Grundrechtscharta von Nizza, die im aktuellen EU-Reformvertrag namentlich benannt wird, ist zum Primärrecht geworden. Der Mensch wird „trinitarisch" definiert: Der Mensch ist (als Unionsbürger) zugleich Wirtschaftsbürger, Staatsbürger und Sozialbürger. Die Politik beruht auf der Wahrnehmung der Staatsbürgerrollen. Der Staatsbürger ist jedoch auch Wirtschaftsbürger, der die Freizügigkeit in Europa, der sein Recht auf Berufsausübung, seine Berufsfreiheit und Ähnliches nutzt. Er ist ferner und schließlich Sozialbürger. Die Menschen sind mit sozialen Grundrechten ausgestattet.

Die Politik hat, vereinfacht gesagt, zwei Wege, auf diese oben als notwendig erachtete Ressourcenbereitstellung im Lebenslauf einzuwirken. Entweder nimmt sie a) Einfluss auf die Produktion durch Regulation (das könnten z. B. Qualitätsstandards im Bereich der sozialen Dienste sein, wie wir es in vielen Sozialsektoren kennen) oder sie nimmt b) Einfluss durch Redistribution, also durch Umverteilung. Was uns nun interessiert, ist das, was ich den „normativen Programmcode" der staatlichen Intervention (wobei Staat hier abstrakt angeführt wird, wohl wissend, dass das politische System komplexer ist und gerade in Deutschland im Rahmen vertikaler und horizontaler Politikverflechtung eine Reihe staatsmittelbarer Akteure kennt) nenne.

Es gibt einen sehr modernen Ansatz, der die skizzierte Vorstellung, dass soziale Dienste der Entfaltung der Menschen dienen, theoretisch gut fun-

---

[1] Zur Europäisierung der Sozialpolitik vgl. auch Schulz-Nieswandt & Maier-Rigaud, 2009; Schulz-Nieswandt & Mann, 2009a.

diert. Der Nobelpreisträger Amartya Sen hat den Begriff der „Capabilities" geprägt. Er hat dies zwar vor allem ursprünglich am Beispiel der Entwicklungsländer getan, aber der Ansatz wird heute zunehmend auch auf die Lebenslagenforschung und die Armutsforschung in modernen Gesellschaften übertragen. „Capabilities" sind Fähigkeiten des Individuums und induzieren Freiheitsgrade. Mit Capabilities ausgestattet, sind die Menschen in der Lage, aufgrund personengebundener Kompetenzen sich nicht nur in der Welt zu orientieren, also zurechtzufinden, sondern die sich im Lebenslauf einstellenden Entwicklungsaufgaben zu bewältigen. Das meint ein lebenslagentheoretisch genutztes Verständnis von Capabilities. Capabilities sind zunächst individuell zu verstehen. Sie sind erworbene Eigenschaften der Person. Die Betonung muss nun aber auf das Erwerben gelegt werden. Zum Beispiel ist damit das Humankapital, die berufsbezogene, arbeitsplatzbezogene bzw. allgemein arbeitsmarktbezogene Qualifikation gemeint. Damit ist eine von der Person inkorporierte Chance gegeben, in den offiziellen Arbeitsmarkt einzutreten. Das heißt, dass Capabilities die Voraussetzung für (hier: erwerbsarbeitszentrierte) Inklusionschancen der Menschen sind. Zu verweisen ist auf die höchst restriktive Entwicklungschance der Kinder, insbesondere der Migrantenkinder im Segregationskontext der deutschen Hauptschule. Hier entstehen nur begrenzt „Capabilities". Capabilities fallen jedoch nicht vom Himmel. Und Kompetenzen sind nur zu einem (nicht irrelevanten) Teil genetisch angelegt. Die Capabilities müssen generiert werden. Es gibt strukturelle Capabilities, und das sind die Institutionen der Erziehungs-, Bildungs- und Sozialisationsagenturen. Strukturelle Capabilities sind nicht Eigenschaften des Individuums, sondern Eigenschaften der Umwelt der Individuen. Für diese trägt die Gesellschaft Verantwortung. Dem Staat kommt hier eine Gewährleistungsfunktion[2] zu.

Ein Zertifikat erhalten Schüler nur, wenn sie in ein Bildungssystem erfolgreich involviert worden sind. Das klingt trivial, ist es aber angesichts der sozialen Selektivitäten im System nicht. Oder: Eine gewisse Wiederherstellung von Gesundheit bekommen Patienten nur, wenn Sie freien Zugang zu den speziellen Institutionen der Gesundheitsherstellung haben und entsprechend optimal (Evidence-based Medicine/Nursing) versorgt werden.

---

[2] Zur neueren europarechtlichen Entwicklung mit Blick auf Gewährleistungsstaatlichkeit vgl. auch Schulz-Nieswandt, 2008d; Schulz-Nieswandt & Mann, 2009.

Das heißt, die individuellen Capabilities werden über die Inanspruchnahme von Institutionen generiert. Daher ist die institutionelle Folge definierter sozialer Grundrechte genau das, was auch in der Verfassung des EU-Reformvertrags steht: das Grundrecht auf freie Zugangschancen zum Sozialschutzsystem und zu den sozialen Einrichtungen, zu den sozialen Diensten. Das, was die EU-Kommission und der EuGH als Dienstleistungen von allgemeinem (wirtschaftlichem oder [eventuell] nicht wirtschaftlichem) Interesse im Kontext des Diskurses eines europäischen Sozialmodells bezeichnen, beruht auf dem sozialen Grundrecht, davon nicht ausgeschlossen zu werden. Denn wenn die Menschen keinen Zugang zu den Infrastrukturen haben, dann haben sie keine Chance auf die Generierung von personalen Handlungskompetenzen. Dies wiederum würde sich letztendlich in der Verteilungsfunktion der Outcomes (Morbidität, Mortalität, ökonomischer Status sowie Lebensqualität und Zufriedenheit) – bis in höhere und hohe Alter hinein – niederschlagen (soziale Ungleichheit in der sozialen Differenzierung). Wenn die Menschen sodann wiederum nicht oder nur in einem begrenzten Ausmaß über diese Handlungskompetenz verfügen, sind sie also systematisch von wichtigen sozialen Mechanismen der Wohlfahrtsentwicklung ausgeschlossen. Die Chancen, erfolgreich den Anforderungen im Lebenslauf in einer modernen Gesellschaft nachzukommen und damit gelingend zu altern, sind dann reduziert und sinken in sozialpolitisch bedenklicher Weise.

2.2 Normative Programmcodes sozialer Politik: Solidarität und Gerechtigkeit in ihren inneren Beziehungen

Was sind denn die Zielkonzepte, die hinter Regulierung und Umverteilung stehen? Was verstehen wir heute noch unter Solidarität, unter Gerechtigkeit, unter Gleichheit? Wie stehen diese Programme im Spannungsfeld zur Freiheit? Das sind keine einfachen Fragenkreise, keine trivialen Zusammenhänge. Ich will vor allen Dingen die Problematik verständlich machen, dass Solidarität, eine klassische und bleibend zentrale normative Bezugsfigur engagierter sozialer Arbeit und Politik, keine einfache Kategorie ist. Was ist heute ihre zeitgemäße Semantik? Nach welcher Grammatik sozialer Praxis läuft sie skriptartig ab (Schulz-Nieswandt, 2010a; ders., 2009c)? In welchen pragmatischen Formen menschlicher Interaktion helfender Beziehungen ist sie aufzuweisen?

Auch auf der europäischen Ebene (Schulz-Nieswandt, Mann & Sauer, 2010) sehen wir zunehmend diese, soeben akzentuiert herausgestellte soziale Vergrundrechtlichung des Sozialbürgers. Auch der Binnenmarkt, zu dem sich Deutschland durch die EU-Mitgliedschaft bekennt, ist in seiner ganzen angestrebten Diskriminierungsfreiheit kein Selbstzweck. Wäre er Selbstzweck, hätten wir es mit so etwas wie einem Essenzialismus, einer verdinglichten Verselbstständigung des Marktes zu tun. Der Markt ist eine der höchsten Kulturerrungenschaften, die die Gesellschaft sich geschichtlich erarbeitet hat. Aber er ist kein Selbstzweck. Er ist ein Mechanismus zur Erzielung guter Ergebnisse. Die Gesellschaft ist mehr als der Markt. Die Wirtschaft ist ein Subsystem der Gesellschaft, und das muss man immer wieder systematisch herausstellen. Ich denke, dass es auch europarechtlich klare Vorgaben gibt, was man unter Unionsbürgerschaft zu verstehen hat. Die Menschen der EU leben in einer wettbewerbsfähigen, aber sozialen Marktwirtschaft. Eine deutliche Übernahme aus der Präambel des ursprünglichen Entwurfes eines Vertrages über eine europäische Verfassung ist das Rawls'sche Inklusionsgebot. Dies bedeutet, dass im Rahmen des sozialen Fortschritts und des ökonomischen Wandels auch der zunächst schlecht Gestellte in den Sog des sozialen Fortschritts einbezogen werden soll. Das ist semantisch mehr als die Prämisse, dass es denen, denen es bereits gut geht, es in normativ zu akzeptierender Weise immer relativ besser gehen kann, sofern dadurch andere nicht schlechter gestellt werden (Pareto-Prinzip). Ziel ist es gemäß dem auf Rawls zurückgehenden Wohlfahrtskriterium vielmehr, dass alle Menschen im Sinne einer „Win-Win-Situation" merklich in den sozialen und ökonomischen Fortschritt einbezogen werden. Daraus resultiert die Inklusion, also das Vermeiden von dauerhafter Marginalisierung, von dauerhafter Ausgrenzung (Exklusion) – auch hier gilt: über den gesamten Lebenslauf hinweg bis ins höhere und hohe Alter.

2.3 Wege zur Solidarität: Von der Chancengleichheit über die Leistungsgerechtigkeit zur Gabe der Gnade – und zurück zur gelingenden Selbstsorge

Vor dem Hintergrund muss man – über eine Klugheitsethik hinaus – allerdings fragen, was man heute unter Gerechtigkeit und unter Solidarität verstehen kann. Es gibt einen Variantenreichtum von Gerechtigkeitskonzepten.

Ferner: Gerechtigkeit und Solidarität fallen nicht einfach zusammen. Und schließlich: Solidarität geht über rationalem Altruismus hinaus. Die Argumentationslandschaft im Bereich der sozialphilosophischen, human- und verhaltenswissenschaftlichen Forschung ist nicht einfach zu überblicken und erst gar nicht auf engstem Raum angemessen zu skizzieren. Zu unterscheiden sind zunächst eine regelorientierte Ethik und eine ergebnisorientierte Ethik. Regelorientiert ist die klassische (deontologische) Variante bei Kant. Bei Kant ist der kategorische Imperativ im Zentrum der praktischen Philosophie positioniert. Erstens: Menschen sind immer nur Selbstzweck und nie Instrument, und zweitens (als „Sittengesetz" frei formuliert): „Handele so, dass du in die Maxime deines Handelns auch dann noch einwilligen kannst, wenn du in die Rolle derer schlüpfst, die von deinem Handeln betroffen sind". Versetzt sich eine Führungsperson in die Lage der von ihr gemobbten MitarbeiterInnen, dann wird sie sagen, dass das keine allgemeine Regel guten Handelns sein kann. Allgemein gesprochen: Versetzen sich Menschen in die Rolle derer, die von ihrem Handeln im Sinne negativer externer Effekte betroffen sind, werden sie sagen, dass sie sich dauerhaft nicht so verhalten können.

Nun gibt es viele Theoretiker, die mit regelorientierter Ethik (aus unterschiedlichen Erwägungen heraus) nicht einverstanden sind und die sich utilitaristisch eher an den Konsequenzen für die Wohlfahrt der Individuen (Welfarism) orientieren. Gut geordnet ist eine Gesellschaft dann, wenn nach Vorgabe bestimmter Wohlfahrtskriterien der Nutzen der Menschen gesteigert wird.

Es gibt nun zunächst zwei Formen von Gerechtigkeit, die (idealtypisch) zu unterscheiden sind. Eine distributive Gerechtigkeit ist die Gerechtigkeit im Sinne der Chancengleichheit (etwa ab der Geburt gesehen). Ab Geburt haben alle Menschen die gleichen Chancen, sie erhalten z. B. die gleichen Bildungskredite, haben ein Grundrecht auf freien Zugang zum Gesundheitswesen usw. Und auf dieser Basis überlässt man es aber der Arbeit der Individuen (und somit dem Markt), was sie aus ihren Chancen machen. Die Vielfalt der Wohlfahrtslagen ist dann eine allgemein akzeptierbare, von allen Akteuren frei gewählte soziale Differenzierung, die (Neid-Test-robust) nicht als problematische soziale Ungleichheit erfahren wird. Aber so ideal funktioniert die soziale Wirklichkeit in der historischen Zeit und im kulturellen Raum natürlich nicht, weil denkbare Gesellschaften keine exakte

Chancengleichheit ex ante realisiert bekommen. Es gibt eine intergenerationell wirksame soziale Herkunft, es gibt genetische Unterschiede. Gesellschaften werden so Menschen mit angeborener Behinderung z. B. immer ein Stück mehr positiv diskriminieren, also dauerhaft fördern müssen.

Es wird also nicht ohne redistributive Gerechtigkeit gehen. Das bedeutet, es muss immer wieder umverteilt werden, egal in welcher Phase des Lebenslaufs sich der Bedarf kristallisiert: Die Politik wird in unvollkommenden Welten angesichts der Marktergebnisse intervenieren müssen. (Dass Umverteilungssysteme aber nicht die Anreizstrukturen des ökonomischen Systems unterminieren dürfen, darf hier aber als unfragliche, wenngleich empirisch-operational schwer messbare Restriktion zumindest in Erinnerung gerufen werden.) Die Frage ist: wie, warum bzw. wozu, wie viel? In diesem Sinne bedeutet Chancengleichheit zunächst eine Orientierung an einer Regel (distributive Gerechtigkeit). Eine Politik der (reinen) Chancengleichheit setzt nicht an den Wohlfahrtsergebnissen (Welfarism) an, sondern an den individuellen Capabilities. Die Regel lautet: Alle Menschen sollen die gleichen (Zugangs-)Chancen haben. Demnach sollen alle Menschen die gleichen Möglichkeiten haben, sich zu entfalten. Was sie jedoch aus dieser garantierten Chance machen, gehört zur Freiheit des Menschen, auch formulierbar als Freiheit des Scheiterns. Risiken sind die Kehrseite der Freiheit.

Unabhängig davon, ob man nun von einem christlichen Menschenbild ausgeht oder von einem atheistischen: In der Unvollkommenheit der menschlichen Kreatur liegt nun mal diese Chance des Scheiterns begründet (Schulz-Nieswandt, 2009; Schulz-Nieswandt & Kurscheid, 2007). Davon hat jede humanistische philosophische Anthropologie auszugehen. Doch wie soll die Gesellschaft mit gescheiterten Menschen – etwa mit Blick auf die Armut im Alter, auf die Kulturen des Sterbens, der Arrangements des Wohnens in siedlungsstrukturellen Komplexitäten etc. – umgehen? Hart, aber gerecht (im Lichte der Chancengerechtigkeit)? Selber schuld? Entscheidend ist natürlich zunächst, ob die Gesellschaft allen die gleichen Chancen gegeben hat. Ausgehend von der Regel, dass alle den gleichen Zugang zu den Bildungs- und Sozialschutzsystemen haben, d. h. die Gesellschaft strukturelle Capabilities vorgehalten und die Zugangschancen sichergestellt hat, bleibt die Frage nach dem sozialen Umgang mit den gescheiterten Menschen. Und nun wird eine angemessene Reaktion wohl nicht ohne redistributive Gerechtigkeit auskommen, wenn man sich der gescheiterten Kreatur – aber aus welchen Motiven heraus? – zuwendet.

Das leitet über zu einer wohlfahrtsorientierten Perspektive. Umverteilung in der Krankenversicherung oder ein steuerfinanzierter Zugang zu bestimmten sozialen Dienstleistungen im Bereich der sozialen Arbeit orientiert sich natürlich an der Wohlfahrt, an der Lebenszufriedenheit, der Lebensqualität, am Mortalitätsalter, an der Beseitigung von Morbidität, der Vermeidung von Pflegebedürftigkeit, der Vermeidung/dem Hinauszögern von Behinderung etc. Das sind konkrete (konkretisierbare, messbare) Ergebnisdimensionen, orientiert an der Logik der Lebenslagen.

Es gibt viele Formen von Gerechtigkeit. Leistungsgerechtigkeit, Bedarfsgerechtigkeit, Chancengerechtigkeit, Verfahrensgerechtigkeit etc. Vielfach kombinieren soziale Systeme auch die verschiedenen Formen von Gerechtigkeit. Wenn die Gesellschaft von dem Menschbild der selbstständigen und selbstverantwortlichen Existenz ausgeht, spricht vieles für eine Orientierung an der Leistungsgerechtigkeit. Aber angesichts der unvollkommenen menschlichen Kreatürlichkeit kommt eine Gesellschaft nicht umhin, auf die Chancengleichheit zu achten, und kann angesichts der nicht vollständigen Herstellbarkeit von Chancengleichheit wiederum auf bedarfsorientierte Interventionen nicht verzichten. Die gescheiterte Person bedarf einer Solidarität, die nicht unbedingt von jeder Form von Gerechtigkeit gedeckt ist, sondern mit Barmherzigkeit und Gnade zu tun hat. Doch auch diese Formen der Gabe haben ihre Schattenseiten: Sie produzieren mitunter unerträgliche Abhängigkeiten, Demut, die in Demütigung mündet, und Dankbarkeit, zu der man dauerhaft gezwungen wird. Die Gnade ist vertikal aufgestellt, nicht partnerschaftlich und im Lichte eines gegenseitigen Respekts horizontaler Perspektive. Gaben schaffen eben Obligationen. Scham kommt auf, das Selbstwertgefühl kann geschädigt werden. Die „gut gemeinte" Hilfe mag die materielle Lücke an Ressourcen stopfen, aber immateriell stigmatisieren (Armut und Behinderung), infantilisieren (im Krankenhaus), immobilisieren (im Pflegeheim) etc. (Schulz-Nieswandt, 2010a; ders., 2009c).[3]

Grundsätzlich muss es der Gesellschaft gelingen, durch Umwelten des gelingenden Aufwachsens Menschen zu sozialisieren, die somit fähig wer-

---

[3] Zur Problematik der Altersbilder vgl. auch Schulz-Nieswandt, 2008a sowie ders., 2008f und 2009a. Ferner Schulz-Nieswandt, 2008b.

den, prosoziale Einstellungen durch die Entwicklung von Empathie zu entwickeln. Empathie ist die Fähigkeit, sich in die Rolle anderer zu versetzen, Perspektivenwechsel zu übernehmen, Mitgefühl zu zeigen, weinen und lachen zu können, also mitleiden zu können.

Wenn dies der Gesellschaft nicht gelingt, dann wird die Gesellschaft Gefahr laufen, auseinanderzufallen, weil sie bei der Erstellung eines funktionalen Zusammenhangs zwischen den Entwicklungsgeschehen auf der Mikro-, der Meso- und der Makroebene der Gesellschaft soziogenetisch scheitert. In diesem Sinne können nicht nur Individuen scheitern, sondern ganze Gesellschaften. Sie wird dabei versagen, auf der Basis reifer Individuation (psychodynamischer Raum der Intra-Individualität) eine soziale Kohärenz (interindividueller Raum der Interaktionen und Kommunikation) zu erzeugen. Der Gesellschaft muss es gelingen, bindungsunerfahrene Menschen zu bindungsfähigen Menschen machen, die bei allem gesunden Eigensinn in die Umverteilungsgemeinschaften einwilligen. Und zwar nicht als „ärgerliche Tatsache der Gesellschaft", wie Ralf Dahrendorf es mit Blick auf seine Konzeption des *homo sociologicus* genannt hat, sondern als die Erkenntnis, dass gelingende Selbstsorge nur im Modus des sozialen Miteinanders mit anderen möglich ist. Das heißt, dass die Selbstentfaltung gebunden ist an ein bestimmtes Maß der Mitsorge und Fremdsorge. Entweder, dass der Mensch an der Fremdsorge gebend beteiligt ist, oder, dass er auch z. B. im hohen Alter in die Abhängigkeit Gabe-erfahrend einwilligen kann. Auch die Einwilligung in Abhängigkeit gehört somit in einer bestimmten Phase der Selbstentwicklung im Lebenslauf, vor allem in der Hochaltrigkeit häufiger, zum autonomen Vollzug von Personalität. Dieses Gleichgewicht zwischen Selbstsorge, Mitsorge und Fremdsorge muss erlernt sein. Wir haben das Problem weiter oben bereits als Problem einer Ich-Du-Wir-Balance des *homo figurationis* thematisiert. Daran scheitern eventuell viele Individuen und somit die Gesellschaft insgesamt. Die entscheidende Frage ist zu stellen: Sind die Familien und andere Sozialisationsagenturen im Durchschnitt dazu heute hinreichend in der Lage? Wie kann man deren Kompetenz erhöhen und pflegen? Welche Rolle kommt den offiziellen Bildungseinrichtungen zu? Welche den Medien? Welche der Politik? „Wer leistet wie" diese Organisation von Umwelten des gelingenden Aufwachsens, damit wir Menschen, die im gesunden Sinne „Ich" sagen können und gleichzeitig (verhaltenswirksam) prosoziale Einstellungen haben, erziehen und sozialisieren können?

Gelingt dies, dann entsteht positives Sozialkapital. Unter positivem Sozialkapital verstehen wir eine bestimmte Art des vernetzten Lebens: in einem Klima des Vertrauens aufzuwachsen und zu leben, in diesem Rahmen Reziprozitätserfahrungen zu machen, das Leben also als ein Geben und Nehmen (Erfahrenswelt des *homo reciprocus*) zu verstehen. Gesellschaft sollte ferner als ein Netzwerk erfahrbar sein, dass von zivilgesellschaftlichem Engagement geprägt ist, also nicht nur von Familie, Markt und Staat, sondern eben auch von der Vernetzung der Bürger, wie wir es klassisch als Bürgertum in einer Polis-Idee immer gedacht haben.

2.4 Ökonomische Theorie des Altruismus

Ökonomisch gesehen hat eine solche Vorstellung von moderner sozialer Infrastruktur und sozialen Diensten etwas mit dem zu tun, was die ökonomische Theorie als Externalität bezeichnet. Es ist wichtig zu erkennen, wie die moderne ökonomische Theorie heute über Altruismus denkt. Bedeutsam ist zunächst die Unterscheidung zwischen privater Wohlfahrt und sozialer Wohlfahrt. Und es gibt eine Schnittfläche zwischen beiden Dimensionen, die über die Kategorie der externen Effekte definiert wird. Demnach handeln Individuen rational im Eigensinn und die Folgen des Handelns beeinflussen die Wohlfahrtssituation eines anderen Menschen. Umweltverschmutzung, Gesundheitsgefährdung und andere „social costs", aber im Grunde jede Form von moralischer Interdependenz kommen damit in den Blick. Betroffen ist somit die Logik des bereits oben angeführten Art. 2 des Grundgesetz: Handle so, dass du dich frei entfalten kannst, sofern dadurch nicht die Freiheit anderer Mitmenschen beeinträchtigt ist. Das heißt, dass die Menschen immer in Relation zu anderen Menschen stehen (*homo figurationis* im Sinne der Soziologie von Norbert Elias). Die Menschen sind mit anderen Menschen (strategisch) verkettet oder (kulturell) in die soziale Mitwelt eingebettet, interdependent und daraus entstehen externe Effekte. Einen Teil der Moral (der Moralökonomie) der sozialen Dienste und der sozialen Arbeit können wir demnach auch ökonomisch klären, nämlich durch die Annahme, dass es rational ist, in Grenzen Altruist zu sein. Weil bzw. sofern Menschen erkennen, dass, wenn sie kooperieren, sie sich nur deshalb selbst besserstellen können, indem sie die anderen Menschen auch besserstellen, kommt es zu Formen rationalen Altruismus. Das nennen wir die Klugheitsethik oder den rationalen Spielertrag der Win-Win-Situationen. Es gibt demnach eine Menge von Handlungssituationen, in denen man argumentieren kann, es sei ökonomisch klug (rational), altruistisch zu sein. In älteren Debatten zum *homo oeconomicus* wurden Altruismus und Rationalität in der Regel antagonistisch polarisiert. Heute ist theoretisch wie auch empirisch-experimentell evident, dass der Nutzen einer Person oft von der Nutzensituation der anderen Person(en) abhängt. Die Menschen sind strategisch so aneinander gekoppelt, dass sie lernen sollten, nachhaltig zu kooperieren, damit sie sich gemeinsam besserstellen können. Das sichert eine gewisse evolutionäre Mindestmoral mit Blick auf die Frage, was moderne Gesellschaften zusammenhält. Für die Frage: Was hält Gesellschaften zusammen, was treibt sie auseinander?, wird es in der Regel, das ist die hier von mir vertretende Prämisse, aber nicht reichen, sich auf dieser strategischen Klugheitsethik auszuruhen. Aber mit der skizzierten Sichtweise ist in der modernen ökonomischen Theorie zumindest schon ein Minimum moralischer Interdependenz gesichert. Ein Club von Autisten wird nicht langfristig überlebensfähig sein. Insofern ist das die Perspektive, wonach sich die Chancen optimaler Nutzenrealisierung an die Orientierung an gemeinsam geteilten Regeln knüpfen. Insofern ist die moderne Ökonomie heute nicht amoralisch konzipiert. Rationaler Altruismus ist gut deduzierbar.

2.5 Reziprozität und unbedingte Gabebereitschaft

Noch eine Bemerkung zum System des Gebens und Nehmens des *homo reciprocus*. Wir wissen, dass vielfach die Gerechtigkeitsempfindungen von einer gewissen Fairness geprägt sind. Damit meint man in der Regel die Form der ausbalancierten Reziprozität: Geben und Nehmen stehen quantitativ bzw. wertäquivalent ausbalanciert im Gleichgewicht. Dann fühlt sich das Individuum nicht ausgebeutet, sondern fair behandelt. Das Gleichgewicht des Gebens und Nehmens kann zeitnah angelegt oder auch, was voraussetzungsvoller ist, zeitfern sein. Je zeitferner der Zusammenhang ist, desto mehr wächst die Unsicherheit und zieht in der Regel Verrechtlichungen (der Vertragsbildungen) und ökonomisches Risikomanagement nach sich, soll die Kooperation nicht unterbleiben.

Was wir aber aus vielen Studien wissen, ist, dass Menschen (als *homo donans*) durchaus bereit sind zu einer generalisierten Form der Reziprozität.

Diese generalisierte Form beinhaltet, dass ich auch dann gabebereit bin, wenn ich nicht sicher bin und es vielleicht auch gar nicht erwarte, alles, ob zeitnah oder zeitfern und in der gleichen Währung und in einem gleichen Volumen, zurückzuerhalten, was ich gegeben habe. Der Mensch weist damit einen Gabeüberschuss (gegenüber erwarteten Rückflüssen) auf. Das nennt die Soziologie der Gabe die Einwilligung in die Norm des Gebens, also die Bereitschaft, auch dann zu geben, wenn die Person gar nicht beabsichtigt oder gar nicht sicher ist, dass sie die Gabe zurückerhält. Und wir wissen, dass Gesellschaften nur funktionieren, wenn nicht alle Akteure darauf pochen, in ökonomisch ausbalancierter Form die Reziprozität zu erleben. Denn dann bewegen sich die Menschen utilitaristisch im Raum der klassischen Marktkontrakte. Aber es ist nicht möglich, die gesamte Welt über voll spezifizierte Verträge tauschlogisch und marktförmig sicherzustellen. Wenn Menschen nicht bereit sind, auch ein Stück unbedingter Gabebereitschaft (und das nennen die Theologen meist die Liebe) zu praktizieren, wird ein personales Sein im Modus des sozialen Mitseins kaum nachhaltig möglich sein. Deswegen wird es immer eine Umverteilungsbereitschaft geben müssen. Und d. h. wiederum, dass moderne Gesellschaften nur dann (in einem posttraditionellen, nicht naturwüchsig-selbstverständlichen Sinne) kohärent sind, wenn alle Menschen sich zwar als (relativ autonome) Individuen entfalten können, aber gleichzeitig in einer unvollständig ausbalancierten Form solidarische Reziprozität praktizieren.

3. Soziologie der Zentrifugalität und Zentripetalität: Soziale Kohärenz und Sozialpolitik

Das damit angesprochene Ziel ist eine soziale Kohärenz. Was hält Gesellschaften zusammen? Was treibt sie auseinander? Was bewirkt, dass Gesellschaften bei aller pluralistischen Ausdifferenzierung und Heterogenität in ökonomischer, kultureller und politischer Hinsicht doch eine gewisse Kohärenz aufweisen? Was bewirkt, dass wir bei aller (unhintergehbaren) Betonung von individuellen Entwicklungschancen uns nicht zu sehr auseinanderleben?
  Die Frage der Sozialpolitik, die hieraus resultiert, kann man sozialpolitiktheoretisch so formulieren: „Warum oder wer bekommt was, wie und warum?" Das „Warum?" verweist auf die skizzierte und entwicklungspsychologisch hergeleitete Grundrechtsproblematik der menschlichen (perso-

nalen) Existenz. Und diese Frage ist entlang dem Lebenslauf bis ins höhere und hohe Alter zu klären. Die Menschen haben ein Grundrecht darauf, sich zu entfalten. Jedoch: Bei Artikel 2 des Grundgesetzes – das Grundrecht auf freie Entfaltung der Persönlichkeit – wird meist der zweite Satz nicht mit zitiert. Dieser verweist auf eine Bedingung, die hinsichtlich der Selbstentfaltung von Ego die Restriktion fixiert, dass die Freiheit Anderer, also von Alter Ego, dadurch nicht verletzt wird bzw. werden darf. Dies ist die eigentliche spannungsreiche anthropologische Frage des Grundgesetzes: Wie können sich alle Personen gleichzeitig als Persönlichkeit gemeinsam frei entfalten? Das ist zunächst nichts anderes als die Formulierung des „Win-Win-Prinzips". Das klingt spieltheoretisch trivial. Es handelt sich jedoch um eine spannungsreiche anthropologische Problemstellung einer politischen (verrechtlichten) Ordnung guten sozialen Zusammenlebens.

Dazu benötigt die soziale Praxis des guten Zusammenlebens eine Materialisierung der Grundrechte in Form des Sozialrechts. Entscheidend ist sodann ökonomisch die Frage: Wie organisieren wir institutionelle (allokative) Arrangements, z. B. die Dienstleistungsmärkte? Das sind einerseits Fragen nach geeigneten Instrumenten, beispielsweise Geldleistung (etwa in der Form von persönlichen Budgets [bzw. der individuellen Hilfeplanung im Rahmen eines dialogischen Fallmanagements oder als „Shared decision making" in der Arzt-Patienten-Beziehung] mit oder ohne Case Management) oder Sachleistung (mit allen Implikationen einer dann zwingend daraus resultierenden Angebotssteuerung). Aber insgesamt sind die Modes of Design gefragt. Nehmen wir z. B. die Gesundheitsversorgung in den Blick: Wie sollen die sozialen (hier medizinisch-pflegerischen) Dienste organisiert werden? Klassisch in den Betriebstypen des niedergelassenen Arztes, des Krankenhauses oder innovativ (demographisch und epidemiologisch passungsfähig) in transsektoralen, am Patientenpfad ausgerichteten Versorgungsketten, unter Einbezug von medizinischen Versorgungszentren bzw. von Polikliniken? Hierbei geht es um Fragen des Schnittstellenmanagements und der Reintegration hochgradig fragmentierter Sektoren, Funktionen, Professionen (und Handlungslogiken) und Sozialgesetzbücher (Kostenträger), historisch gewachsene Hierarchien und Genderkonflikte spiegelnd (vgl. zu den Trends der Gesundheitsreform: Schulz-Nieswandt, 2008e, dort unter besonderer Berücksichtigung der Problematik der transsektoralen Integrationsversorgung; vgl. auch DIP, 2009).

Wie und mit welchen institutionellen Arrangements sollen die Sachleistungen an Bedarfslagen, an Lebenslagen herangebracht werden und für/auf wen sind die Versorgungslandschaften betriebstypisch zugeschnitten? Wer ist der Personenkreis der Nutzungschancen? Im Fall der Sozialversicherungen wäre es der Versichertenkreis. Was ist dann der Leistungskatalog, wenn wir auf eine Sozialversicherung abstellen? Die verschiedenen Modalitäten der Erstellung von sozialen Dienstleistungen und selbst die Betriebsformen sind hier von entscheidender Bedeutung. Wenn der Gesetzgeber z. B. die Idee hat, quartiersbezogene sozialmedizinische Versorgungszentren einzurichten, dann ist das natürlich etwas anderes als der klassische Direktzugang zum Facharzt. Es gibt verschiedene Arten, wie die soziale Praxis einen Leistungskatalog an einen Versichertenkreis heranträgt. Das Gleiche gilt für die Organisation der sozialen Dienste und der sozialen Arbeit insgesamt. Wie, aus welchem Programmcode heraus, sollen soziale Dienste in Bezug auf welche Bedarfslagen organisiert sein?

4. Morphologie der Sozialpolitik

4.1 Empowerment und Wandel der Sozialwirtschaft

Im Lichte dieser theoretischen Erwägungen eines Wirkungskreislaufes von individuellen Capabilities, inklusionsbedingter Partizipation an der sozialen Wohlfahrtsentwicklung und der Nutzung generierender Institutionen sind soziale Dienstleistungen kompetenzorientiert und damit auch autonomiefördernd. Das wird paradigmatisch nicht nur deutlich in der Theorie der Sozialarbeit und Sozialpädagogik diskutiert. Empowerment ist heute zu einer teleologischen Schlüsselkategorie aller Gesundheits- und Sozialdienstleistungen geworden (Schulz-Nieswandt, 2010; ders., 2007). Manche Akteure nennen es schlicht auch Kundenorientierung. Ich sehe das etwas komplizierter. Die Kundendimension ist eine Dimension des ganzheitlichen personalen Verständnisses von Autonomie, aber dafür braucht die soziale Praxis eben effektive und effiziente Institutionen. Und das berührt zum großen bzw. erheblichen Teil auch den sozialwirtschaftlichen Wandel. Im Wettbewerb stehend trotzdem „organisierte Liebesarbeit" (unromantisch als Sachzieldominanz definiert) zu praktizieren, auf die Menschen zuzugehen, die von ihrer Lebenslage her einen relevanten Bedarf haben, und *mit* den Menschen, nicht einfach *für* sie, sondern mit ihnen die Lebenslage so zu verändern, dass die Menschen wieder in die Lage kommen, dass sie kompetenter ihre Autonomiespielräume realisieren können: Das ist das Ziel der sozialen Praxis. Dazu benötigt sie Managementkonzepte, die Stakeholder-orientiert die Sachzieldominanz auch in zunehmend kompetetiven Umwelten sichern.

4.2 „Crowding-in" des Sozialkapitals durch soziale Dienstleistungen

Sozialkapital sind Netzwerke (Schulz-Nieswandt u. a., 2009). Diese identitätsstiftende Funktion kann sich im Beruf entfalten oder kann sich in der Familie realisieren. Aufgabenorientiertes, und damit in der Regel wiederum netzwerkorientiertes Altern ist später die hohe Kunst des gelingenden Alterns. Die erfolgreiche Sozialisation der Kinder gelingt nur, wenn sie kulturell eingebettet ist, wenn Kinder also in einer Welt aufwachsen, die genauso charakterisiert ist durch Vertrauen, durch Reziprozitätserfahrung und vernetztes Engagement. Dazu braucht es aber auch (auf der Mesoebene des verörtlichten Daseins im lokalen/kommunalen Kontext) ein System moderner sozialer Dienstleistungen. Wir wissen aus der Forschung, dass der Sozialstaat das bürgerschaftliche Engagement, die Familie und insgesamt die intergenerationelle Solidarität nicht verdrängt hat (Crowding-out-Hypothese). Sozialstaat, Wohlfahrtspflege und Dritter Sektor (Schulz-Nieswandt, 2008c; ders., 2009b) sind vielmehr komplementär und arbeiten/wirken ergänzend (Schulz-Nieswandt, 2009). Sie arbeiten sehr ineinandergreifend, und dies ist eine wichtige Voraussetzung, dass überhaupt eine kohärente soziale Welt entsteht, in der z. B. Kinder die Chance haben, erfolgreich zur Person heranzuwachsen, und der alte Mensch in Würde, d. h. sozial integriert, kulturell, ökonomisch und politisch partizipierend lebt.

5. Fazit

Was ist meine Auffassung von Solidarität, die heute noch die Logik sozialer Dienste und sozialer Arbeit programmatisch steuern sollte (vgl. umfassend Schulz-Nieswandt 2010a)? Liebe bedeutet, der philosophischen Anthropologie von Scheler folgend: Ich bin so interessiert an dem Wohlsein anderer

Menschen, dass das ein Stück meiner Identität ist. Die Sorge des Selbst wird so an die Mitsorge und die Fremdsorge geknüpft. Dies war das Prinzip, das der Psychiater Ludwig Binswanger im Rahmen seiner Daseinsphilosophie gegenüber der Kategorie der Sorge bei Heidegger einforderte. Diese Form von Solidarität macht uns nicht zu Göttern. Denn unsere Unvollkommenheit grenzt uns ja gerade von den Göttern ab. Das ist ja die „Wahrheit des Mythos", von der der Philosoph Hans Blumenberg sagte, sie sei dem Menschen als ständige Arbeit aufgegeben: als Arbeit am Dasein angesichts der eigenen Unvollkommenheit. Wie Binswanger in seinen Krankheitsstudien darlegen konnte, kann der Mensch sein Sein systematisch verfehlen. Der Theologe Paul Tillich (Schulz-Nieswandt, 2009) sprach von der Entfremdung des Menschen. Tillich zog die Schlussfolgerung, der Mensch müsse in seinem „Mut zum Sein" gestärkt werden. Tillich war zu sehr religiöser Sozialist, um nicht zu erkennen, dass dafür eine angemessene Sozial- und Gesellschaftspolitik notwendig ist. Denn dieser „Mut zum Sein" ist auch eine Ressourcenfrage. Letztendlich darf eine praktische Sozialpolitik aber auch nicht oberflächlich nur materielle Ressourcen diskutieren. Das organisierende Zentrum einer Lebenslage ist die menschliche Person. Sie muss die Kraft für eine aufgaben- und sinnorientierte Lebensführung entwickeln. Die soziale Arbeit der Zukunft bleibt somit um diese Freiheit des Individuums teleologisch und normativ zentriert. Sofern der Sozialstaat eine Form des Rechtsstaates ist, ist Gerechtigkeit der Kern jeden Rechts. Aber soziale Arbeit wird in ihrer Hinwendung zur menschlichen Kreatürlichkeit mit einem Überschuss zur (wie auch immer definierten) Gerechtigkeit solidarisch sein müssen.

Das ganze Problem ist auch eines, dass in der Generationenabfolge gesehen werden muss (Schulz-Nieswandt u. a., 2009). Kohärenz – und all ihre komplexen Voraussetzungen, die wir oben nur dicht skizziert haben – muss (müssen) kulturell (als kollektive Gedächtnisleistung) vererbt werden.

Soziale Arbeit und soziale sowie gesundheitsbezogene Dienstleistungen transportieren immer ein Menschenbild. Sie transportieren immer Vorstellungen über Konzepte des guten Lebens, das sie zugleich versuchen, als Akteur mitzugestalten. Wenn Generationsverträge auseinanderfallen, dann vererben Gesellschaften diese Kohärenz nicht weiter und das wäre ein existenzielles kollektives Problem.

Sozialpolitik und speziell soziale Dienste sind einerseits die Voraussetzung gelingender Personalisierung von Menschen bis ins höhere und hohe

Alter hinein, und auf der anderen Seite wird eine Gesellschaft nur dauerhaft nachhaltig akzeptable soziale Dienste organisieren und finanzieren können, wenn die Menschen genau das mitbringen, was wir soziogenetisch wie funktional dargelegt haben, nämlich eine Verständnis von der Personenhaftigkeit als Existenzgrundlage des Menschen. Die Menschen müssen höchst differenziert sagen können, was sie wollen und was ihre Lebensentwürfe sind (und tragen diese Freiheit zur Verantwortung automatisch), und trotzdem in implizite Kontrakte oder in implizite Gabemechanismen einwilligen, weil sie wissen, dass es außerhalb des Miteinanders keinen Vollzug von Individualität gibt. Individualität ist ontologisch nie anders zu denken als ein Konstrukt im Knotenpunkt sozialer Beziehungen. Das ist der Stand der philosophischen und theologischen bis hin zur human- und verhaltenswissenschaftlichen Forschung. Es gibt nur im Miteinander Individualitäten. Das ist das Projekt eines Balanceaktes, und es gibt keine einfachen harmonischen Lösungen, sondern sie müssen politisch gelebt werden. Damit sind Spannungen verbunden. Erkennbar sind polare Spannungsbögen zwischen Freiheit und Zwang, zwischen Sicherheit und Eigensinn. Sozialpolitik ist eine Voraussetzung kohärenter Entwicklung. Ihre Programmlogik ist eine Mischung von unterschiedlichen Gerechtigkeitsideen mit Auswirkung auf ein Mindestmaß unabdingbarer und unbedingter, auf Gabebereitschaft beruhender Solidarität. Die Gesellschaft muss Gerechtigkeit zum Programm machen, muss aber auch definieren, welche Form von Gerechtigkeit wo und warum und in welcher Form praktisch werden soll. Nicht jede Gerechtigkeit führt auch zur Solidarität. Wir kennen auch „bad (schmutziges, sozial unerwünschtes) social capital". „Solidarität wofür?" – das ist die entscheidende Frage. Und in diesem normativ ausdefinierten Raum ist Solidarität eine Voraussetzung von Freiheit, definiert als freie Entfaltung unter der Bedingung, dass alle Menschen die gleiche Chance haben, sich frei zu entfalten. Anders formuliert: Solidarität ist eine Voraussetzung, den Menschen die Chance zu geben, ihr Grundrecht auf freie Entfaltung zu realisieren.

Literaturverzeichnis

DIP (Hrsg.) (2009). Brandenburg, H., Schulz-Nieswandt, F., Weidner, F. u. a. Pflege und Unterstützung im Wohnumfeld. Expertise für das MASGFF des Landes Rheinland-Pfalz. Hannover: Schlütersche.

Driller, E. u. a. (2008). Die INA-Studie. Inanspruchnahme, soziales Netzwerk und Alter am Beispiel von Angeboten der Behindertenhilfe. Freiburg i. Br.: Lambertus.

Driller, E. u. a. (2009). Ambient Assisted Living. Technische Assistenz für Menschen mit Behinderung. Freiburg i. Br.: Lambertus.

Schulz-Nieswandt, F. (2006). Sozialpolitik und Alter. Stuttgart: Kohlhammer.

Schulz-Nieswandt, F. (2006a). Chancengleichheit und Sozialstaat. Archiv für Theorie und Praxis der sozialen Arbeit 37 (4), S. 4–18.

Schulz-Nieswandt, F. (2007). Behindertenhilfe im Wandel. Zwischen Europarecht, neuer Steuerung und Empowerment. Berlin: LIT-Verlag.

Schulz-Nieswandt, F. (2007a). Kulturelle Ökonomik des Alterns. Zum Umgang mit dem Alter im Generationengefüge zwischen archetypischer Ethik und Knappheitsökonomik. In Teising, M. u. a. (Hrsg.). Alt und psychisch krank. Diagnostik, Therapie und Versorgungsstrukturen im Spannungsfeld von Ethik und Ressourcen. Stuttgart: Kohlhammer, S. 31–54.

Schulz-Nieswandt, F. (2007b). Lebenslauforientierte Sozialpolitikforschung, Gerontologie und philosophische Anthropologie. Schnittflächen und mögliche Theorieklammern. In Wahl, H.-W. & Mollenkopf, H. (Hrsg.). Alternsforschung am Beginn des 21. Jahrhunderts. Berlin: AKA, S. 61–81.

Schulz-Nieswandt, F. (2008). Alter und Lebenslauf. Ein Beitrag zur philosophischen Anthropologie in sozialpolitischer Absicht. In Aner, K. & Karl, U. (Hrsg.). Lebensalter und Soziale Arbeit: Ältere und alte Menschen. Hohengehren: Schneider, S. 77–91.

Schulz-Nieswandt, F. (2008a). Die Alter(n)berichterstattung der Bundesregierung. Diskurs der Altersbilder und implizite Anthropologie. In Ferring, D. u. a. (Hrsg.). Soziokulturelle Konstruktion des Alters. Transdisziplinäre Perspektiven. Würzburg: Königshausen & Neumann, S. 217–231.

Schulz-Nieswandt, F. (2008b). „Alterslast" und Sozialpolitik. Jahrbuch für Wirtschaftsgeschichte (1), S. 147–157.

Schulz-Nieswandt, F. (2008c). Zur Morphologie des Dritten Sektors im Gefüge zwischen Staat, Markt und Familie. Ein Diskussionsbeitrag zur Ciriec-Studie „Die Sozialwirtschaft in der Europäischen Union". Zeitschrift für öffentliche und gemeinwirtschaftliche Unternehmen 31 (3), 323–336.

Schulz-Nieswandt, F. (2008d). Neuere Literatur zum Wandel der Staatlichkeit, dargelegt im Bezugskreis der europarechtlichen Neu-Adjustierung der (insbesondere sozialen) Dienstleistungen von allgemeinem (wirtschaftlichen) Interesse. Zeitschrift für öffentliche und gemeinwirtschaftliche Unternehmen 31 (4), S. 438–452.

Schulz-Nieswandt, F. (2008e). Widerspruchsvolle und ambivalente Strukturwandlungen bei noch nicht völlig absehbarer Trendrichtung. Wirtschaftsdienst 88 (10), S. 647–652.

Schulz-Nieswandt, F. (2008f). Altersbilder. In DIP (Hrsg.). Beraterhandbuch – Präventive Hausbesuche bei Senioren. Hannover: Schlütersche, S. 34–41.

Schulz-Nieswandt, F. (2009). Paul Tillichs Onto(theo)logie der Daseinsbewältigung und die Fundierung der Wissenschaft von der Sozialpolitik. In Danz, Chr., Schüßler, W. & Sturm, E. (Hrsg.). Religion und Politik. Internationales Jahrbuch für die Tillich-Forschung. Bd. 4. Berlin: LIT-Verlag, S. 125–138.

Schulz-Nieswandt, F. (2009a). Gesellschafts- und sozialpolitische Aspekte. In Stoppe, G. & Mann, E. (Hrsg.). Geriatrie für Hausärzte. Bern: Huber, S. 35–39.

Schulz-Nieswandt, F. (2009b). Perspektiven der Sozialwirtschaft. Eine multidisziplinäre Deutung des normativ-rechtlich-ökonomischen Regimewechsels. In Archiv für Wissenschaft und Praxis der sozialen Arbeit. 40 (3), S. 86–102.

Schulz-Nieswandt, F. (2009c). Alterung und praktische Sozialpolitik. Reflexionen zur Analysearchitektur und zum notwendigen Tiefenverständnis der gesellschaftlichen Grammatik. In Nachrichtendienst des Deutschen Vereins für öffentliche und private Fürsorge 89 (11), S. 470–477.

Schulz-Nieswandt, F. (2010). Eine „Ethik der Achtsamkeit" als Normmodell der dialogischen Hilfe- und Entwicklungsplanung in der Behindertenhilfe. Köln: Josefs-Gesellschaft. (i. D.).

Schulz-Nieswandt, F. (2010a). Wandel der Medizinkultur? Anthropologie und Tiefenpsychologie der Integrationsversorgung als Organisationsentwicklung. Berlin: Duncker & Humblot (i. D.).

Schulz-Nieswandt, F. & Köstler, U. (2009). Bürgerschaftliches Engagement: Grundlagen und Perspektiven. In Stoppe, G. & Stiens, G. (Hrsg.). Niedrigschwellige Betreuung von Demenzkranken. Stuttgart: Kohlhammer, S. 29–41.

Schulz-Nieswandt, F. & Kurscheid, C. (2007). Die Schuld an der Schuld. Hamburg: Merus.

Schulz-Nieswandt, F. & Maier-Rigaud. R. (2008). EU-Harmonisierung im Gesundheitswesen? Der Wandel der Umwelt der betrieblichen Organisationen im Gesundheitswesen. In Greiner, W., Schulenburg, J.-M. Graf von der & Vauth, Chr. (Hrsg.). Gesundheitsbetriebslehre. Management von Gesundheitsunternehmen. Bern: Huber, S. 515–533.

Schulz-Nieswandt, F. & Mann, K. (2009). Zur Morphologie der Staatlichkeit im Wandel. Neuere Literatur zur Europäisierung im Mehr-Ebenen-System, zu den Gesundheits- und Sozialdienstleistungen (von allgemeinem [wirtschaftlichen] Interesse) und zur öffentlichen Daseinsvorsorge. Zeitschrift für öffentliche und gemeinwirtschaftliche Unternehmen 32 (2), S. 183–202.

Schulz-Nieswandt, F. & Mann, K. (2009a). „Geteilte Kompetenz" und die Konvergenz in der Erstellungspraxis von Gesundheitsdienstleistungen – die Entwicklung im Europäischen Mehr-Ebenen-System. Die Krankenversicherung 61, S. 39–43.

Schulz-Nieswandt, F., Mann, K. & Sauer, M. (2010). Europäische Sozialpolitik und Europäisierung der Gesundheits- und Sozialdienstleistungen – ein Abriss. In Sozialer Fortschritt 59. (i. V.).

Schulz-Nieswandt, F. u. a. (2009). Generationenbeziehungen. Netzwerke zwischen Gabebereitschaft und Gegenseitigkeitsprinzip. Berlin: LIT-Verlag.

Entwicklungsaufgaben im Alter

Christina Ding-Greiner

Die steigende durchschnittliche Lebenserwartung und die deutliche Zunahme der über 85-Jährigen verändern die Altersstruktur der Bevölkerung und die Vorstellung davon, nach welchen Kriterien ein Mensch als alt bezeichnet werden darf. Es gibt viele Möglichkeiten, Alter zu definieren. So wird beispielsweise eine Bevölkerungsgruppe als alt bezeichnet, wenn die Hälfte der Individuen einer Kohorte gestorben ist – nach dieser Definition bezeichnet man Frauen über 85 Jahre als alt, Männer dagegen schon mit 79 Jahren. Bei über 65-Jährigen werden zwei Altersgruppen unterschieden, die der 65- bis 85-jährigen „jungen Alten" und jene der über 85-Jährigen oder „alten Alten", die sich in der vierten Lebensphase befinden. Statistische Daten treffen allerdings keine Aussage über den Gesundheitszustand des Menschen oder aber darüber, was Altern für ihn bedeutet, wie er mit dem Prozess des Älterwerdens umgeht.

Altersabhängige Veränderungen haben jeweils eine unterschiedliche Bedeutung für die Betroffenen: Es gibt altersbedingte Veränderungen, die keinen Einfluss haben auf die körperliche Vitalität des Menschen und auch keinen Risikofaktor darstellen, wie z.b. die Veränderung der Haarfarbe. Weiße Haare sind ein Hinweis auf das Älterwerden und können daher unterschiedliche seelische Reaktionen hervorrufen. Sie können als Belastung empfunden werden, da sie den Blick auf das Altern und auf die eigene Endlichkeit lenken. Alternsbegleitende physiologische Veränderungen können jedoch auch negative Auswirkungen haben, wie z. B. die Einschränkung der Anpassungsfähigkeit des Organismus an Belastungen, eine Abnahme der Informationsverarbeitungsgeschwindigkeit oder die Entwicklung einer Arteriosklerose, die die Grundlage für viele chronische Erkrankungen bildet. Schließlich kann die Entwicklung im Alter von Vorteil für das Individuum sein, wenn beispielsweise hoch organisierte und damit leicht abrufbare Wissenssysteme und eine Fülle von Erfahrungen im beruflichen und persönlichen Bereich über die Lebensspanne erworben worden sind. Sie können für die Entwicklung von Strategien im Umgang mit der eigenen altersspezifischen Problematik eingesetzt oder aber in den Dienst der jüngeren Generation gestellt werden. Weisheit kann dort entstehen, wo es dem Menschen gelingt von sich abzusehen, um dadurch den Blick frei zu machen für den Nächsten und für die Welt. Dazu sei Buber[1] zitiert: *„Bei sich beginnen, aber nicht bei sich enden; von sich ausgehen, aber nicht auf sich abzielen; sich erfassen, aber sich nicht mit sich befassen."*

Der Prozess des Alterns beschränkt sich nicht allein auf Verluste, er schließt vielmehr auch mögliche Gewinne im seelisch-geistigen Bereich ein und eröffnet neue Perspektiven.

„Erfahrung und Gelehrsamkeit sind erst im Alter eigentlich reich geworden: man hat Zeit und Gelegenheit gehabt, die Dinge von allen Seiten zu betrachten und zu bedenken, hat jedes mit jedem zusammengehalten und ihre Berührungspunkte und Verbindungsglieder herausgefunden: wodurch man sie allererst jetzt so recht im Zusammenhang versteht … Nur wer alt wird, erhält eine vollständige und angemessene Vorstellung vom Leben, indem er es in seiner Ganzheit und seinem natürlichen Verlauf nicht nur von der Eingangs- sondern auch von der Ausgangsseite übersieht."[2]

Altern wird allerdings häufig als körperlicher und geistiger Abbauprozess wahrgenommen. Als besonders schmerzlich wird empfunden, wenn nicht mehr aus eigener Kraft erreicht werden kann, was man möchte und was in früheren Lebensphasen ohne Beschwerden geleistet werden konnte. Körperliche Einschränkungen oder das Erleben von Krankheit führen bei vielen älteren Menschen zu einer Angst vor Verletzungen und zur Aufgabe von vormals als wichtig eingestuften Aktivitäten oder sozialer Kontakte.

Der Psychoanalytiker Martin Grotjahn reflektiert in einem autobiografischen Aufsatz „Der Tag, an dem ich alt wurde" über das eigene Älterwerden.[3] *„Vor vielen Jahren hatte ich große Erwartungen an das Alter. In meinen Phantasien wurde ich weise, vielleicht etwas losgelöst von den Sorgen dieser*

---

[1] Buber, M. (1994). Der Weg des Menschen nach der Chassidischen Lehre. Gerlingen: Lambert Schneider.

[2] Schopenhauer, A. (1921). Aphorismen zur Lebensweisheit. Leipzig: Insel.

[3] Zitiert nach: Peters, M. (2004). Klinische Entwicklungspsychologie des Alters. Göttingen: Vandenhoeck & Ruprecht.

Welt; Wünsche und Versuchungen ließ ich hinter mir, jedoch ohne Frustration und deshalb ohne Ärger". Nach einem schweren Herzanfall war er gesundheitlich schwer eingeschränkt, und diese Erfahrung veränderte seine Vorstellung vom Alter. *„Jetzt fühle ich mich alt. Ich arbeite nichts mehr und gehe auch nicht mehr spazieren. ... Plötzlich stelle ich fest: 50 Jahre Arbeit sind genug. ... Wie hätte ich je denken können, dass ich glücklich sein könnte, einfach hier zu sitzen, ein wenig zu lesen und mich am Leben zu erfreuen in einer ruhigen und ausgeglichenen Art. ... Ich habe jetzt Zeit. Ich weiß nicht, wie viel mir noch zu leben bleibt, aber ich bin nicht in Eile. Ich verspüre keinen Drang, noch irgendwo hinzugelangen, nicht einmal an das Ende der Zeit. Das kann warten, und wenn es kommt, werde ich versuchen, es zu akzeptieren, obwohl ich keine Illusionen habe; es wird nicht leicht sein. ... Ich hatte mich an die Vorstellung gewöhnt, dass das Alter eine Leistung sei. Jetzt weiß ich es besser: krank zu werden und weiterzuleben, das ist die Leistung."*

Krankheiten oder Beschwerden können auftreten, ohne dass sie notwendigerweise eine Behinderung oder aber einen Hilfe- oder Pflegebedarf zur Folge haben. Erkrankungen im Alter zeichnen sich durch einen chronischen Verlauf aus, das bedeutet, dass sie sich durch einen schleichenden Beginn, einen progredienten Verlauf und eine schlechte Prognose auszeichnen. Chronische Erkrankungen entwickeln sich häufig aus physiologischen Alternsprozessen und sind nicht heilbar. Dazu gehört beispielsweise die Gelenkarthrose, die sich aus einer Abnutzung der Knorpelschicht der Gelenke entwickelt, oder die physiologische Demineralisierung der Knochen, die sich bei zusätzlichen Belastungen zu einer Osteoporose mit Krankheitswert entwickeln kann und zu vermehrter Frakturanfälligkeit führt. Frauen sind stets häufiger betroffen als Männer.

Multimorbidität ist ein weiteres Kennzeichen des älteren Menschen, sie definiert sich durch das simultane Auftreten von mehreren akuten und/oder chronischen Erkrankungen und findet sich bei etwa der Hälfte der 55-jährigen Männer und der 40- bis 45-jährigen Frauen; in der Altersgruppe der 60- bis 80-Jährigen sind zwei Drittel der Männer und etwa 80 Prozent der Frauen multimorbide.

Das Erkrankungsspektrum ändert sich über den Lebenslauf: Im jungen Erwachsenenalter überwiegen akute Erkrankungen, die bei jungen Frauen eher einen appellativen Charakter haben, bei jungen Männern jedoch geben sie einen Hinweis auf eine risikoreiche Lebensführung, ohne dass diese

Erkrankungen einen lebensbedrohlichen Charakter zeigen. Im mittleren und höheren Erwachsenenalter finden sich bei Männern häufiger als bei Frauen Erkrankungen, die teilweise lebensbedrohlich und eine Spätfolge eines riskanten Lebensstils sind, wie beispielsweise Bluthochdruck, Angina pectoris, Gelenkarthrosen, Krebserkrankungen der Lunge, des Magen-Darm-Trakts und der Blase. Bei Frauen überwiegen Erkrankungen, die sich dadurch auszeichnen, dass sie Schmerzen und Beschwerden verursachen, ohne dass sie primär lebensbedrohlich sind, wie beispielsweise Erkrankungen der Gelenke, Osteoporose, Krampfadern, Erkrankungen der Gallenwege und psychische Erkrankungen. Folgeerkrankungen einer Arteriosklerose treten bei Frauen etwa 10 bis 15 Jahre später als bei Männern auf. In der Altersgruppe der über 85-Jährigen überwiegen bei beiden Geschlechtern schwere und lebensbedrohliche Erkrankungen, die meist mit Schmerzen einhergehen, wie Krebserkrankungen, Erkrankungen des Bewegungs- und Herz-Kreislauf-Systems, sowie gerontopsychiatrische Erkrankungen, beispielsweise Demenzen, isolierte Wahnformen, depressive Erkrankungen, Sucht.[4]

Die Sterberaten von Männern und Frauen unterscheiden sich jeweils über alle Altersgruppen, sie zeigen eine höhere Sterberate für Männer im gesamten Lebenslauf. Bei Hochaltrigen gleichen sich die geschlechtsspezifischen Unterschiede in Mortalität und Morbidität weitgehend aus.[5] In der vierten Lebensphase allerdings kann davon ausgegangen werden, dass es sich um eine Population handelt, für die das Paradigma gilt „*the older you get, the healthier you have been*". In dieser Bevölkerungsgruppe liegt die Multimorbidität niedriger, das Auftreten von Krebserkrankung und die Anzahl stationärer Aufenthalte sind in dieser Personengruppe seltener, es überwiegen Verletzungen mit orthopädischem Hintergrund.[6]

Die Annahme jedoch, dass hochaltrige Menschen sich überwiegend als krank bezeichnen, lässt sich wissenschaftlich trotz nachgewiesener hoher Multimorbidität nicht bestätigen. Die Auswertung von Erhebungen des

---

[4] Robert Koch Institut (Hrsg.) (2005). Gesundheit von Frauen und Männern im mittleren Lebensalter. Beiträge zur Gesundheitsberichterstattung des Bundes. Berlin: Robert Koch Institut.

[5] Robert Koch Institut (Hrsg.) (2003). Multimorbidität in Deutschland. Stand – Entwicklung – Folgen. Berlin: Robert Koch Institut.

[6] Hitt, R., et al. (1999). Centenarians: the older you get, the healthier you have been. The Lancet, 354, aug 21, 652.

Mikrozensus[7] hat ergeben, dass nur etwa ein Viertel der Hochaltrigen in Privathaushalten bei der Befragung angaben, in den letzten vier Wochen krank oder unfallverletzt gewesen zu sein.

Nicht jede Erkrankung hat eine Behinderung zur Folge. Behinderung kann auch auf der Grundlage von physiologischen Alternsprozessen entstehen, deren Krankheitswert mit dem Ausmaß an Beschwerden und Einschränkungen zunimmt, ohne dass eine strenge Grenzziehung zwischen geriatrischer chronischer Erkrankung und fortschreitenden Alternsprozessen vorgenommen werden kann. Auf der Grundlage von physiologischen oder aber von pathologischen Prozessen, die zu einer Einschränkung körperlicher und/oder kognitiver Funktionen führen, entsteht eine Verminderung der Leistungsfähigkeit. Die Ursachen sind mannigfaltig: Ein physiologischer Abbauprozess der Muskulatur kann im hohen Alter zur Sarkopenie, zu Muskelschwäche führen. Eine Herzinsuffizienz verursacht durch ein vermindertes Schlagvolumen eine Minderdurchblutung der Muskulatur, die ebenfalls zu einer Muskelschwäche führen kann. Eine Folge davon kann eine Einschränkung der Mobilität sein, die wiederum die Ursache für die Entstehung von Hilfe- und später von Pflegebedarf bilden kann.

Pflegebedürftigkeit tritt erst jenseits des 80. Lebensjahres in relevantem Ausmaß auf. Die Pflegequote beträgt im Bundesdurchschnitt bei 90-jährigen und älteren Frauen fast 70 Prozent, bei Männern dagegen 55 Prozent. Etwa 14 Prozent der Hochbetagten leben in stationären Einrichtungen. Der Hilfebedarf, der bei Personen ohne Pflegebedarf jedoch mit Einschränkung der alltäglichen Verrichtungen überwiegend im hauswirtschaftlichen Bereich entsteht, ist in dieser Altersgruppe bei beiden Geschlechtern gleich, er liegt bei 36 Prozent, so dass 27 Prozent der hochaltrigen Frauen und 37 Prozent der Männer ein weitgehend selbstständiges Leben ohne Beeinträchtigungen führen.[8]

Pflegebedürftigkeit wird zu 90 Prozent in allen Altersstufen durch physiologische oder pathologische Veränderungen des Bewegungssystems verursacht, dazu gehören Gelenkerkrankungen, Erkrankungen des Skelett-

---

[7] Statistisches Bundesamt, Deutsches Zentrum für Altersfragen, Robert Koch Institut (Hrsg.) (2009). Gesundheit und Krankheit im Alter. Beiträge zur Gesundheitsberichterstattung des Bundes. Berlin: Robert Koch Institut.
[8] Statistisches Bundesamt, Pflegestatistik 2007.

systems, der Muskulatur. Weitere 73 Prozent – Mehrfachnennungen waren bei der Befragung möglich – sind auf internistische Erkrankungen wie beispielsweise Herz-Kreislauf-Erkrankungen, Diabetes mellitus, Erkrankungen innerer Organe zurückzuführen. 43 Prozent gehen auf eine Beeinträchtigung der Funktion der Sinnesorgane zurück. Etwa die Hälfte der Pflegebedürftigen in Privathaushalten zeigen kognitive Beeinträchtigungen, darin sind alle Abstufungen ausgehend von leichten kognitiven Defiziten bis hin zu demenziellen Erkrankungen unterschiedlichen Schweregrades enthalten.[9] Je älter die Menschen sind und je höher die Multimorbidität, desto häufiger treten demenzielle Erkrankungen auf: In der Gruppe der über 65-Jährigen liegt die Prävalenz bei 6,8 Prozent, der Anstieg erfolgt exponenziell, so dass sich in der Gruppe der über 90-Jährigen eine Prävalenz von 34,6 Prozent findet.[10] Körperliche Erkrankungen treten im höheren Erwachsenenalter und auch in der Gruppe der Hochaltrigen viel häufiger auf als gerontopsychiatrische Erkrankungen.

Der Anteil der Menschen, die einen Verlust der körperlichen Selbstständigkeit durch physiologische Alternsprozesse oder durch Erkrankung erleiden, nimmt ab dem 95. Lebensjahr rasch zu, bei Frauen deutlicher als bei Männern. Die basalen Aktivitäten des täglichen Lebens (ADL) werden von 85 Prozent der 75-jährigen Frauen und Männer selbstständig ausgeführt, bei den Hundertjährigen sind nur noch etwa 20 Prozent der Frauen und etwa 45 Prozent der Männer in der Lage, sich selbstständig zu versorgen.[11,12] Eine ähnliche Entwicklung findet sich im kognitiven Bereich. Eine deutliche Zunahme des Anteils kognitiv eingeschränkter Personen findet sich ab dem 97. Lebensjahr, ihr Anteil beträgt im 100. Lebensjahr etwa 30 Prozent.[13] Ergebnisse der Hundertjährigen-Studie, die am Institut für Gerontologie in

---

[9] Schneekloth, U. & Wahl, H-W. (2005). Möglichkeiten und Grenzen selbstständiger Lebensführung in privaten Haushalten (MuG III). Integrierter Abschlussbericht im Auftrag des BMFSFJ.

[10] Download: www.deutsche-alzheimer.de

[11] Andersen-Ranberg, K., Christensen, K., Jeune, B., et al. 1999. Declining physical abilities with age: a cross-sectional stucy of older twins and centenarians in Denmark. Age and Ageing, 28: 373–377.

[12] Bootsma-van der Weil, A., Gussekloo, J., de Craen, A.J.M., van Exel, E., et al. (2001). Disability in the Oldest Old: „Can Do" or „Do Do". JAGS, 49, 909–914.

[13] Fries, B. E., Morris, J. N., Skarupski, K. A., et al. 2000. Accelerated dysfunction among the very oldest-old in nursing homes. J of Gerontology: Medical Sciences, 55A: M336–M341.

Heidelberg ausgeführt wird[14], zeigen, dass die Fähigkeit zu einer selbstständigen Lebensführung in dieser Personengruppe deutlich reduziert ist: 62 Prozent können selbstständig essen, seltener sind jedoch jene Fähigkeiten erhalten, die mit einer größeren körperlichen Beanspruchung einhergehen wie beispielsweise selbstständiges Baden/Duschen – nur 13 Prozent können diese Tätigkeit ohne Hilfe ausführen – oder sich selbstständig an- und auskleiden – etwa 30 Prozent der Hochaltrigen sind dazu in der Lage. Die kognitiven Fähigkeiten sind bei knapp der Hälfte der Hundertjährigen gut erhalten. Es zeigte sich jedoch, dass bei nur 9 Prozent der Hundertjährigen die funktionale Kompetenz, d. h. die körperlichen und kognitiven Voraussetzungen für eine selbstständige Lebensführung, vorhanden waren. Das bedeutet, dass von zehn Hundertjährigen nur einer ein weitgehend selbstständiges Leben führen kann, möglicherweise mit einem hauswirtschaftlichen Hilfebedarf und Hilfestellung beim Baden/Duschen.

Für eine subjektive Gesundheitseinschätzung ist für Hundertjährige die psychische und nicht die körperliche Situation relevant, sensorische Einschränkungen und ADL-Hilfsbedürftigkeit bilden keine Kriterien mehr für die Beurteilung der eigenen Gesundheit. Bei stark in ihrer Selbstständigkeit eingeschränkten und langlebigen Menschen hat ein sehr effektiver Adaptationsprozess stattgefunden. Möglicherweise werden Verluste und körperliche Einschränkungen als Teil des Alternsprozesses betrachtet. Im Gegensatz dazu stützt sich die Beurteilung des Gesundheitszustands durch Angehörige oder Pflegepersonen überwiegend auf die funktionale Leistungsfähigkeit des älteren Menschen.[15]

Die Transzendenz körperlicher Erkrankungen führt zu einem neuen Verständnis von Zufriedenheit, das nicht mehr ausschließlich auf einer ungestörten Gesundheit beruht, sondern die persönlichen Kompetenzen, die im hohen Lebensalter erhalten geblieben sind, in den Mittelpunkt stellt. Die Wertvorstellungen verändern sich und hochaltrige Menschen definieren sich häufig nicht mehr über erbrachte messbare Leistungen,

---

[14] Becker, G., Rott, C., d'Heureuse, V., Kliegel, M., Schönemann-Gieck, P. (2003). Funktionale Kompetenz und Pflegebedürftigkeit nach SGB XI bei Hunderjährigen. Die besondere Bedeutung des kognitiven Status. Z Gerontol Geriat 36, 437–446.

[15] Schönemann-Gieck, P., Rott, C., Martin, M., d'Heureuse, V., et al. (2003). Übereinstimmung und Unterschiede in der selbst- und fremdeingeschätzten Gesundheit bei extrem Hochaltrigen. Z Gerontol Geriat 36, 429–436.

sondern über die Summe persönlicher Eigenschaften und eine lebenslange Erfahrung, die sie zu wertvollen Menschen auch für andere machen. Das Leben endet nicht mit dem eigenen Tod. Leben geht weiter und daraus ergibt sich der Wunsch, das im Lebenslauf erworbene Wissen und Erfahrungen an jüngere Menschen weiterzugeben. Die zunehmende Einschränkung körperlicher und kognitiver Leistungsfähigkeit im hohen Alter wird meist in aller Deutlichkeit wahrgenommen, doch der Wunsch nach Teilhabe und nach Anerkennung der im Lebenslauf erbrachten Leistung bleibt bestehen.

Viktor von Weizsäcker, einer der Begründer der psychosomatischen Medizin, schreibt in seiner „Pathosophie": *„Gesundheit ist kein Kapital, das man aufzehren kann, sondern sie ist nur dort vorhanden, wo sie in jedem Augenblick des Lebens erzeugt wird."*[16] Das heißt, Gesundheit beschränkt sich nicht allein auf die körperliche Dimension, sondern sie ist auch die Fähigkeit des Menschen, mit schwerer Krankheit und mit Schmerzen umzugehen, eine Grenzsituation auszuhalten und in der Auseinandersetzung mit dem Leiden durch Entwicklung neuer Strategien die Krise zu überwinden und eine neue Lebensperspektive zu entwickeln. In der Auseinandersetzung mit der Krankheit ist es wichtig, sich im Klaren darüber zu sein, dass der Mensch nicht nur ausschließlich krank ist, sondern dass es immer Bereiche von Gesundheit gibt, die auch im Prozess der Erkrankung verwirklicht werden können und den Krankheitsverlauf entscheidend beeinflussen.

Der Begriff der „Verborgenheit der Gesundheit" geht auf Georg Gadamer[17] zurück, der sich intensiv als Betroffener mit Gesundheit und Krankheit befasst hat. Es gibt allerdings – so Gadamer – keine spezifischen Gesundheitsbegriffe, so wie es jede Menge Krankheitsbegriffe gibt. Man ist nicht in einer besonderen Art und Weise gesund, so wie man in einer besonderen Art und Weise krank sein kann.

Gadamer beschreibt Gesundheit als das Ganzsein des Ganzen und das Heilsein, die in enger Verbindung zueinander stehen. Gesundheit wird beschrieben als die ‚Selbstverständlichkeit des Lebendigseins'. *„Man mache es sich nur bewusst, dass es zwar sinnvoll ist zu fragen: ‚Fühlen Sie sich krank?'*

---

[16] Weizsäcker, V. (1956) Pathosophie. Göttingen: Vandenhoeck & Ruprecht.
[17] Gadamer, Hans-Georg (1993). Über die Verborgenheit der Gesundheit. Aufsätze und Vorträge. Frankfurt: Suhrkamp.

*Aber es wäre fast lächerlich, wenn einer einen fragte: ‚Fühlen Sie sich gesund?'
Gesundheit ist eben überhaupt nicht ein Sich-Fühlen, sondern ist Da-Sein, In-der-
Welt-Sein, Mit-den-Menschen-Sein, von den eigenen Aufgaben des Lebens tätig oder
freudig erfüllt sein. ... Gesundheit ist nicht etwas, das sich als solches bei der Untersuchung zeigt, sondern etwas, das gerade dadurch ist, dass es sich entzieht. Sie gehört
zu dem Wunder der Selbstvergessenheit. ... Man merkt es am Fehlen, dass alles da
war. Krankheit hingegen ist ein Aufstand, eine Störung, die sich aufdrängt, die bis
zur Entfremdung führt, zur Entfremdung von allem, was draußen ist. Sie führt zu
Verinnerlichung durch Leiden und Ertragen von Schmerz."*

Die Grenze zwischen Gesundheit und Krankheit lässt sich häufig nicht klar definieren, die Überlagerung von Gesundheit durch beginnende Alternsprozesse und deren Übergang in Krankheit ist häufig schwierig zu unterscheiden. Während Alternsprozesse den Menschen in allen Bereichen ganzheitlich betreffen, findet sich Krankheit als pathologischer Prozess nur in Teilbereichen des Organismus, in einem bestimmten Organ, in bestimmten Zellen oder Geweben. Trotzdem stört Krankheit diese Ganzheit und bringt das Gleichgewicht durcheinander und weist damit auf die enge Verflochtenheit körperlicher und geistiger Funktionen hin.

In einer Studie zur gesundheitlichen Prävention bei älteren Frauen[18] wurden Ärztinnen und Ärzte nach einer Definition von Gesundheit und Krankheit gefragt. Krankheit wurde von einer Ärztin wie folgt definiert:

„Krankheit ist naturwissenschaftlich definiert eine Störung von einem oder mehreren verschiedenen Organsystemen. Gesundheit hängt aber auch von der Wahrnehmung ab, wie man sich fühlt. Es gibt Krankheiten, die wir als solche definieren, die aber nicht als solche wahrgenommen werden, weil sie gut im Alltag kompensiert werden. Es gibt Patienten, die eine gute Bewältigungsstrategie haben, mit ihren Krankheiten umzugehen. Sie fühlen sich, obwohl sie viele Funktionsdefizite haben, einigermaßen gesund. Krankheit ist ein sehr subjektiver Begriff."

Die Abgrenzung von Krankheit und von Gesundheit lässt sich nicht ohne weiteres vollziehen.

Zwei Merkmale werden von den Ärzten in der Definition von Krankheit in den Vordergrund gestellt: der objektivierbare pathologische Befund einerseits, die Wahrnehmung und das Ausmaß der Annahme und Integra-

---

[18] Kruse, A. & Ding-Greiner, Ch. (2007). Gesundheitliche Prävention in der zweiten Lebenshälfte. Abschlussbericht an das Bundesministerium für Gesundheit.

tion der Erkrankung durch den Patienten andererseits. Ein Arzt drückte es folgendermaßen aus:

„Krank ist, wer leidet. Der Diabetiker, der jeden Tag spritzt und seinen Blutzucker jeden Tag misst, der sein Leben selbstständig führt, der ist mitnichten krank. Ist die schizophrene Patientin wirklich krank? Natürlich ist sie krank, denn sie leidet."

In einem Interview berichtete eine ältere Diabetikerin über ihre Erkrankung, ihre Einstellung zu ihr und den Versuch, sie in ihr Leben zu integrieren. Sie hatte durch Schulungsmaßnahmen gelernt, die therapeutischen Maßnahmen selbstständig auszuführen. Sie hatte ihre Lebensweise umgestellt auch im Sinne einer Verminderung von vermeidbaren Belastungen im Alltag, indem sie ihre körperlichen und psychischen Grenzen erkundet, festgelegt und abgesteckt hatte, selbst diese Grenzen respektierte und dafür sorgte, dass die Personen ihres Umfelds diese Grenzen nicht überschritten. Sie war der Meinung, dass diese Umstellung ihr helfe gesunder zu werden, und sie war der Überzeugung, dass sie nicht für den Rest ihres Lebens krank sein werde.

Ältere Menschen mit schweren chronischen Erkrankungen, mit chronischen Schmerzen und Einschränkungen der Mobilität zeigen häufig einen sehr differenzierten Umgang mit Krankheit und ein hohes Ausmaß an Gesundheit. Auf die Frage „Wie schätzen Sie Ihre Gesundheit ein?" antworteten sie „gut", und wenn sie an diesem Tag keine Schmerzen hatten, dann sagten sie „es geht mir sehr gut".

Eine über 80-jährige Frau beschreibt und interpretiert ihre Schmerzen und Einschränkungen wie folgt:

„Wenn es mit gut geht, dann fühle ich nicht, dass ich alt geworden bin. Dann habe ich immer noch die Kraft und mache alles, was vorkommt im Haushalt, Hobbyschneidern, Gartenarbeit und helfe meinen Kindern und Enkelkindern, alles habe ich gern gemacht.

Aber wenn es manchmal schlimm ist, dass ich nicht übern Weg laufen kann, weil mich das Rheuma so arg plagt an den Füßen und so, dann möchte ich gar nicht in den Spiegel schauen. Weil – dann ist der Himmel auch schwarz. Aber ansonsten finde ich kein Ende, wenn ich etwas angefangen habe. Man ist nicht jeden Tag alt, nein, Gott sei Dank nicht, aber manche Tage schon."

Zwischen aktuellem Gesundheitserleben und Gesundheitsgeschehen besteht häufig eine Diskrepanz. Der subjektive Gesundheitszustand entspricht mit zunehmendem Alter immer weniger dem objektiven

Gesundheitszustand und ist der beste Prädiktor für das subjektive Wohlbefinden.

Das Wissen um die Einheit von Körper und Geist gehört zu den grundlegenden Erfahrungen des Menschen. Leiblichkeit ermöglicht es dem Menschen sich auszudrücken und mit der Umwelt zu kommunizieren auf einer verbalen, geistigen und auf einer nonverbalen, körperlichen Ebene. Veränderungen im körperlichen Bereich bedingen Veränderungen auf psychischer Ebene und umgekehrt. Beide Bereiche sind eng und untrennbar miteinander verflochten. Christa Wolf beschreibt diesen engen Zusammenhang, die Einheit von Körper und Geist, in ihrem Buch „Leibhaftig"[19], in dem sie ihre schwere Erkrankung schildert und in diesem Erleben folgende für sie wesentliche Erfahrungen macht.

„Lösen ablösen auflösen, ein Wort, in dem magische Kräfte sind, trägt mich hinüber und hinunter. In die Tiefe. ... Ich lasse mich treiben, doch ist das noch ich, was sich treiben lässt? Das Bewusstseinslicht, das hier innen und unten nur geduldet wird, solange es nicht störend eingreift, es schleust mich weiter durch Sperren, Netze, Widerstände hindurch, leichte Bewegung, ein Schwimmen und Gleiten im Bereich des kaum noch Körperhaften, schemenhafte, einsehbare Vorgänge, die sich der Beschreibung entziehen, doch mir die erschütternde Einsicht vermitteln, es gibt einen Bereich, oder wie ich das nennen soll, in dem die Unterschiede zwischen Geistigem und Körperlichem schwinden, in dem eines auf das andere wirkt, eines aus dem anderen hervorgeht. Eines das andere ist. Also nur Eins ist. So wäre dies der Ort des Eigentlichen."

Leib und Seele werden als ein Ganzes erfahren, Grenzen nach draußen – zur Umwelt – werden allerdings bei Erkrankung und im Leiden vom Patienten sehr deutlich gezogen. Peter Härtling beschreibt in seinem Buch „die Lebenslinie"[20], in dem er die Erfahrungen mit seiner Krankheit, einem Herzinfarkt, schildert, diese ‚Verinnerlichung', die durch die Übermacht von Schmerzen erlebt wird:

„Ich sitze auf dem Bettrand, warte, traue der Zeit nicht, die mir entgeht, weil ich nicht atmen kann, merke ich sie nicht. Mein Bewusstsein bereitet mich darauf vor, meinen ganzen Körper. Ich hocke, ich kaure und spüre, wie sich eine Haut zwischen draußen und mir bildet, dafür sorgt, dass ich mit meiner Angst für mich bin. Ich ziehe die Knie an, drohe vom Bettrand zu stürzen."

---

[19] Wolf, C. (2002). Leibhaftig. München: Luchterhand.
[20] Härtling, P. (2005). Die Lebenslinie. Eine Erfahrung. Köln: Kiepenheuer & Witsch.

Zum Weiterleben gehört Hoffnung, die eine Transzendenz der Krankheit ermöglicht. Hoffnung gehört jedoch nicht nur im hohen Alter zum Fundament unserer Existenz. Wir unterscheiden zwei Formen der Hoffnung: Die Hoffnung im Alltag unterscheidet sich wesentlich von der Hoffnung des schwer Kranken und Sterbenden. Die Hoffnung ist in unserem Alltag darauf ausgerichtet, dass dies oder jenes eintreten oder besser nicht eintreten soll, dass sich dies oder jenes günstig gestalten soll – auch ohne unseren Beitrag. Diese Hoffnung ist eine Hoffnung auf etwas Weltliches, das nicht eigentlich notwendig oder wesentlich ist, sie bezieht sich auf Ereignisse, die uns von außen und ohne unser Zutun geschenkt werden sollen. Sie zielt auf unsere persönlichen Vorstellungen und unsere Wünsche. Ziele oder Inhalte dieser Form der Hoffnung sind auswechselbar, das Ziel ist jedoch stets genau definiert und an ein Objekt gebunden. So hat diese Hoffnung etwas Illusionäres, denn der Eintritt des Ereignisses ist unsicher und auch zweifelhaft – und daher gehört zur Hoffnung in unserem Alltag stets die Enttäuschung dazu.

Aus der enttäuschten Hoffnung unseres Alltags kann sich der Mensch befreien und zu einer anderen Form der Hoffnung, einer „unbestimmten und konturlosen" Form der Hoffnung, wie Plügge[21] sie nennt, finden. In der Not und in der Verzweiflung wird Hoffnung sichtbar, wird Hoffnung konkret. Das Unbestimmte ist die Zukunft des Patienten. Die Hoffnung ist nicht mehr auf weltliche Dinge ausgerichtet, sondern sie hat den Sinn, dem Menschen, der sich verloren glaubt, die Zukunft zu sichern.

„Sie zielt daher auf einen irgendwie gearteten, doch sicheren Fortbestand der Person, auf eine Selbstverwirklichung in der Zukunft, auf eine unbestimmbare, doch irgendwie zu sichernde Erneuerung."

Es geht nicht um das Verschwinden der Erkrankung und ihrer Symptome, der Schmerzen, es geht nicht um eine Restitutio ad integrum, das wäre nicht realistisch, das wäre eine Illusion. Es geht um etwas Umfassenderes: um das Heil-Sein oder Wieder-heil-Werden des Menschen. In dieser Hoffnung bejaht der Kranke seine Existenz, er will sich vervollkommnen und verwirklichen. Auf diesem Weg transzendiert er seine Grenzen, er tritt aus seiner ichbezogenen Haltung heraus und findet zu einer neuen Selbstständigkeit, die es ihm ermöglicht seine Angst zu überwinden. Der Patient gewinnt seine Freiheit von der Krankheit.

---

[21] Plügge, H. (1967). Der Mensch und sein Leib. Tübingen: Max Niemeyer.

Altern als biografische und gesellschaftliche Herausforderung: eine philosophische Perspektive

Michael Quante

> Das Bewußtsein kann nie etwas andres sein als das bewußte Sein, und das Sein der Menschen ist ihr wirklicher Lebensprozeß.
> *(Friedrich Engels & Karl Marx)*

> You're out of touch, my baby,
> My poor discarded baby.
> Baby, baby, baby,
> You're out of time.
> *(The Rolling Stones)*

Menschen werden geboren, wachsen heran, altern und sterben. Diese anthropologischen Fakten liegen nicht nur unseren vielfältigen Normen zugrunde, sondern sind zugleich auch wandelbar. Wenn sich die Lebenserwartung eines Menschen beträchtlich verlängert oder seine Leistungsfähigkeit bis ins hohe Alter anhält, dann hat dies Konsequenzen, nicht nur für die individuelle Lebensplanung und das soziale Umfeld der Individuen, sondern auch für die Gesellschaft, die ihre sozialen Institutionen weiterentwickeln muss, um diesen Veränderungen gerecht werden zu können. Aus philosophischer Perspektive muss, so die Kernthese dieses Beitrags, das Altern unter anthropologischen *und* ethischen Gesichtspunkten betrachtet werden. Denn wir haben es gegenwärtig mit einer schleichenden Erosion der Grundbegriffe, mittels derer wir unser Menschsein und unsere Stellung in Gesellschaft und Natur beschreiben, zu tun. Die Veränderungen, denen das Altern in unserer Gesellschaft unterworfen ist, sind philosophisch interessant, weil zentrale Begriffe, mit denen wir uns und unsere sozialen Rollen interpretieren, wegen ihnen nicht mehr richtig greifen.

Begriffe strukturieren und lenken unsere Wahrnehmung. Wenn die Wahrnehmung auf unbrauchbare Weise strukturiert ist, dann rührt dies von einem tief liegenden Problem her, welches ich die Erosion unserer Grundbegriffe nennen möchte. Sie zersetzen sich langsam, weil sich die Rahmenbedingungen ihrer Anwendbarkeit so sehr verändern, dass sie zu untauglichen Instrumenten werden, mit denen wir nicht mehr richtig arbeiten können: Wir bekommen die Dinge mit unseren Begriffen nicht mehr in den Griff. Es liegt auf der Hand, dass eine Diskussion, die sich dieser gleichsam unbrauchbar gewordenen Begriffe bedient, zum Scheitern verurteilt ist. Hier für mehr Klarheit zu sorgen, ist ein Ziel meines Beitrags. Die dazu erforderliche begriffliche Reflexion hat zugleich eine indirekte ethische Relevanz, denn die fraglichen Begriffe steuern nicht nur unsere Wahrnehmung, sondern prägen auch unsere Erwartungshaltungen; diese werden in Form von Forderungen, die man als berechtigte Ansprüche erlebt, im gesellschaftlichen Diskurs artikuliert und eingefordert. Solche Ansprüche können falsch sein, wobei verschiedene Bedeutungen von „falsch" zu unterscheiden sind: Es kann erstens sein, dass ein Anspruch für ethisch berechtigt angesehen wird, der ethisch gar nicht berechtigt ist, oder den man zweitens als nachrangig einstufen muss, wenn aufgrund von Knappheit konkurrierende Ansprüche gegeneinander zu gewichten sind. Daneben können Ansprüche falsch im Sinne einer *Ungleichzeitigkeit* sein; sie liegt vor, wenn sich Voraussetzungen, aufgrund derer ein Anspruch legitim sein kann, grundlegend verändert haben.[1]

Die Frage, welche Ansprüche aus welchen Gründen im ersten Sinne falsch sind, kann ich in diesem Beitrag nicht behandeln.[2] Genauso wenig werde ich versuchen, die mit dem Altern in unserer Gesellschaft verbundenen ethisch berechtigten Ansprüche gegeneinander zu gewichten. Stattdessen werde ich nach einer kurzen Darstellung einiger Voraussetzungen mei-

---

[1] Die Kategorie der Ungleichzeitigkeit übernehme ich von Ernst Bloch: *Erbschaft dieser Zeit*. Zürich: Verlag Oprecht & Helbing 1935.

[2] Diese Frage führt auf die Grundlagen der philosophischen Ethik und deshalb weit über die Fragestellung dieses Beitrags hinaus; vgl. einführend dazu Michael Quante: *Einführung in die Allgemeine Ethik*. Darmstadt: Wissenschaftliche Buchgesellschaft ³2008.

ner Überlegungen (I.) das Prinzip der Gerechtigkeit (II.) und das Prinzip des Respekts vor personaler Autonomie (III.) in einer für die Erörterung der mit dem Altern verbundenen ethischen Probleme geeigneten Weise bestimmen.[3] Anschließend werde ich die Ungleichzeitigkeit von Ansprüchen als weiteren relevanten Aspekt unserer Diskussion um die Herausforderungen des Alterns skizzieren (IV.). Mein Ziel ist, durch Begriffsklärungen und die Aufdeckung von Fehlkonstellationen die gegenwärtige gesellschaftliche Diskussion aufzuhellen. Auf diese Weise kann die Philosophie dazu beitragen, dass die Debatte um ein menschenwürdiges Altern rationaler geführt werden kann, auch wenn konkrete Antworten auf die damit verbundenen Fragen letztlich in einer politischen Debatte darum, wie wir unser eigenes Leben und unsere Gesellschaft organisieren wollen, gefunden werden müssen (V.).

I.

Die *erste* Voraussetzung der folgenden Überlegungen lautet: Es gibt eine nicht behebbare Knappheit an Mitteln, weshalb wir Verteilungsentscheidungen treffen müssen. Für deren normative Begründung benötigen wir Verteilungsregeln, so dass Gerechtigkeitsfragen unvermeidlich sind. Es ist beispielsweise realistisch anzunehmen, dass selbst die Ressourcen der reichsten Gesellschaft nicht ausreichen werden, die Knappheit im Gesundheitswesen zum Verschwinden zu bringen; dies muss in die Gestaltung und Bewertung individueller Lebenspläne genauso eingehen wie in die Ausgestaltung und Rechtfertigung der Struktur unserer Sozialsysteme. Die *zweite* Voraussetzung ist die Annahme des Pluralismus: Wir leben in einer Gesellschaft, die sich durch ein hohes Maß an unterschiedlichen Vorstellungen des guten und des gelingenden Lebens auszeichnet. Darin finden sich unterschiedliche Gewichtungen von Zielen und Werten, die man im Leben verfolgen kann, die zu respektieren sind. Deshalb können wir keine Lösungen vorschlagen oder gar vorschreiben, die dem Faktum der Pluralität nicht

---

[3] In diesem Aufsatz werde ich keinen Beitrag zu den Verteilungsfragen leisten; vielmehr lassen sich meine Differenzierungen des Gerechtigkeitsprinzips als Hinweis darauf verstehen, dass es eine unzulässige Verkürzung darstellt, das Problem des Alterns allein oder primär als Verteilungsproblem zwischen sozialen Gruppen zu diskutieren.

genügen, auch wenn das Leben in vielen Bereichen dadurch komplizierter und schwerer wird. Die Kosten der Versuchung, die Pluralität durch Homogenisierung zu beseitigen, sind viel höher als die Folgekosten und die Reibungsverluste, die man hat, wenn man den Pluralismus akzeptiert.[4]

Das erste für meine Fragestellung zentrale Prinzip ist die Gerechtigkeit. Zwar steht es mit einer anthropologisch fundierten, auf gutes und gelingendes Leben ausgerichteten Ethik in Spannung; aber es ist unverzichtbar. Die Gerechtigkeitsintuition ist streng universalistisch und macht weder vor Ländergrenzen noch vor biologischen Arten Halt. Das bedeutet: Den Gesichtspunkt der Gerechtigkeit muss man vorsichtig handhaben, denn wenn man dieses Prinzip überbewertet, dann ergeben sich radikale Lösungen, in denen die Besonderheiten sozialer Institutionen und historischer Gegebenheiten ausgeblendet werden. Gerechtigkeit ist, rigoros universalistisch und als alleiniges Prinzip eingesetzt, nicht lebbar, weil in den sozialen und normativen Kontexten, in welche auch die Herausforderungen des Alterns fallen, Gerechtigkeit nicht das Einzige ist, was zählt.[5] Das zweite für meine Überlegungen zentrale Prinzip ist der *Respekt vor personaler Autonomie*. Seine Relevanz kann man z. B. im Bereich der Medizinethik sehen, in der sich in den letzten sechzig Jahren eine Umorientierung vom paternalistischen Wohlwollen gegenüber dem Wohl des Patienten hin zur Berücksichtigung seiner Selbstbestimmung vollzogen hat. Personal ist diese Autonomie, weil in sie *soziale Inklusion* integriert ist: Zu einem selbstbestimmten menschlichen Leben gehört, in sozialen Systemen aktiv und durch Anerkennungsprozesse eingebunden zu sein. Die Vorstellung der Autonomie im Sinne des autarken Subjekts unterstellt eine unangemessene Wesensdefinition des Menschen. Entscheidend ist, die soziale Verfasstheit des menschlichen Individuums gesellschaftlich so zu organisieren, dass der starke Primat individueller Selbstbestimmung in Form individueller Lebenspläne lebbar wird. Das geht nur auf der Grundlage von sozialer Eingebettetheit.

Unter diesen Vorzeichen lautet eine zentrale Frage: Wem soll man, wenn Wohl, Glück und Gerechtigkeit konfligieren, den Vorrang geben? Die

---

[4] Vgl. zu dieser Prämisse ausführlicher Michael Quante: *Menschenwürde und personale Autonomie. Demokratische Werte im Kontext der Lebenswissenschaften*. Hamburg: Meiner 2010, S. 203 ff.

[5] Vgl. hierzu Bernd Baron v. Maydell et al.: *Enabling Social Europe*. Heidelberg: Springer 2006, S. 51–89.

Philosophie kann diese Frage analytisch aufklären, indem sie zeigt, dass hier viele normativ relevante Aspekte zu berücksichtigen sind. Wie wir uns entscheiden, bleibt – in Demokratien zumindest – den demokratischen Willensbildungsprozessen vorbehalten. Jeder dieser Willensbildungsprozesse benötigt, wenn er rational sein soll, begriffliche Klarheit. Die Vorbedingungen hierfür kann die Philosophie schaffen; sie kann jedoch – Gleiches gilt für die Ökonomie – keine definitiven Antworten geben.

II.

Zugeschnitten auf das Thema dieses Beitrags sind mit Bezug auf die Frage der Gerechtigkeit vier Fragen zu unterscheiden. Die erste ist die der *intrapersonalen* Gerechtigkeit. Wenn ein Mensch sich sein zukünftiges Leben vorstellt und ein Bündel von Gütern zur Verfügung hat, die er über diese Zeitspanne hinweg investieren kann, dann ist es eine Frage der intrapersonalen Gerechtigkeit, ob er sich für seine Zukunft Ressourcen und Chancen verschafft oder bewahrt, oder ob er in den Tag hinein lebt. Daneben steht zweitens die *interpersonale* Gerechtigkeit. Nehmen wir den Fall dreier Kinder, die ein Elternteil zu pflegen haben. Wer übernimmt die Pflege? Lasten müssen verteilt werden, wir müssen einen gerechten Zustand und eventuell einen Ausgleich zwischen einzelnen Individuen herstellen. Drittens gibt es die *intergenerationelle* Gerechtigkeit. Jede Gesellschaft besteht aus sich zeitlich überlappenden, gleichzeitig lebenden Generationen; sie besteht aus koexistierenden Individuen, denen sich an unterschiedlichen Stellen der jeweiligen individuellen Biografie unterschiedliche Lebensaufgaben stellen und die unterschiedliche gesellschaftliche Funktionen übernehmen (Ausbildung, Erziehung, Erwerbstätigkeit, ehrenamtliche Tätigkeiten etc.). Die berühmte oder berüchtigte Ausbeutung der jetzigen Beitragszahler in die sozialen Sicherungssysteme durch Rentner und Pensionäre gehört beispielsweise in diesen Kontext. Wichtig für die Behandlung von Fragen intergenerationeller Gerechtigkeit ist es, wie man das Problem konzipiert. Beschreibt man die Gesellschaft als ein Modell, das mit versetzten Lebensphasen und Generationenfolgen dauerhaft stabil ist, weil es insgesamt bessere Rahmenbedingung für alle erzeugt? Oder friert man die Gesellschaft in der Analyse gleichsam zu einem Zeitpunkt ein und betrachtet das Problem als Umverteilungsmechanismus zu einem Zeitpunkt zwischen generationell definierten Gruppen?[6] Letzteres wird, zumeist ohne weitere Begründung, vorausgesetzt, wenn man Probleme der intergenerationellen Gerechtigkeit als Kampf der Generationen und nicht als einen zeitversetzten, dauerhaft stabilisierenden Austausch begreift. Die vierte Frage zielt auf die *Nachhaltigkeit* der Gerechtigkeit: Sie berührt die Rechte der jetzt noch nicht existierenden zukünftigen Generationen, die im Bereich nachhaltiger Energie- und Klimaschutzpolitik, oder auch hinsichtlich dauerhaft finanzierbarer Sozialsysteme, betroffen sind.

Man muss diese vier Arten von Gerechtigkeitsproblemen auseinanderhalten, denn jede von ihnen weckt andere Intuitionen. In der Regel legen wir bei der Frage der interpersonalen Gerechtigkeit strengere Begründungsstandards an als bei der Frage der intrapersonalen Gerechtigkeit. Bei Letzterer neigen viele zu der Ansicht, jeder habe das Recht, seine eigenen Gewichtungen vorzunehmen. Die Frage ist allerdings: Wenn in späteren Lebensphasen keine Absicherung in Form einer Altersvorsorge oder einer Krankenversicherung vorhanden ist, soll der Staat dann die solidarische Leistung erbringen, die diese Person intrapersonal nicht aufgebracht hat?

III.

Damit komme ich zum Prinzip des Respekts vor personaler Autonomie und der Frage, warum eine autonome Person genuin sozial verfasst ist. Eine funktionierende soziale Einbettung ist unbestreitbar kausal und material notwendig dafür, dass Menschen Personalität und die Fähigkeiten zu einer autonomen Lebensführung ausbilden. Wir wissen aus der Entwicklungs- und Persönlichkeitspsychologie, dass das Personsein ohne soziale Einbettung nicht zustande kommt. Philosophisch kommt dies in den Blick, wenn man personale Autonomie von Handlungsautonomie unterscheidet. Letztere begreift Autonomie als Eigenschaft einzelner Handlungen, wie der, einer Handlungsalternative informiert zuzustimmen oder eine Handlungsoption informiert zurückzuweisen. Personale Autonomie dagegen besteht darin, die einzelnen Handlungen und Rollen, die wir im sozialen Kontext einnehmen, in ein Gesamtgefüge dessen, was man sich als sein eigenes

---

[6] Welche Beschreibung man wählt, hat z. B. Konsequenzen dafür, ob man eher eine umlagefinanzierte oder eine kapitalgedeckte Altersversorgung für ethisch angemessen hält.

Leben vorstellt, integrieren zu können. Das ist uns in der Regel in unserem Leben wichtig und stellt den fundamentaleren Begriff der Autonomie dar.[7] Personale Autonomie zielt auf die Person als biografische Einheit und nicht auf die einzelnen Handlungen als Träger von Autonomie.[8] Menschen können einzelne Handlungen ausführen, die für sich genommen die Bedingungen der Handlungsautonomie erfüllen, aber nicht zu der Persönlichkeit dieser Menschen als biografische Einheit passen. In solchen Fällen konfligiert die Idee der personalen Autonomie mit der Idee der Handlungsautonomie. Was wir im Kontext unserer Frage nach den Herausforderungen des Alterns benötigen, ist ein Konzept personaler Autonomie im Sinne von längerfristigen Gestaltungsmöglichkeiten, das Einheit und Stabilität über längere Zeiträume hinweg und durch verschiedene soziale Rollen hindurch ermöglicht.[9]

Personale Autonomie können Menschen jedoch nicht ohne intersubjektive Anerkennung, nicht ohne Einbettung in soziale Rollen und nicht ohne kritische Korrekturen durch andere Personen erwerben oder ausüben. Personale Autonomie ist keine Eigenschaft wie die, soundso schwer oder soundso groß zu sein, sondern eher durch die Fragen „Für welche Ziele und Werte stehe ich ein? Wie gewichte ich meine Ziele, worin sehe ich meinen (oder einen) Sinn?" zum Ausdruck zu bringen. Ob wir diese Fragen in unserer Lebensführung beantworten, können wir nur daran erkennen, wie andere darauf reagieren, dass wir diesen Anspruch umzusetzen versuchen. Gäbe es in unserer Umwelt nur Maschinen oder Gegenstände, könnten wir diese reflexive Vorstellung davon, was unsere eigenen Projekte sind, gar nicht ausbilden, weil nur andere Personen uns auf der Ebene kritisieren können, auf der wir Ansprüche dieser Art erheben und auf der sich personale Autonomie abspielt. Vielleicht würde sich in unserem Handeln ein Selbstbild manifestieren, aber wir könnten darüber nicht bewusst verfügen und es damit auch nicht autonom gestalten. Es käme uns einfach zu; wir hätten womöglich sogar ein personales Leben, aber wir würden es nicht als Person und im Lichte unseres Selbstbildes führen. Es bliebe unthematisch;

---

[7] Vergleiche hierzu Michael Quante: *Personales Leben und menschlicher Tod*. Frankfurt a. M.: Suhrkamp 2002, Kap. 5.
[8] Vgl. hierzu Michael Quante: *Person*. Berlin: De Gruyter 2007.
[9] Vgl. dazu Michael Quante: *Personales Leben und menschlicher Tod*. Frankfurt a. M.: Suhrkamp 2002.

denn damit es thematisch werden kann, brauchen Menschen das Du oder das Wir, durch das oder in dem ihr Selbstbild akzeptiert, gelobt oder getadelt wird. Wir brauchen einen sozialen Raum, in dem wir das Recht (und die Pflicht) haben, mit Gründen auf die Kritik anderer Personen zu reagieren. Nur in diesem intersubjektiven, kommunikativen oder auch emotionalen Geflecht ist der Ort personaler Autonomie zu finden. Sie ist keine natürliche, sondern eine soziale Eigenschaft: Das Soziale ist der Geltungs- und Seinsgrund von Autonomie in all ihren Formen.[10]

All dies kann man nur vergessen, wenn man Autonomie lediglich als Handlungsautonomie und damit bloß als einen singulären rationalen Akt begreift. Im Banne dieses Modells kann man sich dann auch vorstellen, dass ein einzelner Mensch Autonomie ausüben kann; eine Vorstellung, die dem homo oeconomicus als Urtypus des modernen rationalen Agenten zugrunde liegt. Die komplexere Struktur einer Biografie, die wir zu erfassen versuchen, kann dagegen nur im Zusammenspiel mit anderen Personen realisiert werden. Wenn wir uns beispielsweise überlegen, wie wir die nächsten zehn Jahre unseres Lebens gestalten wollen, dann benötigen wir Gesprächspartner, die diese Frage verstehen und uns normativ gegenübertreten können. Wir müssen in Auseinandersetzungen über verschiedene Konzeptionen der Lebensführungen eintreten können; hilfreich sind hierbei die in einer Gesellschaft normalerweise existierenden versetzten Generationen, die ihre Erfahrungen gemacht haben, von denen z. B. die Jüngeren prospektiv lernen können (umgekehrt können jüngere Personen mit ihrer Perspektive das in Frage stellen, was die älteren Generationen für richtig oder selbstverständlich halten; sie tun dies in der Regel auch).

Personale Autonomie ist also auf vielfältigen Ebenen und in vielfältigen Weisen sozial konstituiert. Es ist eine letztendlich sogar empirisch verifizierbare Tatsache, dass Menschen die Fähigkeit zu einer autonomen Lebensführung, ja selbst schon die Fähigkeit, sich über einen längeren Zeitraum als ein- und dieselbe Person zu begreifen, nur in sozialen Verbänden erwerben (z. B. durch soziale Selbstverpflichtungen oder Selbstbindungen wie das Geben eines Versprechens). Kleine Kinder lernen nur, dass sie dieselben

---

[10] Vgl. dazu Michael Quante: „The social nature of personal identity". In: *Journal of Consciousness Studies* 14 (2007), 56–76.

sind wie gestern, wenn man sie an ihre Verpflichtung, die sie selber zu einem früheren Zeitpunkt eingegangen sind, erinnert und diese Versprechen auch einfordert. Gäbe es diese Praxis nicht, dann gäbe es auch die Idee einer normativen Selbstbindung über längere Zeiträume hinweg nicht. Wenn man das Rauchen aufgeben will, aber niemandem etwas davon sagt, dann hat der Entschluss wenig bindende Wirkung (es ist in einem solchen Fall eher eine Prognose als eine Verpflichtung). Wenn man dagegen eine Verpflichtung eingehen will, dann braucht man dafür die Anderen, die uns kritisieren, falls wir das verfehlen, wozu wir uns verpflichtet haben, oder die uns in einem solchen Fall zumindest nach Gründen fragen.[11]

IV.

Antworten auf die Frage nach einem menschenwürdigen Altern, deren Vielschichtigkeit durch das Zusammenspiel der Prinzipien der Gerechtigkeit und der personalen Autonomie in den letzten beiden Abschnitten deutlich geworden ist, müssen noch eine weitere Komplexität berücksichtigen. Diese zusätzliche Dimension des Problems ergibt sich durch die Erosion unserer Grundbegriffe und das Phänomen der ungleichzeitigen Ansprüche, die in unserem Kontext zu konstatieren sind.

Wenn in kurzer Zeit tradierte Rahmenbedingungen, innerhalb derer sich unsere Ansprüche entwickelt haben, wegbrechen, dann kann sich folgende Konstellation ergeben: Die auf den tradierten Voraussetzungen basierenden Ansprüche (z. B. auf häusliche Pflege durch die Angehörigen der nächsten Generation) passen nicht mehr zu den veränderten Lebensbedingungen (in unserem Fall in der Kleinfamilie). Diejenigen, die in den alten Strukturen aufgewachsen sind, konfrontieren diejenigen, die in den neuen Strukturen leben, mit ihren ‚ungleichzeitigen' Ansprüchen. Möglicherweise nehmen auch die in den neuen Strukturen lebenden Personen diese Ansprüche als berechtigt wahr, obwohl sie zu den neuen sozialen Rahmenbedingungen nicht mehr passen. Dies erzeugt permanente Überlastung und ein schlechtes Gewissen oder aber, wenn die ‚veralteten' Ansprüche von der

---

[11] Vgl. dazu ausführlicher Michael Quante: „Verantwortung und personale Autonomie". In: J. Michel & M. Backmann (Hgg.): *Physikalismus, Willensfreiheit, Künstliche Intelligenz*. Paderborn: Mentis 2009, S. 162–180.

jüngeren Generation als unberechtigt zurückgewiesen werden, normative Konflikte. Ein anderer Fall sind Anspruchshaltungen an die Sozialsysteme, die unter veränderten Voraussetzungen ausgebildet und allgemein als berechtigt eingeschätzt wurden, nun aber nicht mehr passen (man denke an bestehende Vorruhestandsregelungen und die veränderte Arbeits- und Leistungsfähigkeit älterer Menschen). Aus philosophischer Perspektive ist klar, dass man manche solche Anspruchshaltungen unabhängig von Verteilungsfragen auf den Prüfstand stellen muss, wenn deren Voraussetzungen, welche die anthropologischen und biografischen Rahmenbedingungen betreffen, nicht mehr gegeben sind.

Bei der Diskussion von Fragen, die sich aus den Herausforderungen des Alterns ergeben, gilt es, einen biografischen und einen gesellschaftlichen Zusammenhang zu beachten. Weil sich die biografischen Lebensphasen ändern, müssen die Individuen neue Konzepte eines gelingenden Lebens und die Gesellschaften Lösungsstrategien auf der Grundlage von normativen Voraussetzungen entwickeln, die zu diesen veränderten Rahmenbedingungen passen. Es gibt jedoch nicht nur die private Aufgabe, neue Modelle für die eigene Biografie zu entwickeln, sondern immer auch ein gesellschaftliches Problem; beide sind auf mehrfache Weise miteinander verzahnt. Die Möglichkeit, Konzepte für sinnvolle oder gute Lebensverläufe zu entwickeln, ist auf vielfältige Weise durch die gesellschaftlichen Rahmenbedingungen geprägt. Auf bestimmte Modelle kommen Individuen nur, wenn und weil es normative Rahmenbedingungen gibt; nur eine Minderheit entwickelt revolutionäre Vorstellungen und geht gegen diese Rahmenbedingungen prinzipiell an. Unser Verhalten ist in der Regel abhängig von realen Zugangsbedingungen (wie Bildung oder Informationen) und normativen Mustern (wie vorgegebenen sozialen Rollen). Neben diesem Bedingungsverhältnis, aufgrund dessen die individuelle und die gesellschaftliche Perspektive auf unsere Probleme nicht zu trennen sind, gibt es eine zweite Einflussrichtung: Wenn Individuen aufgrund veränderter Rahmenbedingungen neue Bedürfnisse ausbilden, dann dringen diese in die Institutionen (wie z. B. Altenheime) ein und werden dort als Herausforderung erfahren. Institutionen, worunter ich hier auch die Familie fasse, und die Menschen, die in ihnen arbeiten oder leben, werden durch die Veränderungsprozesse mit neuen Ansprüchen konfrontiert und müssen den Umgang mit diesen Ansprüchen lernen. Erzieher, Lehrer oder Pfleger müssen sich überlegen, wie sie mit diesen neuen Herausforderungen umgehen wollen, und Erfahrungen mit den Lösungsstrategien sammeln, die dabei entwickelt und ausprobiert werden. So stellt z. B. der private Zugang zum Internet eine Herausforderung an Familien dar, die es vor 30 Jahren noch nicht gab und der zu begegnen nicht einfach ist. Mit anderen Worten: Individuelle Bedürfnisse, egal ob unverfälscht oder durch Werbung beeinträchtigt, üben Druck auf gesellschaftliche Institutionen aus.

Beide Wechselwirkungen greifen ineinander, so dass eine schwierige Gemengelage entsteht. Man dreht an einem Rädchen und alle anderen drehen sich mit; Wirkung und Ursache lassen sich vielfach nicht mehr klar unterscheiden. Wenn man zielgerichtet eingreifen möchte, muss man mit allen Arten von Reibungsverlusten und Widerständen rechnen, die sich der Tatsache verdanken, dass sich die Bedürfnisse und Wahrnehmungsmuster der Beteiligten gegenüber den realen Möglichkeiten zeitversetzt ändern. Die Ungleichzeitigkeiten erzeugen Widerstand und normative Probleme einer besonderen Art; Letztere kommen nicht in den Blick, wenn man diese Spannungen oder Konflikte als rein technisch zu bewältigende Probleme ansieht und an Ökonomen oder andere Sozialingenieure delegiert.[12] Man übersieht diese spezifische Dimension unserer Fragestellung leicht, weil sie innerhalb der Wahrnehmungsmuster und normativen Spielregeln angesiedelt ist, die man immer schon voraussetzt, wenn man die Situationen beschreibt. Aus philosophischer Sicht lautet die grundsätzliche Frage, ob der gesamte Kontext mittlerweile schon so weit erodiert ist, dass diese Muster und Spielregeln gar nicht mehr das beschreiben, was vorliegt. Aus solchen Missverhältnissen resultieren Fehldiagnosen, Fehlinterventionen und konfligierende normative Ansprüche, sowie eine universelle Verwirrung auf verschiedensten Ebenen. Letztere ergießt sich zumeist in herkömmliche normative Ansprüche und politische Rezepte, weil man glaubt, mit ihnen etwas lösen zu können, was für diese Art Zustand gar nicht mehr einschlägig ist.

---

[12] Einen Anspruch als ungleichzeitig zu qualifizieren, bedeutet nicht automatisch, ihn als ethisch unzulässig zu bewerten. Das Spektrum reicht hier von reaktionären bis zu utopischen Ungleichzeitigkeiten; in ihnen können sich ethisch zu beklagende Missstände genauso artikulieren wie Verlusterfahrungen angesichts einer sich rasch wandelnden sozialen Wirklichkeit.

V.

Im Spannungsfeld von individuellen Ansprüchen und sozialen Erwartungen, welches durch Ungleichzeitigkeiten und Knappheit aufgespannt wird, darf man die soziale Dimension der menschlichen Existenz und das Prinzip des Respekts vor personaler Autonomie nicht gegeneinander ausspielen. Beide müssen vielmehr in ein normativ komplexes Geflecht integriert werden, wobei sich eine generelle Vorrangregelung für die Autonomie nicht begründen lässt, weil es immer wieder dramatische Fälle gibt, in denen das Wohl des Menschen wichtiger ist als seine Autonomie. Jede philosophische Theorie, die versucht, die normative Komplexität des menschlichen Lebens durch eine prinzipielle Vorrangstellung zugunsten der personalen Autonomie aufzulösen, ist sehr schnell der Versuchung ausgesetzt, andere relevante Gesichtspunkte aus dem Blick zu verlieren. In der Politischen Philosophie findet sich, mit Bezug auf die Haltung gegenüber dieser normativen Interdependenz, ein Spektrum von graduell divergierenden Positionen: Es reicht von der orthodox kommunitaristischen Position, der zufolge Selbstbestimmung nur da, wo sie die Gemeinschaft nicht gefährdet, erlaubt sein sollte, bis zur extrem liberalen Position, der zufolge soziale Gesichtspunkte nur so weit zu berücksichtigen sind, wie sie der individuellen Selbstverwirklichung dienen.

Wenn meine obigen Überlegungen stimmen, dann lässt sich die Spannung nicht einseitig zugunsten eines der beiden Pole auflösen: Personale Identität oder personale Autonomie sind soziale Institutionen, die es ohne die soziale Verfasstheit des Menschen gar nicht gäbe. Die grundlegende Frage ist deshalb nicht: Wie kommen viele autonome Personen (im Sinne rationaler Entscheider oder Handlungssubjekte) dazu, eine Gemeinschaft zu bilden? Sie lautet vielmehr: Wieso entwickelt sich in einer Gemeinschaft das normative Ideal der Selbstbestimmung und warum ist dies eine gute Entwicklung? Und eine der zentralen Anschlussfragen lautet: Wie können wir diese Errungenschaft, die man unbestreitbar als Charakteristikum der Moderne ansehen muss, sinnvoll und stabil in die soziale Verfasstheit des Menschen integrieren?[13]

---

[13] Vgl. dazu Michael Quante & David Schweikard: „‚Leading a Universal life': the systematic relevance of Hegel's social philosophy". In: *History of the Human Sciences* (22) 2009, 58–78.

Um hier zu plausiblen Antworten zu kommen, muss man nicht nur fragen, wie personale Autonomie und soziale Inklusion gegeneinander zu gewichten sind. Es reicht auch nicht aus, diese Frage um die Perspektive der Gerechtigkeit in ihren verschiedenen Facetten zu erweitern. Der anthropologische und soziale Rahmen, innerhalb dessen wir diese normativen Fragen stellen, ist kontingent und fragil. Die Frage nach einem menschenwürdigen Altern unter sich verändernden Lebensbedingungen kann man in ihrer ganzen Reichweite nur verstehen, wenn man die Phänomene der Ungleichzeitigkeit von Ansprüchen und die Erosion unserer tradierten Vorstellungen vom Altern, welche für die sich verändernden Rahmenbedingungen nicht mehr passen, berücksichtigt. Sonst droht die Gefahr einer schiefen normativen Debatte und unplausibler politischer Vorschläge.

An dieser Stelle können und müssen Philosophen die gesellschaftliche Diskussion aufklären und die Vorbedingungen für einen rationalen politischen Diskurs schaffen. Dies ist, auch wenn nach einer solchen Aufräumaktion noch keine normative Frage beantwortet worden ist, wertvoll. Denn nur dann, wenn die Probleme klar formuliert worden sind, können auch plausible Antworten gefunden werden. Wenn wir eine Idee des menschenwürdigen Alterns in einer liberalen Gesellschaft entwickeln wollen, müssen wir die Fragestellung aus dem Blickwinkel der Philosophischen Anthropologie und mit den begrifflichen Mitteln der philosophischen Ethik zugleich behandeln. Rezepte, wie die Antworten auf die vielen und drängenden Probleme dann aussehen sollten, kann die Philosophie unter anderem deshalb nicht geben, weil man dazu die empirischen Daten und die Erfahrungen der Menschen braucht.[14] Die Philosophie sollte solche Antworten auch nicht geben, weil die philosophische Ethik nicht dazu da ist, das Gute zu predigen, sondern dazu, den konzeptionellen Rahmen für die normativen Diskurse bereitzustellen, die unsere Gesellschaft in den nächsten Jahren und Jahrzehnten unvermeidlich wird führen müssen.[15]

---

[14] Gleiches gilt übrigens auch für die Ökonomie, auch wenn deren gesellschaftliches Auftreten und deren gesellschaftliche Wahrnehmung häufig von der gegenteiligen Annahme auszugehen scheinen.

[15] Für wertvolle Hinweise und produktive Kritik an der vorherigen Fassung dieses Beitrags danke ich Simon Derpmann, Dominik Düber und Katja Stoppenbrink; Caterina Quante danke ich für die Durchsicht des Manuskripts.

Versorgungsbrüche in der Altenarbeit aus Sicht der Träger

Michael Frase

Versorgungsbrüche aus der Sicht von Trägern der Alten- und Krankenhilfe zu beschreiben, bedeutet, bei der Struktur der Versorgung anzusetzen. Die Ausgangssituation ist in der Regel folgende: Eine ambulante Versorgung zu Hause kann nicht mehr sinnvoll aufrechterhalten werden und die Krankenpflege ist nicht mehr in der Lage, alleine für das Wohl des Patienten zu sorgen. Beim anstehenden Wechsel in eine stationäre Einrichtung stellen sich dann vielfältige Fragen: Welches Haus soll gewählt werden? Welche Einrichtung bietet für die Situation des Patienten die bestmöglichen Voraussetzungen? Wie beurteilen Angehörige, die mitentscheiden, wie der Übergang gestaltet werden soll, die Situation? Oftmals scheidet der Träger des ambulanten Dienstes damit aus der Versorgung aus. Er kann noch fachlich beraten, doch für die Übergänge selbst sind andere Faktoren entscheidend. Zum einen sind sie eine familiäre Aufgabe, zum anderen geht es bereits um die Frage, wie Aufnahme und Eingliederung des neuen Bewohners in der stationären Einrichtung gut gelingen können. Versorgungsbrüche aus Trägersicht sind so oftmals mit dem Wechsel von Zuständigkeiten und Verantwortlichkeiten verbunden. Damit einher geht, dass die Patientenversorgung wie eine Stafette organisiert wird, in der das Staffelholz von einem Fachteam zum anderen weitergereicht wird. Die Vermittlung des Staffelholzes wiederum geschieht dabei oftmals durch Dritte, nämlich die Familienangehörigen.

Gute Übergänge vom stationären in den ambulanten Bereich sind heute umso wichtiger, da viele Patienten aus Krankenhäusern sehr schnell entlassen werden und eine intensive Nachbetreuung benötigen. Entscheidend ist dabei auch die Frage, wie von Fachdiensten über die Trägerstrukturen hinaus Verbundsysteme weiterentwickelt werden, welche die spezifischen Situationen in den Übergangspassagen in den Blick nehmen. Dabei ist es von Vorteil, wenn die Überleitungen wiederum über bestimmte Einrichtungen erfolgen. Der Sozialdienst im Krankenhaus nimmt frühzeitig in den Blick, wo ein Patient zu Hause von wem versorgt werden kann. Die Überleitungen gelingen hier oft sehr zügig und für die Patienten wirkungsvoll, zumal mit ihnen eine hohe Verantwortung verbunden ist, da viele Patienten noch einer nachhaltigen ambulanten Betreuung bedürfen.

Komplizierter wird es, wenn ein Übergang aus dem ambulanten in den stationären Bereich gestaltet werden muss – zum Beispiel bei der Übersiedlung in ein Altenwohnheim oder Altenpflegeheim. Wenn keine näheren Angehörigen vorhanden sind oder aktiv werden können, stellt sich sofort das Problem, wer die Überleitung in ein Pflegeheim organisiert. In Frankfurt am Main kann Kontakt zur zentralen Heimplatzvermittlung aufgenommen werden. Doch auch hier ist es wichtig, zeitnah und zügig die Vermittlung zu gewährleisten. Für die ambulanten Versorgungsstrukturen existieren Beratungs- und Vermittlungsstellen, die heutigen Koordinierungsstellen. Sie beraten Menschen in den Stadtteilen dezentral und bringen dabei diejenigen ambulanten Dienste ins Gespräch, die für eine bestmögliche Versorgung zu Hause in Frage kommen. Für den stationären Bereich ist dieses Verfahren inzwischen zentralisiert. Erfahrungen aus dem stadtweit agierenden ambulanten Krankenpflegedienst der Diakonie Frankfurt am Main zeigen auf, dass ein solches Überleitungsmanagement von einer hauptamtlichen Person gestaltet werden könnte, wenn die finanziellen Möglichkeiten dafür vorhanden wären. Oftmals, so berichten Leitungsverantwortliche, ist gerade die Überleitung aus dem häuslichen in den stationären Bereich eine schwierige und sehr langwierige Aufgabe.

Außerordentlich kompliziert gestalten sich die Dinge, wenn in der ambulanten Pflege festgestellt wird, dass die betreute Person ihre persönlichen Angelegenheiten nicht mehr selbst regeln kann. Einen gesetzlichen Vertreter berufen zu lassen, ist ein langwieriges Verfahren bei Gericht, das sich über mehrere Wochen hinstreckt. Während es in der Schwebe ist, sind die finanziellen Fragen ungeklärt, was oftmals auch zulasten des ambulanten Pflegedienstes geht. Geklärt werden muss zudem: Wer geht den Weg zum Sozialrathaus? Wer leitet die notwendigen Hilfen ein, die sich nicht über Kranken- und Altenpflege definieren lassen? Schwierig wird es, wenn eine Unterversorgung oder Verwahrlosungstendenzen erkennbar sind.

Kurzfristige schnelle Lösungen sind in solchen Fällen meist nicht zu erreichen. Dabei muss es gar nicht nur um grundsätzliche Fragestellungen der künftigen intensiven Betreuung eines Patienten gehen, sondern manchmal lediglich um die alltäglichen Dinge. Es stellt sich die Frage, welche Hilfen außerhalb der Pflege geleistet werden können. So ist es aus den Trägersituationen heraus schnell möglich, „Essen auf Rädern" oder Hausnotrufsysteme zu organisieren und darauf zu achten, dass die neuen Einrichtungen gut funktionieren. Schwieriger wird es jedoch, wenn es etwa darum geht, wer dringend benötigte Kleidung kauft. Auch die alltäglichen Bankgeschäfte sind mit Hürden verbunden. Schließlich kann nicht irgendjemand zur Bank geschickt werden, der dort mit einer EC-Karte und Geheimzahl Geld für den zu Betreuenden abhebt. Insgesamt gilt es zu klären, wer wann welche Hilfsdienste einschaltet. Über ehrenamtliches Engagement sind Einkaufsdienste möglicherweise noch einigermaßen gut zu organisieren. Wo die rechtliche Situation jedoch unklar ist, es um Geld oder amtliche Vorgänge – etwa den Gang zu einer Behörde – geht, wird es unübersichtlich. Vermeintlich einfache Aufgaben, wie einen Personalausweis zu verlängern oder Ersatz für eine verlorengegangene Krankenkassenkarte zu beantragen, können so zu hohen Hürden werden, weil sich die Frage nach dem rechtlichen Status einer handelnden Person stellt.

Mitarbeiterinnen und Mitarbeiter in den Pflegediensten sind oft die Ersten, die Tendenzen erkennen, dass ein Patient sich nicht mehr selbstständig organisieren kann, sondern Alltagshilfen benötigt. Diese einzurichten, gestaltet sich jedoch oftmals schwierig. So sind Versorgungsbrüche im Alltag vielfach an Stellen zu erkennen, die sich jeder Steuerung und jedem systematischen Zugang entziehen. Funktionierende Hilfen sind oftmals dem engagierten und unbürokratischen Handeln Einzelner zu verdanken, die sich durch wahrgenommene Missstände oder die erkannte Notwendigkeit zu helfen angerührt fühlen. Mitmenschlichkeit wird hier in einer Weise praktiziert, die für unsere Gesellschaft unverzichtbar ist. Sie wird dort erkennbar, wo andere aufgrund des Systems der gesetzlichen Regelungen zunächst einmal nicht handlungsfähig sind. Dies betrifft vor allem Bereiche, die nicht geregelt sind und zum Teil auch nicht umfassend geregelt werden können. Versorgungsbrüche weisen immer darauf hin, dass sich die professionellen Dienste und Einrichtungen fragen müssen, wie sie mit anderen Trägern von Einrichtungen so kommunizieren können, dass zugunsten des Patienten schnelle Lösungen möglich werden. Auf der anderen Seite geht es darum, ein Bewusstsein dafür zu entwickeln, dass Einzelne mit ihrer persönlichen Haltung, die sich am notwendigen Bedarf einer hilfsbedürftigen Person orientiert, einen entscheidenden Beitrag leisten können. Nicht zuletzt ihr Engagement verhindert in vielen Fällen, dass sich das Dilemma, in dem sich die zu betreuende Person befindet, zu einem massiven Problem der Unterversorgung entwickelt. Während die professionelle Arbeit gehalten ist, durch Vernetzung und in Wirkverbundsystemen Brüche zu minimieren, gilt es für den Einzelnen, die notwendigen Assistenzdienste verstärkt in den Blick zu nehmen, die im gewohnten Umfeld geleistet werden können.

Versorgungsbrüche in der gesundheitlichen und pflegerischen Versorgung älterer Menschen[1]

Eckart Schnabel

Einführung

Im Zuge der demographischen Entwicklung, die durch einen Anstieg der absoluten Zahl älterer Menschen, ihres relativen Anteils an der Gesamtbevölkerung sowie durch die Zunahme an Hochaltrigkeit gekennzeichnet ist, gewinnen Fragen der gesundheitlichen pflegerischen Situation, Versorgung und Betreuung älterer Menschen zunehmend an Bedeutung. Ungeachtet des Umstands, dass mit der Ausdehnung der Altersphase nicht unbedingt generell der Verlust von Fähigkeiten und Fertigkeiten verbunden sein muss, ist es jedoch empirisch evident, dass insbesondere die Phase der Hochaltrigkeit mit einem erhöhten Morbiditätsrisiko, Pflegebedürftigkeit und mit Multimorbidität verbunden ist. Derzeit sind 2,1 Millionen Bundesbürger pflegebedürftig im Sinne des Pflegeversicherungsgesetzes, dies sind 6 % mehr als noch 1999. 82 % aller Pflegebedürftigen sind 65 Jahre und älter, davon hat jeder Dritte das 85. Lebensjahr bereits erreicht oder überschritten. Das Pflegerisiko liegt unter den 80- bis 85-Jährigen bei 20 % und im Alter zwischen 90 und 95 Jahren bereits bei 61 %. Frauen sind aufgrund der längeren Lebenserwartung stärker von Pflegebedürftigkeit betroffen und ihr Pflegebedarf wächst im Alter deutlich schneller als bei Männern (DZA 2007). Modellrechnungen zufolge ist in den nächsten Jahren mit einem weiteren Anstieg der Pflegebedürftigen zu rechnen. Ebenso wird eine weitere Kompression der Morbidität prognostiziert: Der Anteil der in relativer Gesundheit verbrachten Lebensjahre wird weiter zunehmen, umgekehrt ist

---

[1] Verschriftlichung eines Vortrags im Rahmen der Veranstaltung ‚Versorgungsbrüche in der Altenarbeit' am 17. 6. 2009 in Frankfurt a. M.

beim Anteil der in schlechter Gesundheit verbrachten Lebensjahre von einem weiteren Rückgang auszugehen.

Die Gesundheits- und Pflegesysteme müssen sich darauf einstellen und in der Zukunft eine stärkere Ausrichtung auf die spezifischen Problemlagen älterer Menschen vornehmen, vor allem im Hinblick auf eine integrierte, lebenslauforientierte Betrachtung von Krankheit und deren Vorbeugung, Hilfe- und Pflegebedürftigkeit. Fragmentierung, Segregation und mangelnde Abstimmung im Gesundheits- und Pflegesystem führen nach wie vor dazu, dass es zu Brüchen in der Versorgung alter und pflegebedürftiger Menschen kommt. Diese Versorgungsbrüche gibt es jedoch nicht nur zwischen den Institutionen des Gesundheits- und Pflegewesens, auch innerhalb der Einrichtungen kommt es zu Störungen und Unterbrechungen in der Kontinuität der Versorgung zulasten der Patienten und Pflegebedürftigen.

Krankheit und Pflegebedürftigkeit werden dabei immer stärker im Kontext der individuellen Lebenslaufperspektive und der Lebenslagen der Menschen betrachtet. Gesundheit reduziert sich nicht nur auf die Abwesenheit von Krankheit, sondern wird als Konzept betrachtet, das neben medizinischen auch pflegerische, psychologische und soziale Aspekte umfasst: „Gesundheit bezeichnet den Zustand des objektiven und subjektiven Befindens einer Person, der gegeben ist, wenn diese Person sich in den physischen, psychischen und sozialen Bereichen ihrer Entwicklung in Einklang mit den Möglichkeiten und Zielvorstellungen und den jeweils gegebenen äußeren Lebensbedingungen befindet." (Hurrelmann 2003). Daraus ergeben sich für den Einzelnen verschiedene Dispositions- und Partizipationsspielräume, die in der Auseinandersetzung mit gesundheitlichen und pflegerischen Problemlagen zu unterschiedlichen Bewältigungsstrategien führen. Zunehmend geraten dabei auch sozial bedingte Unterschiede in der Morbiditätsstruktur und Lebenserwartung in den Blickpunkt der wissenschaftlichen Betrachtung.

Mit zunehmendem Alter verändern sich diese Spielräume und die Existenz und das Ausmaß von Unterstützungsressourcen werden zunehmend wichtiger. Versorgungsbrüche in der gesundheitlichen und pflegerischen Versorgung wirken sich dann gerade bei älteren Menschen besonders gravierend aus, da neben den eigenen eingeschränkten Ressourcen der Mangel an z. B. familiären Unterstützungsressourcen die Versorgungssituation und deren Bewältigung erschweren.

Versorgungsbrüche in der Pflege und Rehabilitation

Verschiedene empirische Untersuchungen zur Versorgungssituation in Pflegeheimen konnten nachweisen, dass der Fokus der Versorgung häufig auf den v. a. pflegebezogenen Alltagsverrichtungen liegt, psychosoziale Anteile an der Versorgung jedoch vernachlässigen. Analysen zur Struktur des Leistungsaufwands machen zudem deutlich, dass die „ungerechte" Verteilung von Leistungen, die mangelnde Planung und Evaluation von Leistungen sowie fehlende Rationalität im Personaleinsatz zu Versorgungsproblemen führen (vgl. Wingenfeld/Schnabel 2002). Dies führt in der Praxis häufig dazu, dass bestimmte Bewohnergruppen, z. b. jene mit gerontopsychiatrischen Problemlagen, unterdurchschnittlich mit Leistungen versorgt werden, die dem Bereich psychosoziale Betreuung zuzuordenen sind. Insbesondere die Problemlagen der in ihrer Mobilität und Kommunikation erheblich eingeschränkten Bewohner finden im Versorgungsalltag häufig wenig Aufmerksamkeit. Der Versorgungsalltag ist eher dadurch geprägt, dass – abgesehen von den für den Erhalt der körperlichen Gesundheit erforderlichen Maßnahmen – in erster Linie auf akute, von den MitarbeiterInnen unmittelbar wahrnehmbare Hilfebedarfe reagiert wird. Die Aufmerksamkeit konzentriert sich daher auf solche Bewohner, die in der Lage sind, ihre Bedürfnisse an die Pflegenden heranzutragen oder Situationen herzustellen, in denen eine unmittelbare Intervention erforderlich erscheint. Je weniger mobil die Bewohner sind, umso geringer ist ihre Chance, außerhalb der notwendigen Alltagsverrichtungen Leistungen zu erhalten (vgl. Wingenfeld/Schnabel 2002).

Eine nähere Analyse jener Leistungen, die nicht in unmittelbarem Kontakt zum Bewohner erbracht werden (indirekte Pflegeleistungen) zeigt, dass der Aufwand für alle Aktivitäten an den Schnittstellen der Versorgung, vor allem zu externen Akteuren oder auch den Angehörigen, vergleichsweise gering ist. Insgesamt machen die indirekten Leistungen etwa 38 % des Gesamtumfangs aus. Im Vordergrund dieser Leistungen stehen, gemessen am Zeitaufwand, die Mahlzeitenversorgung, Arbeitsbesprechungen, Pflegeplanung/-dokumentation und Wäscheversorgung. Allein die Mahlzeiten- und Wäscheversorgung, d. h. überwiegend hauswirtschaftliche Tätigkeiten, nehmen etwa ein Drittel des Zeitaufwandes in Anspruch. Relativ gering fällt der Zeitaufwand für Kontakte zu Angehörigen aus (zwei Minuten je

Bewohner und Tag). Auch die Kooperation mit anderen Berufsgruppen nimmt, gemessen am Zeitaufwand, einen geringen Stellenwert ein – ein Hinweis auf die geringe Verschränkung von vollstationärer Pflege und ärztlicher, insbesondere fachärztlicher Versorgung. Insgesamt wurden in der Analyse eine Vielzahl interner und externer Schnittstellen identifiziert, die in vielen Einrichtungen der stationären Altenpflege verbesserungsbedürftig erscheinen. Das Projekt ‚Referenzmodelle zur qualitätsgesicherten Weiterentwicklung der vollstationären Pflege in NRW' hat diese Befunde zum Anlass genommen, unter anderem Qualitätsmaßstäbe zu entwickeln, die sich nicht nur an internen Pflegeabläufen orientieren, sondern insbesondere auch die Schnittstellen der Versorgung in den Blick nehmen, um damit das Risiko von Versorgungsbrüchen zu begrenzen bzw. zu minimieren. Verbesserungsvorschläge wurden vor allem für die folgenden Versorgungsbereiche erarbeitet (vgl. MAGS NRW 2006):

- Unterstützung beim Einzug in eine Pflegeeinrichtung,
- Zusammenarbeit mit Angehörigen,
- Kooperation mit niedergelassenen Ärzten,
- Überleitung bei notwendigen Krankenhausaufenthalten von Bewohnern,
- Sicherstellung einer bedarfsgerechten nächtlichen Versorgung,
- Begleitung sterbender Heimbewohner.

Der *Einzug in eine Pflegeeinrichtung* stellt für jeden Menschen ein kritisches Lebensereignis dar. Umso wichtiger erscheint es, den sensiblen und häufig mit Verlusterfahrungen verbundenen Übergang in eine Pflegeeinrichtung entsprechend zu organisieren und Bewohner, Mitarbeiter und Angehörige bei der Bewältigung der damit zusammenhängenden Anforderungen zu unterstützen. Dies schließt eine angemessene Vorbereitung des Heimeinzugs und die Gestaltung der ersten Wochen nach dem Heimeinzug ein, die nachweislich einen zentralen Einfluss auf Wohlbefinden und Lebensqualität der Heimbewohner haben. Der Förderung der sozialen Integration und Aufrechterhaltung bestehender Kontakte sowie der psychischen Unterstützung und Stabilisierung kommt in dieser Phase eine besondere Bedeutung zu. Eine umfassende Information über den Tagesablauf und Aktivitäten sowie die Benennung eines Hauptansprechpartners in den ersten Wochen stellen weitere wichtige Maßnahmen in der Bewältigung dieses Übergangs dar.

In diesem Zusammenhang kommt auch der *Zusammenarbeit mit Angehörigen* eine außerordentliche Bedeutung zu. „Angesichts der positiven Wirkungen, die die Einbeziehung der Angehörigen auf die Integration der Bewohner und die Berufszufriedenheit der Mitarbeiter hat, sollten die Altenhilfeeinrichtungen sich verstärkt um die Einbindung der Angehörigen bemühen. Lebensqualität im Heim wird sich immer auch daran messen lassen, wie sich die Beziehungen zu den Angehörigen gestalten" (KDA 2000, 135). Angehörige stellen häufig eine wichtige emotionale Stütze für die Pflegebedürftigen dar und übernehmen ebenso häufig Aufgaben als Vertreter oder Fürsprecher der Pflegebedürftigen. Sie sollten daher so weit wie möglich in ihrem Wunsch unterstützt werden, den Kontakt aufrechtzuerhalten und umfassend über die Pflege, ihre Planung und Abläufe informiert zu werden. Vor allem die erste Phase des Heimaufenthaltes ist hier von besonderer Wichtigkeit, die Einrichtungen sollten sich in besonderer Weise um umfassende Information und Beratung bemühen, auch um unrealistischen Erwartungen vorzubeugen (vgl. Kuratorium Deutsche Altershilfe 2000). Hier besteht auch ein großer Qualifikationsbedarf bei Mitarbeiterinnen und Mitarbeitern, die insbesondere bei Konfliktsituationen über besondere Gesprächsführungskompetenzen verfügen müssen.

Eine gute *ärztliche Versorgung in Pflegeeinrichtungen* ist für die adäquate medizinisch-pflegerische Versorgung der Pflegebedürftigen unabdingbar. Ungeachtet bestehender Einschränkungen und Defizite bei den Bewohnerinnen und Bewohnern muss die Erhaltung, Wiederherstellung und auch Förderung der Gesundheit integrativer Teil der Versorgung und Betreuung sein. Freie Arztwahl sowie die Kontinuität der Betreuung sind hier von herausragender Bedeutung. Stabile Kooperationsbeziehungen zwischen der Einrichtung und den Ärzten sind Voraussetzung dafür, dass es zu einer zuverlässigen Informationsübermittlung und zu verlässlichen Regeln der Zusammenarbeit kommt. Dies ist insbesondere für die Abstimmung der pflegerischen, diagnostischen, präventiven und therapeutischen Maßnahmen von großer Bedeutung.

Krankenhausaufenthalte stellen für ältere Menschen ein besonderes Risiko und eine besondere Belastung dar. Insbesondere bei den bekannten Drehtüreffekten und nicht oder nicht hinreichend gesicherter Anschlussversorgung kommt es häufig zu Versorgungsproblemen. Seit den 90er Jahren gibt es verstärkte Bemühungen um eine Pflegeüberleitung, um einen bedarfs-

und bedürfnisgerechten und möglichst reibungslosen Transfer zwischen Einrichtungen sicherzustellen. Der adäquate Informationsfluss zwischen den unterschiedlichen Institutionen gehört hier zu den wichtigsten zu bewältigenden Aufgaben. Insbesondere für Heimbewohnerinnen und -bewohner stellen Krankenhausaufenthalte einen Einschnitt dar, der mit weiteren Einbußen der Selbstständigkeit verbunden ist. Mittlerweile liegen gute Instrumente wie etwa der Standard zum Entlassungsmanagement vor, die die Überleitung zwischen Krankenhaus und Pflegeeinrichtung strukturieren.

Maßnahmen der geriatrischen Rehabilitation können einen wichtigen Beitrag zur Minimierung von Versorgungsbrüchen leisten. Geriatrische Rehabilitation impliziert die Notwendigkeit, integrierte Behandlungs- und Versorgungsangebote bereitzustellen, die nicht nur die Zusammenarbeit unterschiedlicher Professionen erfordert, sondern auch zu einer besseren sektorenübergreifenden Versorgung beitragen sollen. Insbesondere bei älteren Menschen, bei denen sich der Rehabilitationsprozess häufig zeitaufwendig und langwierig gestaltet, können Akutrehabilitation und stationäre Rehabilitation im Rahmen der Anschlussheilbehandlung Teilschritte eines Prozesses sein, bei denen ein Schwerpunkt zur langfristigen Erhaltung des Rehabilitationserfolges auf ambulante Maßnahmen gelegt werden muss. Eine Rehabilitation in der häuslichen Umgebung bietet sich insofern an, als Engagement und Eigeninitiative der Rehabilitanden besser in der vertrauten Umgebung gefördert werden können, da sich Funktionsverbesserungen an der konkreten Alltagspraxis orientieren sollten. Ist dies nicht sichergestellt, können zwar kurzfristige Erfolge im Rahmen der Akutrehabilitation erzielt werden, erfolgt jedoch keine adäquate Weiterbehandlung in der häuslichen Umgebung, werden diese Erfolge gefährdet. Rehospitalisierung oder (Wieder-)Einweisung in ein Pflegeheim können dann die Folge sein. Wie auch im Übergang vom Krankenhaus ins Pflegeheim ist vor dem Hintergrund der Bedeutung zeitlicher und qualitativer Kontinuität für den Rehabilitationserfolg zunächst eine adäquate Überleitung von Patienten aus dem stationären in den ambulanten Bereich angezeigt. Dies erfordert in der Regel einen hohen Kommunikations- und Abstimmungsaufwand und institutionalisierte Formen der Überleitung, die mittlerweile gut etabliert sind. Nach Entlassung des Patienten in die häusliche Umgebung ist vor allem eine intensive

Zusammenarbeit von Hausarzt, nichtärztlichen Therapeuten und Pflegediensten angezeigt. Hier haben sich in der Vergangenheit viele Verbesserungen ergeben, gab es doch noch in den 90er Jahren des letzten Jahrhunderts nur wenige Beispiele dafür, dass der aufeinander abgestimmte Einsatz der genannten Berufsgruppen ohne Reibungsverluste funktionierte. In diesem Zusammenhang ist die mittlerweile auch gesetzlich verankerte mobile Rehabilitation als Sonderform der ambulanten Rehabilitation zu sehen. Interdisziplinäre Teams erbringen Maßnahmen zur Rehabilitation in der Wohnung der Patienten. Zielgruppe sind vor allem Patienten mit erheblichen funktionellen Beeinträchtigungen und einem komplexen Hilfebedarf. Derartige aufsuchende Rehabilitationsangebote richten sich auf einen Patientenkreis gerade älterer Patienten, die in früheren Zeiten wenig Chancen auf Rehabilitation hatten. Damit wird auch dem Vorrang der Rehabilitation vor und in der Pflege und der Zielsetzung „ambulant vor stationär" stärker Rechnung getragen.

Das im Jahr 2007 in Kraft getretene Gesetz zur Stärkung des Wettbewerbs in der gesetzlichen Krankenversicherung (GKV-Wettbewerbsstärkungsgesetz – GKV-WSG) hat diese Problematik aufgenommen und auf die Schnittstellenproblematik zwischen den Versorgungsbereichen Akutversorgung, Rehabilitation und Pflege hingewiesen. Kritisiert wird vor allem, dass Patienten nicht optimal versorgt und Behandlungsabläufe unterbrochen werden. Eine Verbesserung der Schnittstellenproblematik wird vor allem in der Umsetzung folgender Maßnahmen gesehen (vgl. Deutscher Bundestag 2006):

- Verbesserung der palliativmedizinischen Versorgung vor allem im ambulanten Bereich,
- bessere Vernetzung der Leistungsangebote, die ein verbessertes Entlassungsmanagement und eine sachgerechte Anschlussversorgung mit einschließt,
- stärkere Berücksichtigung der individuellen Lebensumstände in der ambulanten Pflege, die nun auch die Pflege in neuen Wohn- und Versorgungsformen (z. B. Wohngemeinschaften) umfasst,
- Sicherstellung notwendiger Rehabilitationsleistungen zur Vermeidung von Pflegebedürftigkeit,
- Schaffung von Voraussetzungen, damit sektorenübergreifend die Qualität der Leistungserbringer überprüft werden kann.

Ebenfalls wird darauf hingewiesen, dass im Hinblick auf die Entlassung aus dem Krankenhaus „ein Versorgungsmanagement einzurichten ist, das zur Lösung von Schnittstellenproblemen beim Übergang von Versicherten in die verschiedenen Versorgungsbereiche beitragen soll. Die jeweiligen Leistungserbringer, also Vertragsärzte, Krankenhäuser, Rehabilitations- und Pflegeeinrichtungen haben dazu die erforderlichen Informationen auszutauschen und unterstützt durch die jeweilige Krankenkasse eine sachgerechte Anschlussversorgung der Versicherten sicherzustellen" (Deutscher Bundestag 2006, 97).

In diesem Zusammenhang muss auch die *Ausbildung in den medizinischpflegerischen Berufen* das Thema berufsgruppenübergreifende Kooperation und institutionenübergreifende Versorgung stärker in den Blick nehmen. In der Altenpflegeausbildung geht die Diskussion weiter in die Richtung integrierter Ausbildungskonzepte, die in ersten Modellversuchen auch in die Konzeption von Ausbildungsgängen in Form von Bachelor-Studiengängen an Fachhochschulen Eingang finden. Moderne Ausbildungskonzepte mit Schwerpunktsetzungen in der Alten-, Kranken- und Kinderkrankenpflege müssen sich an den Arbeitsanforderungen in den Tätigkeitsfeldern der Pflege, an moderner beruflicher Bildung orientieren und einen flexiblen Einsatz im Berufsfeld und in unterschiedlichen Sektoren ermöglichen. In diesem Zusammenhang sind auch verstärkt geriatrische und gerontologische Qualifikationen gefragt, die sehr viel stärker als bisher Eingang in die berufsfeldspezifischen Curricula finden sollten. Die prognostizierte Geriatrisierung des Gesundheitswesens stellt dabei auch das gesamte Feld der medizinischen Ausbildung und insbesondere die der Hausärzte vor neue Herausforderungen.

Qualität und Nutzerorientierung

Ein wichtiger Ansatz für die Reduzierung von Versorgungsbrüchen stellen die in den letzten Jahren verstärkt zu beobachtenden Bemühungen um den Nachweis der Qualität, insbesondere der Ergebnisqualität, die stärkere Orientierung an Nutzerbedürfnissen sowie Bestrebungen im Hinblick auf eine erhöhte Transparenz von Nutzen und Ergebnissen dar.

Lange Zeit dominierte in der deutschen Pflegediskussion eine eher ‚technische' Sichtweise von Qualität, die sich vor dem Hintergrund einer eindimensionalen Interpretation des Zusammenhangs von Struktur-, Prozess- und Ergebnisqualität z. T. isolierter Verrichtungen oder einzelner Organisationsprobleme annahm, ohne jedoch die Schnittstellen einerseits und die individuelle Lebensqualität von Bewohnerinnen und Bewohnern andererseits hinreichend zu berücksichtigen. Erscheint dies einerseits nachvollziehbar angesichts normativer Vorgaben, wie etwa dem nach wie vor verrichtungsbezogenen Pflegebegriff des SGB XI, so ist andererseits darauf hinzuweisen, dass Pflege am Lebensende mehr beinhalten muss als die Kompensation von funktionellen Defiziten. Bewohnerspezifische Kriterien wie etwa Würde, Sicherheit, sinnvolle Aktivität, Autonomie und Wahlfreiheit sind in diesem Zusammenhang Kriterien, die in der gegenwärtigen Diskussion häufig vernachlässigt werden. Auch in diesem Bereich spiegelt sich ein grundsätzliches Dilemma wider, das ebenfalls etwas mit Schnittstellen zu tun hat: Angesichts der Vielzahl abweichender und zum Teil auch konkurrierender Akteursperspektiven mangelt es an einem konsensual vereinbarten Qualitätsverständnis, das die professionelle Perspektive, die Nutzerperspektive sowie die rechtlichen und ökonomischen Rahmenbedingungen angemessen berücksichtigt. In der internationalen Diskussion setzt sich dabei zunehmend die Erkenntnis durch, dass Kriterien der individuellen Lebensqualität für eine Beurteilung der Versorgungssituation von zentraler Bedeutung sind. Die Orientierung an der Lebensqualität sollte daher prioritäres Ziel der Versorgung Pflegebedürftiger sein und den Überlegungen zur Pflegequalität vorangestellt werden. Entsprechende Indikatoren sollten langfristig auch in die Untersuchung von Effektivität und Effizienz der erbrachten Leistungen Eingang finden. Hilfreich könnten dabei Parameter wie etwa das im Rahmen der WHO-Beurteilungen der Performanz von Gesundheitssystemen berücksichtigte Kriterium der Responsivität sein. Die Responsivität eines Versorgungssystems wird daran gemessen, inwieweit zentrale Aspekte der Lebensqualität wie etwa Respekt, Vertrauen und Sicherheit in der Versorgung von Patienten oder Pflegebedürftigen Berücksichtigung finden. Darin spiegelt sich ein Ansatz, der die Qualität und deren Beurteilung in der Interaktion zwischen Pflegebedürftigen und Leistungserbringern ansiedelt und Auskunft darüber gibt, wie „ansprechempfindlich" die Versorgung im Hinblick auf die Umsetzung genannter Kriterien ist.

Mit der *Reform des Pflegeversicherungsgesetzes* rückt die Ergebnisqualität und damit auch die Perspektive von Nutzern/-innen deutlicher in den Fokus der Qualitätsdiskussion. Das Pflege-Weiterentwicklungsgesetz, das zum 1. 7. 2008 in Kraft getreten ist, zeigt, dass neben der Pflege- auch die Lebensqualität der Betroffenen stärker in den Blick genommen wird. Dabei sollen nun zu erstellende Berichte für die Verbraucher/-innen bzw. Nutzer/-innen von Leistungen vor allem dazu dienen, Transparenz über die zu erwartende Qualität zu erhalten, vorhandene Einrichtungen vergleichen zu können und damit verlässliche Entscheidungshilfen für die Auswahl einer geeigneten Einrichtung zur Verfügung zu haben.

Ausblick

Die Dienste und Einrichtungen im Gesundheitswesen verfügen heute über Versorgungsmodelle im Rahmen einer integrierten Versorgung über mehr und institutionalisierte Möglichkeiten, ihre Behandlungen und Therapien besser und effektiver im Sinne der Patienten und Pflegebedürftigen aufeinander abzustimmen. Die Pflege muss hier noch stärker mit eingebunden werden, da insbesondere die Versorgung alter, chronisch kranker und multimorbider Menschen ein zwischen den verschiedenen Institutionen und Berufsgruppen abgestimmtes Vorgehen erfordert. Aufgrund dieser besonderen gesundheitlichen und pflegerischen Versorgungsbedarfe sind flexible, wohnortnahe und koordinierte Lösungen gefordert, die sich an multiprofessionellen Behandlungsstrategien orientieren. Im Sinne eines modernen Case Managements sind hier auch soziale und psychosoziale Hilfen miteinzubeziehen. Auch die mit der Pflegereform 2008 etablierten Pflegestützpunkte bieten hier Ansatzpunkte für eine Effektivierung abgestimmter Versorgungsmodelle.

Im Hinblick auf die Minimierung von Versorgungsbrüchen müssen auch neu entstehende Dienstleistungen in die Überlegungen zu integrierten Versorgungsmodellen miteinbezogen werden. Angesichts der oben skizzierten, durch den demographischen Wandel motivierten Veränderungen ist davon auszugehen, dass insbesondere infolge der Abnahme informeller Pflege- und Unterstützungssysteme neue Märkte im Bereich so genannter haushaltsnaher Dienstleistungen entstehen werden. Dies können hauswirtschaftliche Dienste, Hilfen beim Alltagsmanagement, koordinierende und beratende Hilfen sowie Dienste sein, die dem manifesten Vereinsamungsrisiko insbesondere hochaltriger Menschen entgegenwirken. Da für den

Erhalt von möglichst langer Autonomie v. a. Gesundheit eine unabdingbare Voraussetzung bildet, sind zusätzliche Bedarfsschwerpunkte vor allem im Bereich der Gesundheitsförderung, Prävention zu sehen. Der Umstand, dass gegenwärtig nur etwa 4 % der Ausgaben für die gesetzliche Krankenversicherung in den Bereich der Prävention fließen, kann angesichts der skizzierten Herausforderungen als langfristige Strategie nicht greifen. Auch Hilfen und Unterstützungssysteme für besonders komplexe Bedarfslagen etwa bei Demenzkranken, die sowohl im ambulanten als auch im stationären Bereich besondere Anforderungen an Qualifikation, Therapie und Intervention stellen, werden nichts an Relevanz einbüßen.

Im gesamten Bereich der sozialen Dienste wird es zukünftig zum einen darum gehen, Verbesserungen in den Bereichen zu erzielen, die der Sachverständigenrat für die Konzertierte Aktion im Gesundheitswesen bereits 2003 als wichtige Herausforderung genannt hat: mangelnde Transparenz, mangelnde Qualität und mangelnde Nutzerorientierung (Sachverständigenrat 2003). Die Qualität von medizinisch-pflegerischen und psychosozialen Dienstleistungen wird sich zukünftig noch stärker an den folgenden übergreifenden Qualitätskriterien messen lassen müssen:

- Effektivität, d. h. führen die Interventionen zu den gewünschten Outcomes, wobei Wohlbefinden und Lebensqualität als relevante Parameter miteinbezogen werden müssen,
- Angemessenheit, d. h. sind die Leistungen bedarfsgerecht und orientieren sie sich auch an entsprechenden Qualitätsgrundsätzen, Leitlinien und Standards,
- Effizienz, d. h. stehen ökonomischer Aufwand und Ressourcenverbrauch in einem angemessenen Verhältnis,
- Responsiveness, d. h. inwieweit ist die Versorgung an den Grundsätzen der Kunden- und Nutzerorientierung ausgerichtet und inwiefern finden zentrale Aspekte der Lebensqualität wie etwa Respekt, Vertrauen und Sicherheit in der Versorgung von Patienten oder Pflegebedürftigen Berücksichtigung.

Eine stärkere Orientierung an solchen Kriterien auch im Sinne eines ‚Culture Change' in den Einrichtungen des Pflege- und Gesundheitswesens erschiene geeignet, Reibungsverluste und Versorgungsbrüche in den Einrichtungen und an den Schnittstellen des Pflege- und Gesundheitswesens zu erkennen und zu minimieren, die Kooperation der Berufsgruppen in den unterschiedlichen Einrichtungen zu verbessern und damit dem übergreifenden Ziel, Lebensqualität und Wohlbefinden alter Menschen trotz Krankheit und Pflegebedürftigkeit sicherzustellen, noch näher zu kommen.

Literaturhinweise

Deutscher Bundestag (2006): Entwurf eines Gesetzes zur Stärkung des Wettbewerbs in der gesetzlichen Krankenversicherung (GKV-Wettbewerbsstärkungsgesetz – GKV-WSG). Bundestagsdrucksache 16/3100

DZA (Deutsches Zentrum für Altersfragen) (2007): Report Altersdaten: Alter und Pflege. Berlin

Hurrelmann, K. (2003): Gesundheitssoziologie. Eine Einführung in sozialwissenschaftliche Theorien von Krankheitsprävention und Gesundheitsförderung. Weinheim, München

Kuratorium Deutsche Altershilfe (Hg.) (2000): Familiäre Kontakte und die Einbeziehung von Angehörigen in die Betreuung und Pflege in Einrichtungen. Köln

MAGS NRW (Hg.) (2006): Qualitätsmaßstäbe für die vollstationäre Pflege – Version 1.0, Januar 2006. Düsseldorf

Sachverständigenrat zur Begutachtung der Entwicklung im Gesundheitswesen (2003): Finanzierung, Nutzerorientierung und Qualität. Baden-Baden

Wingenfeld, K./Schnabel, E. (2002): Pflegebedarf und Leistungsstruktur in vollstationären Pflegeeinrichtungen. Eine Untersuchung im Auftrag des Landespflegeausschusses Nordrhein-Westfalen. Düsseldorf

Pflegebedürftigkeit: Begriffe in der Pflegeversicherung und Chancen für die Qualität der Pflege

Sabine Bartholomeyczik

Die ursprüngliche Anfrage für ein Referat bezog sich auf den in der Pflegeversicherung (SGB XI) gültigen Pflegebegriff, wie er seit Inkrafttreten dieses Gesetzes 1994 in den Paragraphen 14 und 15 enthalten ist. Da aber die politische Administration aufgrund der immer wieder formulierten Kritik an diesem Begriffsverständnis, seiner Umsetzung und den Folgen seit 2006 intensiv an einer Weiterentwicklung arbeitet, wird diese in den Vordergrund meiner Ausführungen gerückt vor allem mit der Frage, worin die wesentlichen Unterschiede liegen und wie die Entwicklung inhaltlich einzuschätzen ist.

Bei der Verschriftlichung des Vortrags im Januar 2010 kann auf den Beginn eines neu besetzten Bundesgesundheitsministeriums zurückgeblickt werden, das zu diesem Thema bisher signalisiert hat, dass die Vorarbeiten ernst genommen werden sollen.

Der Begriff der Pflegebedürftigkeit im SGB XI (§§ 14 und 15)

Nach dieser eigentlich sehr bekannten gesetzlichen Definition ist pflegebedürftig, wer aufgrund irgendeiner Krankheit Hilfe bei „gewöhnlichen und regelmäßig wiederkehrenden Verrichtungen im Ablauf des täglichen Lebens" der Hilfe bedarf. Einzelne Bestandteile dieses Satzes werden konkretisiert: Der Hilfebedarf muss voraussichtlich mindestens 6 Monate dauern und er muss in einem erheblichen oder höheren Maße vorhanden sein. Vorübergehender Hilfebedarf oder ein Hilfebedarf, der zwar vorhanden, aber nicht erheblich ist, fallen nicht unter diesen Legal-Begriff der Pflegebedürftigkeit. Auch die so genannten Verrichtungen sind hier definiert als einige ausgewählte, körperorientierte Lebensaktivitäten wie die Körperpflege/-reinigung, zu der sowohl An- und Auskleiden als auch die Ausscheidung gerechnet werden, die Ernährung und Teile der Mobilität. Im § 15 ist festgehalten, was erheblich und mehr ist. Dies wird von der Zeit abhängig gemacht, die „ein Familienangehöriger oder eine andere nicht als Pflegekraft ausgebildete Pflegeperson (...) benötigt".

Die Probleme dieser Regelungen liegen also in der Auswahl der Pflegemaßnahmen, die streng an den ausgewählten „Verrichtungen" orientiert sind und daran, dass Leistungen überhaupt erst in Betracht gezogen werden, wenn eine erhebliche Mindestzeit täglich (45 Minuten Pflege + 45 Minuten Hausarbeit) nachgewiesenermaßen durch Begutachtung erforderlich ist.

In Abbildung 1 wird versucht, einiges davon bildlich zu verdeutlichen. Der innere Kreis stellt alle möglichen Aktivitäten des täglichen Lebens dar, die Anlass für pflegerische Unterstützung sein können. Aus diesen Aktivitäten wurde eine eng körperbezogene Auswahl getroffen, für die die Leistungen der Pflegeversicherung vorgesehen sind. Lebensaktivitäten sind in vielen Pflegemodellen enthalten, seien es die AEDL, die ATL, auch im RAI

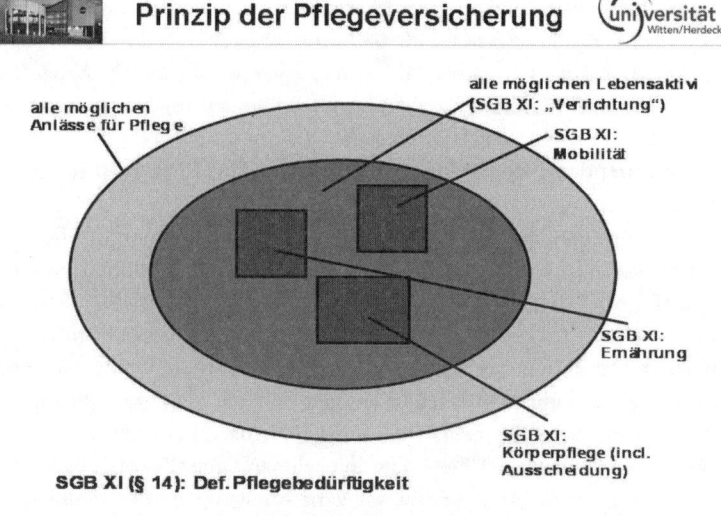

Abbildung. 1: Begriff der Pflegebedürftigkeit nach SGB XI (§ 14)

kommen sie vor, sind aber in all diesen Modellen wesentlich breiter konzipiert (Bartholomeyczik et al. 2004). Außer den „Verrichtungen" gibt es aber noch wesentlich mehr Lebensbereiche, bei denen Unterstützung durch Pflege erforderlich sein kann. Dazu gehören z. B. Emotionen (Trauer, Gefühl von Hilflosigkeit, Angst), Schmerz, der breite Bereich des Umgangs mit chronischer Krankheit – ein ganz wichtiger Bereich für alte Menschen.
Als Folge dieser Auffassung von Pflegebedürftigkeit werden z. B. folgende Bereiche nicht berücksichtigt:
- ein erheblicher Teil der notwendigen Unterstützung für psychisch kranke/beeinträchtigte Menschen, die nicht nur bei einzelnen Verrichtungen, sondern in ihrer gesamten Lebensführung auf Hilfe angewiesen sind,
- Unselbstständigkeit im Bereich der Kommunikation und sozialen Teilhabe,
- andere Auswirkungen gesundheitlicher Probleme, wie z. B. Schmerzerleben, Angst im Zusammenhang mit dem Krankheitsgeschehen, verändertes Selbstschutzverhalten oder ganz generell mangelhafte Krankheitsbewältigung.

Vor allem der erste Punkt wurde breit in der Öffentlichkeit diskutiert, weil hierunter viele der spezifischen Anforderungen bei der Betreuung von Menschen mit Demenz fallen. Da der Anteil Demenzkranker bekanntermaßen deutlich zunimmt, medizinische Behandlung allenfalls Symptome lindern kann, und im Übrigen vielfach Ratlosigkeit und Überforderung den Umgang mit Personen mit Demenz beherrschen, und Pflege hier die wichtigste Versorgungsform darstellt, kommt dem Thema auch im SGB XI ein besonderer Stellenwert zu. Von daher war die Ergänzung des SGB XI für Personen mit demenzbedingten Fähigkeitsstörungen, die zu einer „erheblichen Einschränkung der Alltagskompetenz" führen (§ 45a), ein wichtiger Schritt. Dies aber – so wichtig die eingeschlagene Richtung ist – bedeutet wieder nur Flickschusterei, möglicherweise an einem besonders großen Loch, aber eine allgemeine Lösung kann das nicht sein (Bowlby Sifton 2008).

Weitere Defizite der Pflegeversicherung wurden mit dem Pflegeweiterentwicklungsgesetz von 2008 angegangen, die allerdings den Pflegebedürftigkeitsbegriff nicht berühren.

Dazu gehören Vorschriften zur Pflegeberatung, den Pflegestützpunkten – ein sinnvoller Ansatz, der aber einer nicht immer angemessenen Umsetzung zum Opfer zu fallen scheint –, Pflegequalität mit der Verpflichtung zur Nutzung der Expertenstandards und die Förderung ehrenamtlicher Arbeit.

Eine wichtige „Nebenwirkung" aller in Gesetzen vorkommenden Definitionen ist sicher das, was ich gerne als „wirklichkeitsschaffend" bezeichnen möchte: Aus juristischer Sicht und der Sicht vieler Interessierter, die sich mit Pflege befassen (z. B. Politiker) ist eine Definition in einem Gesetz DIE Definition zu einem jeden Begriff. Alle anderen Meinungen zu diesem Begriff müssen dann besonders begründet, erklärt und differenziert dargelegt werden. Der Begriff Pflegebedürftigkeit ist allerdings keiner, der von den Machern des SGB XI erfunden wurde, sondern ein Begriff der Disziplin Pflege, deren Kenntnisstand allerdings kaum Einfluss auf die Formulierungen in der Pflegeversicherung genommen hat. Erklärt werden kann das wahrscheinlich mit der zu Beginn der 1990er Jahre sich gerade in den ersten Anfängen befindenden Pflegewissenschaft in Deutschland. Gehört wurde sie zu diesem Zeitpunkt noch nicht, obwohl das Thema der Darstellung von Pflege und Pflegebedürftigkeit und ihrer Begründung anhand von Pflegetheorien bereits vor 20 Jahren intensiv diskutiert wurde und auch seit den frühen Lehrbüchern von Juchli einen festen Platz in der Pflegeausbildung hatte (Juchli 1983).

Daher können die Folgen der Pflegeversicherung für die Pflege als Versorgungsbereich im Gesamtrahmen der Gesundheitsversorgung, zu der auch die alter gebrechlicher Menschen zählt, durchaus als janusköpfig bezeichnet werden: Mit der einen Seite hat sie zu einem breiten Diskurs geführt, der den gesellschaftlichen Stellenwert von Pflege hervorgehoben und sie aus einer unbeachteten Nische zu einer gewissen Sichtbarkeit geführt hat. Auf der anderen Seite hat sie Pflege aber auch als eine Unterstützungstätigkeit dargestellt, die in der Regel auch von Laien, nämlich den Angehörigen Pflegebedürftiger durchgeführt werden kann, folglich einfach ist und sich auf ausgewählte körperorientierte Maßnahmen beschränkt. Die wirklichkeitsschaffende Funktion der Definition im SGB XI hat dazu geführt, dass pflegerische Leistungen insbesondere in der ambulanten Pflege sehr oft an Hilfskräfte delegiert werden. Offenbar hat die Definition im SGB XI auch bei etlichen Pflegefachpersonen das Pflegeverständnis eingeengt, zumindest in ihrem praktischen Handeln.

Insgesamt kann eine Situation, in der es einen Legal-Begriff einerseits und einen Fachbegriff von Pflegebedürftigkeit andererseits gibt, die beide erheblich voneinander abweichen, als absonderlich bezeichnet werden. Es wäre wesentlich einfacher gewesen, wenn der § 14 SGB XI überschrieben wäre mit: Erstattungsfähige Dimensionen von Pflegebedürftigkeit – oder Ähnliches.

Auf dem Weg zu einem neuen Pflegebedürftigkeitsbegriff im SGB XI

Vor diesem Hintergrund sind die Aktivitäten des Bundesgesundheitsministeriums, den Pflegebedürftigkeitsbegriff und die Erfassung von Pflegebedürftigkeit systematisch zu erarbeiten, sehr zu begrüßen. Die Berichte über die Aktivitäten sind auf der Homepage des Bundesgesundheitsministeriums herunterzuladen (www. bmg.bund.de und durchklicken zu „Pflegebedürftigkeitsbegriff"). Hierzu wurde im Oktober 2006 ein etwa 35 Personen umfassender Beirat vom Ministerium einberufen, in dem Leistungsträger, Krankenkassen, kommunale Spitzenverbände, Verbraucherverbände etc. und zwei Vertreter der Wissenschaft (Ökonomie: Rothgang, Bremen; Pflegewissenschaft: Bartholomeyczik, Witten) vertreten waren. Ziel dieser Zusammensetzung war, dass alle Interessenlagen des Handlungsfelds Pflege berücksichtigt sein sollten. Im Gegensatz zur Erstfassung des SGB XI wurden diesmal wissenschaftliche Institute damit beauftragt, zunächst anhand einer Literaturanalyse festzustellen, wie Pflegbedürftigkeit in der Literatur diskutiert wird, und gleichzeitig nach einem Instrument zu suchen, das den Grad der Pflegebedürftigkeit gut (gültig, zuverlässig und praxistauglich) erfasst.

Als Ergebnis der Literaturanalyse wird für Pflegebedürftigkeit folgende Kurzbeschreibung festgehalten:

Auf professionelle Hilfe ist angewiesen, wer infolge fehlender eigener personaler Ressourcen, mit denen körperliche oder psychische Schädigungen, die Beeinträchtigung körperlicher oder kognitiver/psychischer Funktionen, gesundheitlich bedingte Belastungen oder Anforderungen kompensiert oder bewältigt werden könnten, zu selbstständigen Aktivitäten im Lebensalltag, selbstständiger Krankheitsbewältigung oder selbstständiger Gestaltung von Lebensbereichen und sozialer Teilhabe nicht in der Lage ist.

Von Krankheiten ist hier nicht mehr die Rede, weil die Art der Krankheit nicht unbedingt ausschlaggebend ist für die Art der Pflegebedürftigkeit. Stattdessen werden Schädigungen und Beeinträchtigungen als Anlässe für Pflege ebenso genannt wie gesundheitlich bedingte Belastungen, Beanspruchungen, die Krankheitsbewältigung und überall sind die Dimensionen körperlich sowie kognitiv/psychisch eingeschlossen. Professionelle Hilfe ist immer dann erforderlich, wenn all dies nicht anders bewältigt werden kann, was gleichzeitig heißt, dass nicht jede der genannten Beeinträchtigungen sogleich professioneller Pflege bedarf.

Die Literaturanalyse hatte weiterhin ergeben, dass es zwar Instrumente gibt, die gute Anregungen geben, aber keines, das für die Erfassung von Pflegebedürftigkeit in dem genannten Sinne einfach zu übernehmen wäre. Daher wurde aufbauend auf der theoretischen Basis ein Instrument entwickelt, das sechs Themenbereiche mit ca. 90 Items in unterschiedlicher Gewichtung erfasst:

- Mobilität   10 %
- Kognitive und kommunikative Fähigkeiten +
- Verhaltensweisen + psychische Problemlagen   15 %
- Selbstversorgung   40 %
- Umgang mit krankheits-/therapiebedingten
  Anforderungen   20 %
- Alltagsleben und soziale Kontakte   15 %

Lediglich der nunmehr mit dem Begriff „Selbstversorgung" überschriebene Teil enthält im Wesentlichen die im alten Begriff genannten „Verrichtungen".

Dieses Neue Begutachtungs-Assessment (NBA) wurde in wichtigen Dimensionen getestet und auf seine Praxistauglichkeit überprüft. Die Befunde werden mit Punkten belegt und schließlich mit relativen Gewichten versehen, die hier in Prozenten dargestellt sind. Die Gewichtungen wurden so gewählt, dass eine umfassende Pflegebedürftigkeit in einem Bereich zu einem anderen Ergebnis führen muss als eine Abhängigkeit in mehreren Bereichen.

Dieses derart differenzierte Instrument eignet sich auch zur Pflegediagnostik als Grundlage für eine individuelle Pflegeplanung in der Praxis.

Will man die Inhalte ähnlich graphisch darstellen, wie den alten Pflegebedürftigkeitsbegriff, dann könnte das wie folgt aussehen (Abb. 2).

Neuer Pflegebedürftigkeitsbegriff

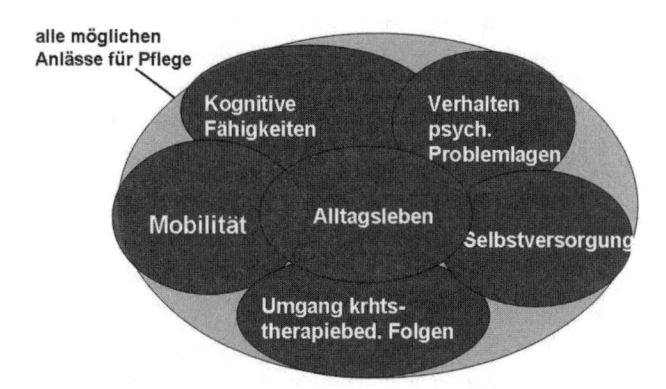

alle möglichen Anlässe für Pflege
- Kognitive Fähigkeiten
- Verhalten psych. Problemlagen
- Mobilität
- Alltagsleben
- Selbstversorgung
- Umgang krhts-therapiebed. Folgen

Abbildung 2: Pflegebedürftigkeit im Neuen Begutachtungs-Assessment (NBA)

In der folgenden Übersicht sind die wichtigsten Unterschiede zwischen den beiden Ansätzen dargestellt (Tab. 1).

Bestehendes SGB XI	Neuer Begriff/NBA
1. Inhalte: Körperorientierte Selbstpflege/„Verrichtungen" (Auszüge)	1. Inhalte: somatische, mentale, kognitive, soziale Anlässe für Pflege (Auszüge)
2. Welche Maßnahmen sind erforderlich? Was tun?	2. Wie sieht der pflegerelevante Gesundheitszustand aus? Warum etwas tun?
3. Schweregrad = Wie lange dauern „zugelassene" Maßnahmen?	3. Schweregrad = Bedarfsgrade gemessen an Komplexität des pflegerelevanten Gesundheitszustands
4. Kopplung von Maßnahmen mit „Normzeiten"	4. Punktwerte zur Erfassung der Komplexität/Bedarfsintensität

Tabelle 1: Wichtigste Unterschiede zwischen altem und neuem Pflegebedürftigkeitsbegriff im SGB XI

Der erste Punkt wurde bereits oben erläutert. Wichtig ist aber auch die gesamte Perspektive (2.), die jetzt sinnvoll gedreht wurde: Während in dem noch gültigen Begriff alles davon abhängt, welche Pflegemaßnahmen durchgeführt werden, also was getan wird, stellt das NBA die Frage, wie der pflegerelevante Gesundheitszustand der Person aussieht. Das heißt, die Frage nach dem Warum zu stellen, warum Hilfe erforderlich ist. Und nur so sollten pflegerische Maßnahmen grundsätzlich begründet werden (Bartholomeyczik 2004). Eine Körperpflege für sich hat keinen Sinn, denn auch ihre Ausführung muss sich danach richten, warum sie erforderlich ist und was damit bezweckt werden soll. Das bedeutet aber auch, dass im NBA nicht vorgegeben ist, was getan werden muss, und dass dieses erst individuell abgeleitet werden muss. Das bietet jedoch die große Chance, die Gesamtsituation eines Pflegebedürftigen einzubeziehen, die durchaus gleiche Pflegemaßnahmen sehr unterschiedlich aussehen lassen kann.

Der Schweregrad der Pflegebedürftigkeit (3. und 4.) wird im gültigen SGB XI von der geschätzten Dauer einzelner Pflegemaßnahmen abhängig

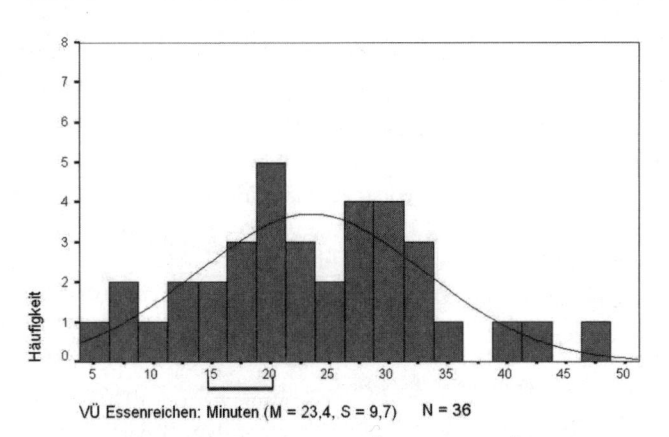

Abbildung 3: Zeiten in Minuten vollständiger Übernahme (VÜ) beim Essenreichen durch Angehörige (M = Mittelwert, S = Streuung), blauer Bogen = Zeitkorridor (Bartholomeyczik et al. 2001, S. 101).

gemacht. Dazu gibt es vorgegebene Zeitkorridore, die zur Schätzung herangezogen werden sollen, z. B. die volle Übernahme beim Essenreichen soll 15–20 Minuten dauern. 1997 wurden die Zeitkorridore eingeführt in der Absicht, die Begutachtungsgerechtigkeit zu erhöhen. Dahinter steht die Vorstellung, dass eine Pflegetätigkeit wie z. B. das Essenreichen, die Ganzkörperwaschung, das Ankleiden etc. immer ungefähr gleich lang dauert, wenn sie vollständig übernommen wird. Bezogen sind die Zeiten auf Angehörige in der häuslichen Pflege. Proteste aus der Pflege führten zur Vergabe eines Forschungsauftrags, in dem die Zeiten während der Angehörigen-Pflege zu Hause gemessen werden sollten mit der Frage, was die jeweilige Zeitdauer am stärksten beeinflusst (Bartholomeyzik et al. 2001). Abbildung 3 zeigt eines der Ergebnisse, die in gewisser Weise verallgemeinerbar sind.

Zwei Dinge fallen bei diesem Ergebnis auf: Die Zeitdauer für die Pflegemaßnahme schwankt von ganz kurz (5 Minuten) bis neunmal so lang (45 Minuten), wobei ein „Ausreißer" mit 90 Minuten Länge schon abgeschnitten wurde. Der vorgegebene Zeitkorridor umfasst nur einen ganz kleinen Teil der tatsächlich gebrauchten Zeiten. Er kann also die Situation nicht „gerecht" widerspiegeln. Derartiges findet sich auch bei allen anderen gemessen Pflegemaßnahmen unabhängig davon, ob dafür kurze Zeitkorridore oder längere vorgesehen sind. Immer ist die Streuung sehr groß und der Zeitkorridor – auch wenn er mitten in dem gemessenen Bereich liegt – umfasst nur einen geringen Teil der gemessenen Zeiten.

Die Ergebnisse weisen darauf hin, dass die Zeitdauer von der gesamten Situation des Pflegebedürftigen abhängt und viel weniger von der Bezeichnung der Pflegemaßnahme. Das bewegte uns als AutorInnen damals zu folgender Überlegung: „Es ist vorstellbar, den Ergebnissen des Assessments der Pflegebedürftigkeit (…) Punktwerte zuzuordnen, die ein Äquivalent für die erforderliche Pflege darstellen könnten" (ebenda S. 170). In ähnlicher Weise ist dies mit dem neuen NBA vorgeschlagen: Punktwerte sollen die Komplexität der Pflegebedürftigkeit kennzeichnen, die in Bedarfsgrade zusammengefasst werden.

Während nach der gültigen Regelung drei Pflegestufen vorgesehen sind, sollen die Punkte des NBA in fünf Bedarfsgrade aufgegliedert werden. Da aber, wie verdeutlicht wurde, die Basis, auf der die Stufen gebildet werden, inhaltlich völlig unterschiedlich in beiden Versionen ist, können auch die Stufen kaum miteinander verglichen werden.

Perspektiven

Neue Instrumente bedürfen einer sehr guten und systematischen Begleitung. Daher sollte, wenn das NBA eingeführt wird, was derzeit noch nicht eindeutig geklärt ist, es systematisch evaluiert werden. Trotz der ersten Tests und Überprüfungen wird eine breite Nutzung in der Praxis der Begutachtung wahrscheinlich Optimierungsbedarfe aufdecken, die in das Instrument integriert werden sollten.

Natürlich liegt bei einer solchen Änderung die Frage nach der Finanzierung nahe. Zugegebenermaßen ist diese Frage bisher nicht endgültig zu beantworten. Sie muss allerdings m. E. zwei Dinge berücksichtigen:

- Langzeitpflege muss mehr Mittel beanspruchen können, dies schon aufgrund des demographischen Wandels und der medizinischen Entwicklungen.
- Außerdem sollte öffentlich offensiv diskutiert werden, was die Gesellschaft möchte: gute, bezahlbare Pflegequalität, die – die „Pflegeskandale" haben dies gezeigt – eben doch nicht so einfach und billig zu haben ist, und dies getragen von einer Solidargemeinschaft, oder eine kostengünstige Einfachstversorgung, die allerdings soziale Ungleichheiten, die es ja bereits deutlich gibt, noch verstärken wird.

Dieses sollte auch im Zusammenhang damit diskutiert werden, dass Kosten aufgrund der Leistungen nach SGB XI immer noch Minikosten sind im Vergleich zu den Ausgaben im Rahmen der Krankenversicherung (SGB V).

Das NBA und der zugrunde liegende Pflegebegriff stellen also einen wichtigen positiven Schritt dar, aber sie lösen auch bei ihrer hoffentlich erfolgenden Umsetzung noch nicht alle Probleme der Langzeitpflege. Eine gute Pflegequalität ist damit noch lange nicht gegeben. Es gibt bisher erst sieben Expertenstandards des DNQP, weitere Qzualitätsentwicklung ist auf Basis dieser Methodologie (DNQP 2007) erforderlich. Jedoch ist derzeit unklar, wie es genau mit den Expertenstandards weitergehen wird, da sie nach den Regeln des Pflege-Weiterentwicklungsgesetzes von 2008 (§ 113) durch die Kontrolle der „Selbstverwaltungsorgane" der Pflege zu gehen haben.

Jeder noch so akzeptierte Expertenstandard oder andere Kenntnisse für die Praxis sind ohne entsprechend qualifiziertes Personal überflüssig. Imagekampagnen für einen schönen Pflegeberuf helfen wenig, wenn gleichzeitig junge Frauen, die an anderer Stelle scheitern, in diesen Beruf gedrängt werden. Und schließlich: Pflegequalität lässt sich auch nicht in Einrichtungen hineinprüfen. Derzeit entsteht eher der Eindruck, dass vor dem Hintergrund der Transparenzvereinbarungen in vielen Bereichen der Altenpflege auf zwei Ebenen gearbeitet wird: Die eine Ebene sorgt sich um die erwartete Erfüllung der Prüfkriterien, während sich die andere mit dem tatsächlichen Leben der Bewohner befasst. Prüfung wird als Bedrohung verstanden und weniger als Beratung zur eigenen Weiterentwicklung erlebt. Das heißt nicht, dass Prüfungen und auch vergleichende Ergebnisdarstellungen abzulehnen wären, sondern dass Altenpflegeheime und Pflegedienste die Möglichkeiten haben müssen, sich selbst zu entwickeln ohne ständige Angst vor Sanktionen.

Literatur

Bartholomeyczik, S., Hunstein, D., Koch, V., & Zegelin-Abt, A. (2001). *Zeitrichtlinien zur Begutachtung des Pflegebedarfs. Evaluation der Orientierungswerte für die Pflegezeitbemessung* (Vol. Wissenschaft 59). Frankfurt am Main: Mabuse.

Bartholomeyczik, S., & Halek, M. (2004). Assessmentverfahren in der Altenpflege. In: S. Bartholomeyczik & M. Halek (Eds.), *Assessmentinstrumente in der Pflege. Möglichkeiten und Grenzen* (S. 131–139). Hannover: Schlütersche.

Bartholomeyczik, S. (2004). Pflegebedarf und Pflegebedürftigkeit. *PrInternet*, 6(7-8), S. 389–395.

Bowlby Sifton, C. (2008). *Das Demenz-Buch. Ein „Wegbegleiter" für Angehörige, Pflegende und Aktivierungstherapeuten.* Bern: Huber.

DNQP. (2007). *Deutsches Netzwerk für Qualitätsentwicklung in der Pflege: Methodisches Vorgehen zur Entwicklung und Einführung von Expertenstandards in der Pflege.* Osnabrück: Fachhochschule Osnabrück.

Juchli, L. (1983). Krankenpflege: Praxis und Theorie der Gesundheitsförderung und Pflege Kranker. Stuttgart: Thieme

www.bmg.bund.de/cln_171/nn_1168762/SharedDocs/Standardartikel/DE/AZ/P/Glossarbegriff-Pflegebeduerftigkeitsbegriff.html (Stand 14. 2. 2010)

Minimierung von Versorgungsbrüchen mit Hilfe von Case Management

Bettina Roccor

Ziel dieses Beitrags ist es, darzustellen, wie speziell im Kontext der Altenarbeit Case Management sinnvoll und effektiv angewandt werden kann. Hierzu werden zunächst einige Anlässe für Case Management erläutert: Wann braucht man überhaupt ein Case Management? Welche Unterstützungsintensitäten benötigen ältere Menschen, die sich mit ihren Problemen an eine Anlaufstelle wenden? Ist jeder alte, kranke oder pflegebedürftige Mensch ein Fall für das Case Management? Es wird versucht, aufzuzeigen, wie sich die in Deutschland vorherrschende Sektorierung und Fragmentierung des Versorgungssystems nicht nur auf die Lebensqualität der Menschen, sondern auch auf die Kosten auswirken kann.

Dann werden die Rollen und Funktionen eines Case Managers dargestellt: Was für Aufgaben stehen im Case Management an, welche Anforderungen resultieren daraus? Case Management als neues Berufsbild erfordert unterschiedlichste Kompetenzen, die nur zum Teil in einer Weiterbildung vermittelt werden können. Case Management wird bereits in einigen Gesetzestexten als Aufgabe beschrieben, allerdings unter verschiedenen Begrifflichkeiten. Umgesetzt finden sich diese Vorgaben in einigen Modellen aus der Praxis, die hier vorgestellt werden. Sie zeigen, wie man Case Management verankern, finanzieren, qualitativ hochwertig und fachlich angemessen durchführen kann. Abschließend wird im Ausblick vorgestellt, wie sich Erkenntnisse aus der Durchführung von Case Management auf die Versorgungsebene, also die politische, strategische Ebene auswirken können: Case Management als Verknüpfung von freiwilligem Engagement und sozialstaatlichen Leistungen strebt an, in „geteilter Verantwortung" die komplexen Versorgungssituationen auch von älteren Menschen angemessen zu lösen und dabei mit den sozialstaatlich bereitgestellten Ressourcen nachhaltig zu wirtschaften.

Beginnen wir mit dem Verständnis von Case Management, wie es ganz aktuell in der Pflegeversicherung, genauer im § 7a zur Pflegeberatung sichtbar wird. Der § 7a gibt vor, dass für jeden Ratsuchenden auf Grundlage einer umfassenden Bedarfserhebung ein Versorgungsplan erstellt wird, den der Betroffene in Kooperation mit den in Frage kommenden Dienstleistern – soweit möglich – selbst umsetzt. Ist der Fall komplex, dann soll im Rahmen von so genanntem Fallmanagement die Umsetzung des Versorgungsplans begleitet, überwacht und evaluiert werden. Die Definition von Pflegeberatung impliziert, dass die Vorgehensweise des Case Managements (Identifikation/Zugangseröffnung, Bedarfserhebung, Planung der Versorgung, Umsetzung der Versorgung, Überwachung und Auswertung der Versorgung) zumindest bis zum Schritt der Planung BEI ALLEN Ratsuchenden anzuwenden ist, die Pflegeberatung in Anspruch nehmen. Im ursprünglichen Verständnis von Case Management ist die sehr komplexe Form der Fallbearbeitung nach oben beschriebenem Ablauf nur für eine klar umrissene, kleinere Zielgruppe im jeweiligen Handlungsfeld überhaupt sinnvoll. Case Management erfordert viel Zeit für den Einzelnen und seine Situation, generiert einen hohen Aufwand an Abstimmung mit sozialem Umfeld, freiwilligen und professionellen Helfern und eine hohe Intensität in der Begleitung und Auswertung. Case Management sollte deswegen auch denjenigen vorbehalten sein, die diese aufwendige Unterstützung auch benötigen. Die Erfahrung zeigt, dass ein großer Teil der Menschen, die sich an Beratungsstellen wenden, zunächst einmal gezielte Information und Aufklärung benötigt. Es gibt eine eingegrenzte Thematik, die im Vordergrund steht – z. B. Fragen zum Verfahren zur Feststellung der Pflegebedürftigkeit –, d. h., der Ratsuchende hat bereits eine klare Zielvorstellung: Er möchte auf Basis der Informationen den Prozess der Pflegebegutachtung in die Wege leiten und am Ende eine Pflegestufe und somit Anspruch auf Leistungen erhalten. Um solch gezielte Frage beantworten zu können, benötigt die beratende Person vor allem Fachkompetenz, Fachwissen und Zugang zu entsprechenden Informationssystemen, die Antworten auf häufige Fragen geben können. Information und Aufklärung erfordert nicht unbedingt den direkten persönlichen Kontakt – diese kann auch am Telefon oder über verschiedene Medien bereitgestellt werden. Des Weiteren gibt es Menschen, die Beratung im methodisch engeren Sinn benötigen. Die Thematik, die den Ratsuchenden beschäftigt, beinhaltet viele verschiedene

Fragestellungen und ist geprägt von Unklarheit im Hinblick darauf, was überhaupt die richtige Lösung für die jeweilige Situation sein könnte. Typisch für ältere Menschen sind hier grundlegende Fragen z. B. zur künftigen Wohnform – das Ziel ist noch unklar, und die ratsuchende Person benötigt Entscheidungshilfen, um für sich die richtige Lösung entwickeln zu können. Hierfür benötigen Berater/-innen entsprechende Beratungskompetenz. Auch Beratung als Unterstützung bei der Entscheidungsfindung finden wir in vielfältigster Form an verschiedensten Stellen – Seniorenberatungsstellen, Verbraucherzentralen, Pflegeberatung am Telefon bei den Kassen, Suchtberatungsstellen, Wohnberatungsstellen usw. Die wichtigsten Kompetenzen, die hier gefragt sind, sind zuhören können, Beziehung aufbauen, die richtigen Fragen stellen, die Menschen dabei unterstützen, sich selbst zu „erforschen". Zudem muss auch in der Beratungssituation Information und Aufklärung stattfinden. Beratungskunden wie auch Informations- und Aufklärungskunden sind durch die bestehende Beratungslandschaft weitestgehend versorgt.

Es gibt jedoch auch Menschen, die voraussichtlich über einen längeren Zeitraum hinweg Unterstützung und Begleitung benötigen, da in mehreren Lebensbereichen Probleme vorliegen. Die Schwierigkeiten, die diese Menschen haben, sind miteinander verquickt und beeinflussen sich gegenseitig. Oft fehlt jegliche Vorstellung seitens des Klienten davon, wie die Problemsituation in ihrer Komplexität bewältigt werden kann. Es geht um existenzielle Fragen, die die Betroffenen nicht allein klären können – aufgrund akuter Überforderung, mangelnder Bildung, hohem Alter, gesundheitlicher oder psychischer Beeinträchtigungen. Sie sind kaum oder gar nicht in der Lage, ihre Ansprüche an das Versorgungssystem so zu stellen, dass die erforderlichen Hilfen gewährt werden. Die Vielzahl an Möglichkeiten der Unterstützung wie auch die je unterschiedlichen Zuständigkeiten der Kostenträger überfordern die Betroffenen und führen dazu, dass Hilfen erst gar nicht beantragt oder aber vom Kostenträger erfolgreich abgewehrt werden. In solchen Fällen ist die Unterstützung durch ein Case Management ratsam: Case Manager/-innen verfügen bei entsprechender Qualifikation über ein umfassendes Überblickswissen, das sie in die Lage versetzt, die Betroffenen durch den Dschungel der Hilfen zu lotsen und ihnen zur Seite zu stehen, wenn Schwierigkeiten im Rahmen der Versorgung auftreten. Case-Management-Klienten zeichnen sich auch dadurch aus, dass sie nur bedingt in der Lage sind, sich auf der Basis der richtigen Information, Aufklärung und Beratung selbst um ihre Belange zu kümmern. Oft fehlen Angehörige, die die Aufgabe der Planung und Steuerung der Versorgung für die Betroffenen übernehmen könnten. Die Vielzahl an Helfern erfordert Koordination und Übersicht, damit Hilfen aufeinander abgestimmt und nicht nebeneinander und ohne gemeinsames Ziel erfolgen. Nochmals zusammengefasst: Case Management ist sinnvoll, wenn mehrere Lebensbereiche betroffen sind und eine strukturierte, koordinierte Vorgehensweise beim Aufbau, bei der Durchführung und der Bewertung des Versorgungsgeschehens erforderlich ist.

Case Management ist bereits relativ verbreitet in den Bereichen Kinder- und Jugendhilfe, Gesundheitswesen, Soziale Arbeit mit Suchtkranken, Langzeitarbeitslosen und Straffälligen. Im Bereich der Altenhilfe hat Case Management durch die Novellierung des SGB XI und den § 7a zur Pflegeberatung nun ebenfalls einen hohen Stellenwert erhalten. Anlass für die gesetzliche Verankerung von Case Management war auch die Erkenntnis, dass alte Menschen, die von Pflegebedürftigkeit bedroht oder schon pflegebedürftig sind, nicht nur besonders betroffen sind von vielschichtigen Problemlagen, sondern auch mit der Komplexität des Versorgungssystems besonders schlecht zurechtkommen. Versorgungsbrüche sind an vielen Stellen zu finden, und ohne Beistand durch das soziale Umfeld werden alte Menschen oft mehr vom System gesteuert, als dass sie umgekehrt das System in ihrem Sinne steuern. Häufige Problemkonstellationen bei alten Menschen sind z. B. gesundheitliche Beeinträchtigungen, kombiniert mit geringem Einkommen, sozialer Isolation, psychischen Beeinträchtigungen sowie Schwierigkeiten bei der Bewältigung ganz alltäglicher Aufgaben. Erschwerend kommen Mobilitätseinschränkungen hinzu – zum Teil aufgrund fehlender Anbindung an den öffentlichen Personennahverkehr vor allem im ländlichen Raum.

Will man die im SGB XI angesprochenen Menschen durch Information, Aufklärung, Beratung oder im Bedarfsfall durch Case Management unterstützen, ist zunächst ein Zugang zu hilfebedürftigen älteren Bürgerinnen und Bürger erforderlich: Gerade die alten Menschen, die eine Pflegeberatung besonders benötigen würden, leben oft sehr zurückgezogen in ihrer Wohnung oder ihrem Haus und werden von ihrem Umfeld kaum wahrgenommen. Mühsam bemühen sie sich darum, ihren Alltag einigermaßen zu bewältigen, und solange sie noch nicht in irgendeinem System Leistungen beziehen, bleiben sie unerkannt. Oft besteht aber bereits ein Hilfebedarf: beim Einkaufen, beim Holz- oder Kohleschleppen, bei der Ernährung, bei der Grundpflege, bei der Erledigung der Wäsche, bei der Regelung finanzieller Angelegenheiten oder der Bewältigung einer beginnenden Demenz oder Depression. Tritt dann ein Akutereignis wie z. B. ein Sturz oder eine schwere Erkrankung ein, wird im Rahmen der Einweisung in ein Akutkrankenhaus erstmals registriert, dass die Versorgungssituation nicht geregelt ist. Das gilt insbesondere dann, wenn Klientinnen/Klienten aus verschiedensten Gründen keinen Kontakt zu einem Hausarzt pflegen. Ein Case Management würde es als seine Aufgabe verstehen, über Kooperationen mit Hausärzten, Kommunen, Nachbarschaftsinitiativen bereits sehr früh Zugang zu hilfsbedürftigen älteren Menschen zu erhalten, um erforderliche Hilfen vor Eintreten akuter Ereignisse zu organisieren. In der Vergangenheit haben nationale wie internationale Projekte gezeigt, dass eine zeitnahe Einschaltung eines Case Managements durch z. B. kommunale Programme oder hausarztzentrierte Modelle Folgekosten und insbesondere Heimeinzüge reduziert. Auch die Pflegeberatung nach § 7a SGB XI sieht eine solche präventive Arbeit vor – es ist hier aber noch einiges an Öffentlichkeitsarbeit vonnöten, denn nach wie vor suchen viele Menschen erst Rat, wenn bereits etwas geschehen ist. Das gilt nicht nur für die Betroffenen, sondern auch für die Menschen im Umfeld, seien es Nachbarn, Kassiererinnen im Supermarkt oder der Postbote – diese scheuen sich noch davor, Betroffene z. B. dem Gesundheitsamt, der kommunalen Seniorenberatungsstelle oder dem Pflegestützpunkt zu „melden" – aufgrund rechtlicher Bedenken, z. B. Schutz der Privatsphäre oder Datenschutz. Es wird zu Recht darüber diskutiert, ob wir ein Pendant zum SGB VIII benötigen – also eine Regelung bei „Altenwohlgefährdung", z. B. entsprechende Meldepflichten für Ärzte, die bei ihren älteren Patientinnen und Patienten Anzeichen für körperliche oder seelische Verwahrlosung bzw. Misshandlung feststellen. Die Erkenntnisse aus der seit 1. 1. 2009 praktizierten Pflegeberatung könnten wie in der Vergangenheit die Berichte über Missstände in Alten- und Pflegeheimen dazu beitragen, das Bewusstsein der Gesellschaft im Hinblick auf die Gefährdungssituationen alter Menschen zu schärfen.

In der Mehrzahl der Fälle werden ältere Menschen in ihrem Versorgungsbedarf wie oben bereits angedeutet dann identifiziert, wenn ein Akutereignis wie zum Beispiel ein Sturz zu einem Krankenhausaufenthalt führt. Mit diesem beginnt ein Prozess, der durch zahlreiche Betreuungswechsel und disziplinär begrenzte Hilfe „scheibchenweise" geprägt ist. Medizin und Pflege kümmern sich um die der Diagnose entsprechende Behandlung und konzentrieren sich dabei auf die gesundheitlichen Probleme, die ihrer Abteilung ihren Namen geben: Innere, Orthopädie, Kardiologie. Multimorbidität, also das Vorliegen mehrerer (physischer wie auch psychischer) Erkrankungen, sprengt bereits die Organisationslogik, was mittlerweile immer häufiger dazu führt, dass ein klinikinternes Case Management für die erforderlichen Konsile und abteilungsübergreifenden Abstimmungen sorgt. Der Sozialdienst im Krankenhaus regelt die akut erforderlichen nächsten Schritte wie Pflegeeinstufung, Grundsicherungsantrag oder Anschlussheilbehandlung und übergibt den Klienten an den Sozialdienst der Rehabilitationsklinik oder auch direkt an den ambulanten Dienst, die stationäre Pflegeeinrichtung oder die Angehörigen. Erst jetzt wendet sich der Betroffene (wenn er die Informationen hierzu hat) eigeninitiativ an Stellen wie Sozialamt, Wohnungsamt, Wohnberatungsstelle, Seniorenberatungsstelle usw. Viele Probleme, die bereits während des Krankenhausaufenthalts geregelt werden müssten, werden aufgrund der fehlenden Zuständigkeit erst sehr spät in Angriff genommen. Typisch ist beispielsweise, dass die Wohnung nicht barrierefrei ist und deshalb ein Sturz erfolgte. Kehrt der alte Mensch nach der Anschlussheilbehandlung nach Hause zurück, noch wackelig auf den Beinen und an Krücken gehend, ist die Wohnsituation immer noch die gleiche, falls sich nicht in der Zwischenzeit Angehörige (oder, ganz neu, Pflegeberaterinnen) um die erforderlichen Anträge und Beauftragungen gekümmert haben. Oft verursachen ungeklärte Probleme im häuslichen Umfeld unnötige Aufenthalte in Pflegeeinrichtungen. Und erst ganz am Schluss – und nur, wenn die Anlaufstelle stimmt und der Betroffene tatsächlich wieder zu Hause angekommen ist – wird die Frage gestellt: Wie aktivieren wir Angehörige, Ehrenamt, Besuchsdienst oder sonstige informelle Hilfen? Jede Veränderung, Nachjustierung, Neugestaltung des gesamten Versorgungsprozesses muss initiativ vom Betroffenen bzw. seinen Angehörigen ausgehen und bei immer neuen Stellen beantragt oder besprochen werden. Niemand fühlt sich für den gesamten Prozess zuständig – jeder bearbeitet seinen Abschnitt gemäß seiner begrenzten Zuständigkeit. Ohne Frage bietet das gesamte System sehr viel Beratung und Unterstützung, aber nur selten langfristig, alle Lebensbereiche umfassend, an einem Gesamtziel des Betroffenen orientiert. Also ist der Erfolg des Prozesses letztendlich davon abhängig, in welchem Umfang der Betroffene oder Angehörige selbst initiativ den jeweils nächsten Schritt geht bzw. wie gut die Absprachen an den Schnittstellen funktionieren. Viele Programme – Entlassungsmanagement, Integrierte Versorgung, Versorgungsmanagement der Kliniken, Fallmanagement der Krankenkassen – bemühen sich um eine Minimierung der Versorgungsbrüche und Schnittstellen zumindest im Übergang vom Krankenhaus in den ambulanten medizinisch-pflegerischen Bereich, also beim Übergang von einer in die andere Versorgungsform. Der gesamte Prozess aber konnte bisher aufgrund klarer Zuständigkeiten der Kostenträger für die jeweiligen Sozialrechtsbereiche nicht von einer Instanz aus gemanagt werden. Die Pflegeberatung soll nun diese Lücke schließen und die komplette Versorgungskette begleiten. Eine Pflegeberatung gemäß den Prinzipien von Case Management würde – informiert durch die entsprechenden zuweisenden Stellen wie Hausarzt, Krankenhaus, Beratungsstellen, Versicherungsunternehmen – möglichst zeitnah die Fallführung übernehmen und den Betroffenen auf Wunsch umfassend und in all seinen Belangen – von der Versorgung des Haustiers bis zur Organisation der erforderlichen professionellen Hilfen – so lange unterstützen und begleiten, bis der alte Mensch bzw. seine Angehörigen die Steuerung des Versorgungsgeschehens selbst weiterführen können.

Case Management sorgt für die Einlösung von Ansprüchen gegenüber Kostenträgern. Das macht Case Management nicht immer attraktiv. Die Kostenbilanz bei Case Management ist in der Regel gut, vor allem nachhaltig – aber sie ist nur gut, wenn man sie volkswirtschaftlich betrachtet. Denn die Einsparungen wie auch Mehrkosten variieren je nach Fall und Kostenträger. Die Kernfrage ist daher immer: Wer soll und wer will einen Case Manager bezahlen? Derzeit kann man diese Diskussion im Kontext der Pflegeberatung sehr gut beobachten: Viele Kommunen wollen keinen Pflegestützpunkt einrichten, weil sie nicht verstehen, worin für sie der Nutzen bestehen könnte – viele wollen sich daher finanziell nicht daran beteiligen. Innerhalb der Pflegeversicherungen wird zum Teil eine Leistungsausweitung durch die Pflegeberatung befürchtet – denn ohne Pflegeberatung wüssten manche Ratsuchenden ja erst gar nicht, auf was sie Anspruch hätten. Die Wohlfahrtsverbände als Leistungsanbieter wiederum beschuldigen die

Pflegeberatung seitens der Kassen, verdeckte Leistungsabwehr zu betreiben. Diese geben den schwarzen Peter zurück und mutmaßen, dass Beratung, angesiedelt bei Sozialstationen oder sonstigen wohlfahrtsverbandlich oder privat organisierten Stellen, in erster Linie das Ziel verfolgt, möglichst viele Leistungen aus dem eigenen Portfolio zu empfehlen und über Beratung neue Kunden zu akquirieren. So sind wieder einmal alle Beteiligten uneins, da es um Geld geht – und die Menschen, die Beratung, Unterstützung und Begleitung benötigen, wissen einmal mehr nicht, an wen sie sich vertrauensvoll mit ihren Problemen wenden können, sollte sich in Sachen Organisation der Pflegeberatung mit oder ohne Pflegestützpunkt nicht noch Wesentliches tun.

Die Diskussion zur richtigen Verortung von Case Management respektive Pflegeberatung, die hier stark verkürzt wiedergegeben wurde, basiert größtenteils auf einem falschen Verständnis von Case Management: Case Manager sehen es vom methodischen Grundverständnis her keineswegs als ihre Hauptaufgabe an, das Maximum an Leistungen aus dem System „herauszuschlagen" – einmal unabhängig davon, von welcher Seite aus betrachtet. Sie versuchen vielmehr, vorhandene Ressourcen aus dem sozialen Umfeld einzubeziehen bzw. nach Möglichkeit zu aktivieren. Case Management sorgt für eine Vernetzung zwischen dem informellen Helfernetz, also Angehörigen, Ehrenamt, nachbarschaftlichen Hilfen, und dem professionellen Helfernetz, also Ärzten, Pflegekräften, Therapeuten usw. Derjenige, der dreimal am Tag den Hund ausführt und Samstag den Garten pflegt, ist genauso wichtig wie der Arzt, der die Verordnung für ein Hilfsmittel ausstellt. Menschen für solche Aufgaben zu gewinnen und sie entsprechend darauf vorzubereiten, ist Teil ihres Engagements in der Versorgungslandschaft. Sehr oft werden aber Konzepte als Case Management bezeichnet, die das soziale Umfeld und dessen Leistungspotenzial völlig ausblenden – ein solches Case Management ist nicht wirksam und hat auch diese Bezeichnung nicht verdient.

Case Manager/-innen benötigen Wissen über sehr viele Leistungsbereiche: Krankenversicherung, Pflegeversicherung, Leistungen für Menschen mit Behinderung, Rentenversicherung, Unfallversicherung, Sozialhilfeleistung, niederschwellige Angebote, freiwilliges Engagement, Selbsthilfe usw. Sie müssen dazu in der Lage sein, sich je nach Bedarf und Ausgangslage an den richtigen Kostenträger und an die richtige Stelle zu wenden. Oft müssen strategische Entscheidungen gefällt werden: Ist es für den Betroffenen „besser", behindert zu sein, krank oder pflegebedürftig? Von der Definition her sind Behinderung, Krankheit und Pflegebedürftigkeit in vielen Punkten das Gleiche, vom Zugang zu Leistungen her betrachtet ist es ein sehr erheblicher Unterschied, ob man behindert, krank, erwerbsunfähig, von Behinderung bedroht oder pflegebedürftig ist. Kommen noch Probleme wie Schulden, Wohnungsprobleme, psychische Probleme, Konflikte in der Familie, Sprachschwierigkeiten, soziale Probleme wie Vereinsamung und Verwahrlosung hinzu, dann sind die bestehenden Beratungsangebote schnell an ihren Grenzen angelangt, sind sie doch in der überwiegenden Zahl auf bestimmte Themenbereiche begrenzt – Case Manager/-innen müssen den gesamten Menschen in seiner Lebenssituation und damit auch das gesamte System mit seiner Vielzahl an Hilfen und zugrunde liegenden Regelungen im Blick haben.

Case Manager/-innen brauchen Netzwerkkompetenz – sie müssen mit vielen Akteuren zusammenarbeiten und diese auch klug in den Versorgungsprozess einbinden können. Case Manager/-innen sind gefordert, das Versorgungsgeschehen im Einvernehmen mit dem Klienten zu steuern – nicht selten verfolgen Helfende auch Eigeninteressen, die den Interessen des Klienten zuwiderlaufen. In manchen Fällen muss ein Case Manager auch als Anwalt des Klienten auftreten, wenn Menschen nicht zu ihrem Recht kommen. Ein Case Manager ist zudem ein Vermittler – er wählt aus einer Vielzahl von Angeboten die passenden für den Klienten aus. Dabei agiert er neutral und im Interesse des Klienten. Schließlich muss eine Case Managerin auch Torwächterin sein und darauf achten, dass Menschen nicht Leistungen nutzen, auf die sie keinen Anspruch haben bzw. die sie gar nicht brauchen. Um ein zertifizierter Case Manager gemäß den Standards der Deutschen Gesellschaft für Care und Case Management (DGCC) werden zu können, gelten daher umfassende Zugangsbedingungen und Ausbildungsrichtlinien. Bei der Pflegeberaterausbildung ist Case Management Teil des Unterrichtsstoffs. Gesetzlich verankert ist Case Management nicht nur in der Pflegeberatung nach § 7a SGB XI, sondern unter anderem auch im § 11 GKV-WSG (Versorgungsmanagement) und im SGB V (spezialisierte ambulante Palliativversorgung) sowie vielen weiteren Sozialgesetzbüchern (unter verschiedenen Begriffen, bezogen auf verschiedene Zielgruppen).

Betrachten wir einige erfolgreiche Case-Management-Modelle aus der Praxis, die als Zielgruppe ältere Menschen und deren Angehörige ansprechen. Das Fallmanagement im Kreis Warendorf sichert die Neutralität des Case Managements, in dem ein Trägerverein das Case Management finanziert. Im Trägerverein „Alter und Soziales e.V." sind Leistungsanbieter der Region sowie der örtliche und überörtliche Sozialhilfeträger Mitglied. Der Verein bietet bei Bedarf ein Fallmanagement zur Vermeidung von Heimeinzügen älterer Sozialhilfeempfänger an. Der Kreis als Sozialhilfeträger delegiert über eine Clearingstelle das Fallmanagement an die Pflege- und Wohnberatungsstelle „Älter werden in Ahlen". Zuweisende Stellen sind Kliniken, Ärzte, MDK, Pflegedienste und andere Leistungsanbieter. Für das Verfahren wurde ein Vertrag mit der Fallmanagementstelle abgeschlossen, der analog zum Verfahren des Case Managements definiert, welche Arbeitsschritte wie umzusetzen sind. Die Vergütung erfolgt über die Abrechnung von Fachleistungsstunden. Die Zielgruppe sind Menschen, die bereits Leistungen der Grundsicherung nach dem SGB XII erhalten, die bislang noch zu Hause wohnen und aufgrund steigender Pflegebedürftigkeit von einem Heimeinzug bedroht sind. In Einzelfällen werden auch Menschen betreut, die bereits im Heim wohnen und wieder nach Hause möchten. Die Ergebnisse sind für alle Beteiligten positiv: Der Sozialhilfeträger, der bei Heimbewohnern, die zuvor Grundsicherung bezogen haben, die Heimkosten bezuschussen muss, hat bereits im ersten Jahr mehr als 100.000 EUR eingespart. Auch die Leistungsanbieter haben Vorteile: Die Angebote im Bereich der häuslichen Versorgung konnten stark ausgebaut werden. Innerhalb eines Jahres konnte in 30 von 37 komplexen Fällen durch das Fallmanagement erreicht werden, dass die Menschen zu Hause wohnen bleiben konnten. Dies entsprach auch voll und ganz den Wünschen der Betroffenen, die den Verbleib in der Häuslichkeit einem Heimeinzug deutlich vorziehen.

COMPASS Private Pflegeberatung berät seit 1. 1. 2008 telefonisch als auch vor Ort bei den Ratsuchenden gemäß den Vorgaben des § 7a SGB XI. Die Beratung kann bei Bedarf über einen langen Zeitraum hinweg erfolgen. Ratsuchende können bei einer zentralen Nummer anrufen und ihr Problem schildern. Wenn die Situation zu komplex ist, als dass sie telefonisch zufriedenstellend geklärt werden kann, wird eine Pflegeberatung vor Ort zu Hause beim Versicherten angeboten. Der Hausbesuch wird von dezentral agierenden Pflegeberater/-innen nach Postleitzahlengebietszuständigkeit übernommen. Die Pflegeberater/-innen unterliegen keiner zeitlichen Befristung, was die Dauer der Beratung bzw. den Zeitraum betrifft, in dem sie den Versicherten und seine Angehörigen begleiten können. Sie arbeiten bundesweit nach einheitlichem Qualitätsstandard. Erste Erfahrungen zeigen, dass insbesondere die Post- und Bahnbeamten, die zur Zielgruppe von COMPASS Private Pflegeberatung gehören, die Beratung sehr gut annehmen. Ein umfassendes Case Management im Sinne einer Fallsteuerung nehmen insbesondere Menschen mit Behinderung, hier vor allem Eltern mit behinderten Kindern, in Anspruch.

In Nürnberg ist mit dem HomeCare Nürnberg (jetzt: Servicezentrum Medizin und Pflege) seit über 10 Jahren ein ärztlich induziertes Case Management erfolgreich tätig. Das Case Management wird von den Mitgliedsärzten des Praxisnetzes Nürnberg Nord eingeschaltet, wenn die häusliche Versorgung z. B. aufgrund von Akutereignissen gefährdet ist. Die für die Case-Management-Stelle tätigen Mitarbeiterinnen kümmern sich um die gesamte Organisation der Versorgung und sorgen dadurch für eine höhere Lebenszufriedenheit der Patienten wie auch für die Einhaltung des Grundsatzes „Ambulant vor stationär". Das Case Management agiert neutral und unabhängig im Dienste des Klienten. Schließlich sei hier noch ein Beispiel aus einem der Nachbarstaaten angeführt: In Italien, genauer der Region Emilia Romagna, werden Case Manager/-innen über die Kommunen, die Ärzte, die Pflegeanbieter und auch über die Bevölkerung eingeschaltet. Die Case Manager/-innen aktivieren dann ein individuelles Helfernetz insbesondere für Demenzerkrankte. Sie arbeiten eng mit Gemeinden wie auch ambulanten und stationären Leistungsanbietern zusammen. Das Versorgungssystem wird analog zu den Erkenntnissen der Case Manager/-innen im Rahmen der Fallarbeit kontinuierlich verbessert und nachjustiert. Die Arbeit der Case Manager/-innen ist dort eng verknüpft mit der Weiterentwicklung von Versorgungsstrukturen. Die Case Manager/-innen erstatten Bericht über bestehende Versorgungslücken wie auch Überangebote und unterstützen auf diese Weise die kommunale Sozialverwaltung bei der Sozialplanung.

Case Management ist – wie im letzten Beispiel angedeutet – mehr als nur strukturierte, koordinierte Fallsteuerung. Case Management nimmt die Strukturen des Gesundheits- und Sozialsystems in den Blick und sucht sie im Sinne der Betroffenen zu optimieren. Nur in diesem Zusammenspiel entfaltet Case Management seine Wirkung: Indem es langfristig für eine bedarfsgerechtere und passgenauere Versorgungslandschaft analog zu den sich verändernden Anforderungen einer alternden Gesellschaft wirbt, in der in Zeiten ökonomischer Zwänge neue Wege gesucht werden müssen, Versorgung zu organisieren, strebt Case Management durch passgenaue Unterstützung wie auch die Aktivierung von Ressourcen im Sozialraum an, dass ältere Menschen auch zukünftig in Würde leben und sterben können. Die Initiierung und wertschätzende Förderung des freiwilligen Engagements, wie sie auch hier in Frankfurt erfolgt, ist wesentlicher Bestandteil der Arbeit eines „guten" Case Managements.

Weiterführende Informationen im Internet:

www.dgcc.de (Deutsche Gesellschaft für Care und Case Management e.V.)
www.smp-nuernberg.de (Servicezentrum Medizin und Pflege, ehemals HomeCare Nürnberg im Praxisnetz Nürnberg Nord)

www.compass-pflegeberatung.de (COMPASS Private Pflegeberatung)

http//senioren.ahlen.eu (Informationen rund um die Versorgungsstrukturen alter Menschen in Ahlen)

Literatur

Beikirch, Elisabeth/Calero, Claudia/Roccor, Bettina/Suhr, Ralf (2009): COMPASS – die Pflegeberatung der Privaten. In: Case Management 2/2009, S. 72–79

Bernstein, Sibylle (2009): Case Management in der Versorgung von Menschen mit Demenz in der Emilia Romagna – Eindrücke von einer Hospitation und erste Ideen für einen Transfer. In: Case Management 1/2009, S. 28–31

Beucker, Günter (2008): Vom „HomeCare Nürnberg" zum „SMP Servicezentrum für Medizin und Pflege GmbH". In: Case Management 1/2008, S. 95–97

Deutsche Gesellschaft für Care und Case Management e.V. (Hrsg.) (2008): Pflegeberatung, Pflegestützpunkte und das Case Management. Die Aufgabe personen- und familienbezogener Unterstützung bei Pflegebedürftigkeit und ihre Realisierung in der Reform der Pflegeversicherung, Freiburg: Verlag Forschung – Entwicklung – Lehre

Deutsche Gesellschaft für Care und Case Management e.V. (Hrsg.) (2009): Rahmenempfehlungen zum Handlungskonzept Case Management, Heidelberg u. a.: Economica

Fahlbusch, Jonathan (2008): Case Management im Kontext sozialrechtlicher Spielregeln – insbesondere am Beispiel der Pflegeberatung. In: Case Management 2/2008, S. 72–75

Frommelt, Mona (2007): Case Management im Praxisnetz HomeCare Nürnberg. In: Wendt, Wolf Rainer/Löcherbach, Peter (Hrsg.): Case Management in der Entwicklung. Stand und Perspektive in der Praxis. Heidelberg, S. 113–133

Klapper, Bernadette (2007): Persönliches Budget, Beratung und Begleitung alter Menschen in Frankreich. In: Case Management 1/2007, S. 60–64

Klie, Thomas (2008): Unterschiedliche Wege der Länder bei der Einrichtung von Pflegestützpunkten. In: Case Management 2/2008, S. 93–94

Mennemann, Hugo (2006): Case Management in der Altenarbeit – Einblicke in Bewährtes und Ausblicke auf Neues. In: Wendt, Wolf Rainer/Löcherbach, Peter (Hrsg.): Case Management in der Entwicklung. Stand und Perspektiven in der Praxis, Heidelberg u. a.: Economica, S. 249–264

Kraus, Sibylle/Hegeler, Hildegard (2009): Soziale Arbeit in der Geriatrie. In: Zippel, Christian/Kraus, Sibylle (Hrsg.): Soziale Arbeit mit alten Menschen, Frankfurt am Main: Mabuse, S. 84–105

Mennemann, Hugo (2009): Die Umsetzung von Case Management – Standards am Beispiel von Pflege- und Wohnberatung (Pflegestützpunkte). In: Wendt u. a.: Standards und Fachlichkeit im CM, Heidelberg u. a.: Economica, S. 97–123

Nagel Dettling, Maja (2006): Case Management in der Geriatrie: die Suche nach dem Königsweg. In: Case Management 2/2006, S. 77–80

Remmel-Faßbender, Ruth (2009): Case und Care Management – Bedarf und Anforderungen in der Altenhilfe. In: Zippel, Christian/Kraus, Sibylle (Hrsg.): Soziale Arbeit mit alten Menschen, Frankfurt am Main: Mabuse, S. 150–177

Ribbert-Elias, Jürgen (2008): Fallmanagement zur Verhinderung von Heimeinzügen im Kreis Warendorf – Ein Erfahrungsbericht. In: Case Management 2/2008, S. 76–80

Wendt, Wolf Rainer (2008): Case Management im Gesundheits- und Sozialwesen. Eine Einführung, 4. Auflage, Freiburg: Lambertus

Wissert, Michael (2001): Unterstützungsmanagement als Rehabilitations- und Integrationskonzept bei der ambulanten Versorgung älterer, behinderter Menschen, Aachen: Fischer.

Reaktivierung von Traumata – Einführung und Moderation

Peter J. Winzen

Die Ausschreibung der Fachtagung „Reaktivierung von Traumata", die im Rahmen der Aktionswoche „Älter werden in Frankfurt" stattfand, sprach von verdeckten oder verschütteten Kriegstraumata, individuellen Strategien der Bewältigung, aber auch von auslösenden Schlüsselreizen, aktueller Traumaforschung und neuen/alten Möglichkeiten, mit (reaktivierten) Traumata umzugehen.

Trauma – eine gegenwärtig durchaus geläufige Vokabel: Gemeint ist dabei primär das „psychische Trauma" (mit körperlichen Folgen), wie es in den Katalogen der WHO Eingang gefunden hat als Erleben und Überleben von subjektiv lebensbedrohlichen Ereignissen. Therapeutisch wurde dieser Terminus relevant in den 70er Jahren zunächst in den USA nach dem Vietnamkrieg, politisch dann in den 90er Jahren durch die Clinton-Regierung zur Regelung und Anerkennung von Flüchtlingen aus dem ehemaligen Jugoslawien. Wenn Trauma nicht unbedingt mit Krieg verbunden sein muss, historisch ist Krieg dem Begriff eingelagert. Jahrzehnte nach dem (oder auch den) Krieg(en) in Deutschland fragen wir dazu nach **unserer Geschichte**.

Es stellt sich die Frage, warum eine Veranstaltung über die Reaktivierung von Traumata im Rahmen einer Aktionswoche mit dem Titel „Älter werden in Frankfurt" stattfindet. Die Menschen, die heute die ältere Generation bilden, sind Zeitzeugen des Zweiten Weltkriegs. Viele von ihnen haben während dieser Zeit traumatische Erfahrungen erlitten.

Nicht selten kommt es in Pflegeheimen bei älteren Menschen zu unerklärlichen Reaktionen auf scheinbar normale Situationen – die Panikattacke einer Frau, die von dem Pfleger gewaschen werden soll; das Hochschrecken, sobald sich jemand nähert; die nicht erklärbare Angst vor Menschen mit einer bestimmten Haarfarbe. Viele dieser Reaktionen haben ihren Ursprung in lange zurückliegenden Traumatisierungen, die durch bestimmte Erlebnisse, Reize oder Ereignisse reaktiviert werden. Diese reaktivierten Traumata zu erkennen und mit ihnen umzugehen, ist eine große Herausforderung, sowohl für professionelle Helfende als auch für Angehörige.

Zunächst nähern wir uns dem Thema mittels einer doppelten Perspektive, psychodynamisch und historisch: Ein Trauma, die Erfahrung von Bedrohung und Lebensbedrohlichkeit, entsteht im geschichtlich-sozialen Kontext, überlebt solche Kontexte und trägt zugleich dauerhaft die geschichtlichen Spuren fort. Ohne historischen Blick kann wohl kaum ein Trauma entschlüsselt werden. Die Psychotherapie geht diesen Spuren nach und beleuchtet, wie dauerhaft hintergründige Spannungen respektive Konflikte unser Denken, Fühlen und Handeln formen. **Prof. Dr. med. Gereon Heuft** führt ein in das Thema *Traumata und ihre Reaktivierung*. Herr Heuft, Facharzt für Psychosomatische Medizin und Psychotherapie, leitet die Kliniken für Psychosomatik und Psychotherapie der Universitätsklinik Münster, gibt die Zeitschrift der Fachgesellschaft DGPM heraus, engagiert sich in der Altersforschung und ist bekannt für seine weltweit einzigartige Längsstudie zu Traumata und Alter – ein Experte für Alterspsychotherapie. – **Prof. Dr. Jürgen Reuleke** behandelt in seinem Beitrag *Kindheiten im Zweiten Weltkrieg – geschichtliche Aspekte*. Herr Reulecke ist (emer.) Professor für Zeitgeschichte an der Universität Gießen und leitet den Sonderforschungsbereich „Erinnerungskulturen" bei der Deutschen Forschungsgemeinschaft. Im Fokus seiner Forschung steht die Aufmerksamkeit, wie Geschichtliches biographisch transportiert wird – auch intergenerationell – und dabei an soziale Bedingungen geknüpft ist – ein Experte für das Generationengedächtnis des 20 Jahrhunderts.

Im Anschluss bringen wir die Perspektiven aus den Forschungen zur Geschichte und Traumatherapie – psychosomatisch und psychoanalytisch – zusammen. **Prof. Barbara Stambolis** befasst sich mit *Traumata aus der Sicht der Kriegskinderforschung* und wird dabei insbesondere geschlechtsspezifische Aspekte in den Vordergrund bringen: Frau Stambolis lehrt an der Universität Paderborn Neuere und Neueste Geschichte und forscht insbesondere zu kultur-, mentalitäten- und sozialgeschichtlichen Fragen, so auch zur Jugend- und Generationengeschichte, zu Flüchtlings- und Kriegskindern. Aktuell widmet sich Frau Stambolis einem besonderen Projekt über „vaterlose Töchter" und der Frage, wie deren Schicksale mit denen der vaterlosen Söhne vergleichbar und nicht vergleichbar sind.

Anschließend skizziert **Frau Dr. med. Andrea Möllering** *Traumabezogene Behandlungsmöglichkeiten bei Zeitzeugen des Krieges und ihren Nachkommen.* Frau Dr. Möllering ist Fachärztin für Psychiatrie in der Klinik für Psychosomatik und Psychotherapie des Evangelischen Krankenhauses Bielefeld. Insbesondere die Erforschung komplexer Traumstörungen und auch dissoziativer Störungen ist ihr Gebiet sowie der Behandlung von Akuttraumen – außergewöhnlich dabei ihre Zusammenarbeit mit thailändischen und indonesischen Traumaexperten und nicht zuletzt ihre Mitarbeit in der humanitären Organisation Trauma Aid Deutschland. Mit großem Erfolg wird sie hierbei von ihrem sympathischen 3-beinige Therapiehund unterstützt.

Abschließend behandelt **Frau Dipl. Psych. Christiane Schrader** *Psychoanalytische Aspekte* zum Thema, wobei sie nicht nur die Erfahrungen aus ihrer eigenen psychotherapeutischen Praxis, sondern auch aus ihren schon frühen Forschungen über psychoanalytische Traumakonzepte am Frankfurter Sigmund-Freud-Institut erläutert. Häufig wird übersehen, dass die Psychoanalyse hohe Affinität zu Traumakonzepten hat. Frau Schrader verdeutlicht, dass psychotherapeutische Angebote oftmals in solchen Situationen hilfreich und notwendig sind. Wie Frau Möllering wird auch Frau Schrader der Frage nach Therapie und möglichst heilvollem Umgang mit erlittenen Traumen nachgehen – sowohl als ehemalige fachliche Leiterin für psychoanalytische Beratung beim pro familia Bundesverband als auch als Leiterin des AK „Psychoanalyse und Altern" beim Frankfurter Psychoanalytischen Institut.

Herr **Prof. Dr. Dr. Rolf Hirsch** wird uns aufklären über die Frage: *Kann die Handtasche traumatisieren?* Herr Hirsch, Facharzt für Psychiatrie und Psychotherapie an der LVR Klinik Bonn, ist Gerontopsychiater, also Altersforscher, und Vorsitzender der DGGPP, das ist die Deutsche Gesellschaft für Gerontopsychiatrie und -psychotherapie. Herr Hirsch hat sich u. a. dem Thema der Gewalt gegen alte Menschen mit großem Engagement gewidmet und versucht präventive Lösungen auf den Weg zu bringen, um Überforderungen von Angehörigen zu verringern.

Traumata und ihre Reaktivierung

Gereon Heuft

Dass eine Tagung zum Thema Trauma und Traumareaktivierung stattfindet, hätten wir uns Ende der 80er Jahre nicht träumen lassen, weil das von uns formulierte Konzept der Traumareaktivierung ein Zufallsbefund war. Ich war damals leitender Oberarzt am Uniklinikum in Essen. Essen ist eine Stadt, die im Zweiten Weltkrieg zu 90 % zerstört war, und damals, 1990, brach der erste Irakkrieg aus. Zu diesem Zeitpunkt war die deutsche Bevölkerung – da könnte man lange drüber sprechen, warum – emotional enorm involviert in die politische Teilhabe an diesem weltpolitischen Geschehen. An dem Abend vor Kriegsbeginn habe ich in einer belebten Geschäftsstraße noch etwas eingekauft – die Läden schlossen damals noch um 18:30 Uhr – und die großen Supermärkte waren von den Grundnahrungsmitteln leer gekauft. Es waren Hamsterkäufe gemacht worden und in den Folgetagen kamen dann 60-, 70-Jährige zu uns in die Ambulanz mit der Angst, dass es wieder losgeht. Das waren Menschen, die ihr ganzes bisheriges Leben ohne jede psychiatrische oder psychische Erkrankung, ohne jede Behandlung gelebt hatten. Und wir haben uns damals gefragt, was mit ihnen passiert war, und entdeckten, dass sie unter einer Traumareaktivierung im Alter litten.

Wir beziehen uns im Folgenden schwerpunktmäßig auf die Erfahrungen während des Zweiten Weltkrieges, weil das eine große Gruppe ist, aber prinzipiell gilt das Gesagte auch für individuelle Traumatisierung einzelner Menschen. Einleitend sei kurz das Wesen eines Traumas erklärt, um dann auf die Untersuchungsergebnisse zu sprechen zu kommen und in einem dritten Schritt den Gewinn des Konzeptes für Behandlungsansätze aufzuzeigen.

Was versteht man unter einem Trauma?

Unter einem psychischen Trauma versteht man (1.) die Folgen eines kurzzeitigen – one single blow – oder länger andauernden belastenden Ereignisses –

bspw. Geiselhaft oder Konzentrationslager –, das außerhalb der üblichen menschlichen Erfahrung liegt. Es geht also um ein Ereignis, für das wir kein Schema haben, in das wir es einordnen können, weil wir dafür keine lebensgeschichtlichen Erfahrungen haben, die uns die Verarbeitung der Belastung ermöglichen würde. Insofern wäre das Erlebte für fast jeden von uns belastend. Ein solches Ereignis geht in der Regel für den Betreffenden selber oder seine allernächsten Angehörigen mit Lebensbedrohung einher sowie mit intensiver Angst, Schrecken und Hilflosigkeit. (2.) Die resultierende Beeinträchtigung dauert in der Regel mehr als einen Monat (kürzere Belastungen sind akute Belastungsreaktionen) und manifestieren sich bei Erwachsenen oft über die Hauptmerkmale der Posttraumatischen Belastungsstörungen (PTBS). Wenn Kinder solchen Belastungen ausgesetzt sind, entwickeln sich unter Umständen auch strukturelle Störungen, weil sich die psychische Struktur bei Kindern und Jugendlichen erst entwickelt. (3.) Das Ausmaß der Beeinträchtigung nach einer solchen psychischen Belastung steht in Bezug zur erlebten Schwere des Traumas: Ursächliche Handlungen von Menschen, so genannte „men-made desaster", also wenn jemand planmäßig gequält und gefoltert wird und begleitend seine körperliche Integrität verletzt wird, stellen fast immer komplizierende Faktoren dar. Versus: Es gibt ein Erdbeben und jemand ist in einem Dorf verschüttet und weiß nicht, ob man ihn nach zwei Tagen noch unter den Trümmern finden wird in dem Hohlraum des Kellers, in dem er bis jetzt überlebt hat. Dieses Schicksal wird mit anderen geteilt, womit sich die Folgen einer solchen Naturkatastrophe deutlich von einem men-made desaster unterscheidet. (4.) Zentral für die Pathogenese ist die intrapsychische, interpersonelle oder transaktionale Desintegration. Das heißt mit anderen Worten, dass Traumaopfer oft das Gefühl haben, zwischen mir und der Welt ist der Zusammenhang zerrissen. Das, was ich da erlebt habe, kann sich keiner vorstellen. Folterregime machen sich diese Dynamik zunutze, indem sie z. B. ihre Opfer psychisch zerstört überleben lassen: Diese kommen dann in die Widerstandsgruppe zurück und wirken dort demoralisierend, weil jedem in der Widerstandsgruppe damit klar wird, so könnte es mir auch gehen. Damit wird der Widerstand der politischen Opposition unterhöhlt.

Im Sinne einer differenziellen Psychotraumatologie sollte auch berücksichtigt werden: Trauma ist nicht gleich Trauma, sondern es kommt ganz entscheidend darauf an, in welcher Lebensphase es stattfindet. Nach einer sexuellen Grenzverletzung bei einem Kleinkind kann es gleich danach zu

Symptomen kommen, aber auch erst in der Jugendzeit oder auch im jungen Erwachsenenalter, wenn z. B. eine junge Frau mit 19 Jahren erstmals eine Partnerschaft eingeht und in diesem Zusammenhang z. B. nach einer sexuellen Traumatisierung Unterbauchschmerzen entwickelt: Die Symptomatik wird jetzt aktiviert durch die neue Lebenssituation.

Im Erwachsenenalter entwickelt sich gegebenenfalls nach einer Traumatisierung eine posttraumatische Belastungsstörung (PTBS). Wenn sich nach einer Traumatisierung später ein zweites Trauma ereignet hat, sprechen wir von Retraumatisierung.

Es jedoch auch möglich, dass sich im jungen oder mittleren Erwachsenenalter eine Traumatisierung ereignet, nach der sich keine Posttraumatische Belastungsstörung entwickelt, sondern ein – wie wir heute wissen – manchmal fast übernormales Erwachsenenleben. Denken wir an die „Aufbaugeneration" nach dem Zweiten Weltkrieg. Hier war wichtig anzupacken, vorwärtszudenken und vor allem nie wieder in eine Situation zu kommen, in der man sich abhängig, hilflos und ausgeliefert fühlt. In so einer Situation „funktionierten" viele Menschen sehr gut. – Warum kommt es dennoch überzufällig häufig im Alter plötzlich zu solchen Traumareaktivierungen, die wir 1989 erstmals bewusst wahrgenommen haben?

Kriegskindheiten

Wann sprechen wir von Kriegskindheit? Wir haben hier die aktuell 64- bis 79-Jährigen vor Augen, also diejenigen, die zu Ende des Zweiten Weltkrieges noch nicht in irgendeiner Weise in Kampfhandlungen verstrickt waren.

Ein Drittel der nichtjüdischen Kinder war gering belastet während der Nazidiktatur – Stichworte: im Allgäu aufgewachsen, Vater war in der Landwirtschaft und immer da, man hatte vor diesem Hintergrund gesehen immer noch relativ genug zu essen und in der Gegend keine Bombenabwürfe, keine Flucht bzw. Vertreibung etc. Ein zweites Drittel erlebte eine mittlere Belastung und das letzte Drittel eine sehr starke bis traumatisierende Belastung (wie nahezu 100 % der jüdischen Bevölkerung), hervorgerufen z. B. durch Verlust naher Angehöriger, Flucht, Vertreibung, Geschwister, die auf der Flucht eventuell verstorben sind, musste man zurücklassen und konnte man nicht beerdigen, (Zeuge von) Massenvergewaltigungen, Tieffliegerbeschuss, Ausbombung usw.

Keine Gruppe darf den Begriff des Traumas für sich instrumentalisieren. Es muss unser Anliegen sein, dass Menschen, die solche schwerwiegenden Erfahrungen machen – ob in der Zeit der nationalsozialistischen Diktatur, in Bosnien, Afrika oder sonst irgendwo –, sich zu Wort melden und sich mit den Folgen auseinandersetzen können, dürfen und sollen, um darüber dann zu einer Solidarität miteinander zu kommen. Denn nur wenn man die eigenen Traumatisierungen in den Blick nehmen darf, hat man die Fähigkeit, auch die Traumatisierung anderer zu empathieren.

Was verstehen wir unter diesen schweren Belastungen? Wir hatten zu Kriegsende in Europa 20 Mio. Halbwaisen. Auch das ist jetzt eine Perspektive, die über Deutschland hinausweist auf die europäische Perspektive dessen, was wir als kriegsauslösendes Land unseren Nachbarländern in Europa angetan haben. Zu den Verlusten von Elternpersonen treten u. U. Verluste von Geschwistern. Außerdem das Erleben der massiven Hilflosigkeit der Eltern, die ihre eigenen Kinder in bedrohlichen Situationen nicht mehr beruhigen konnten, weil sie selbst geschrien und geweint haben. Die ganze kindliche Welt der emotionalen Sicherheit bricht dann zusammen. Oder das Miterleben der Euthanasie Angehöriger, hier ist die T4-Aktion angesprochen. Wir sehen heute noch, dass manche älteren Patienten in bestimmte (geronto)psychiatrische Kliniken nicht aufgenommen werden wollen, weil sie noch historisch wissen, dass diese Kliniken an der T4-Aktion beteiligt waren, und es daher Vorbehalte gibt.

Schwer belastend konnte auch die langanhaltende Abwesenheit oder Erkrankung wichtiger Bezugspersonen sein.

Bedeutsam sind darüber hinaus sexuelle Traumatisierungen. Alleine die Zahl der zu Ende des Zweiten Weltkrieges vergewaltigten Frauen geht innerhalb Deutschlands in die Hunderttausende und oft wissen nicht einmal die nächsten Angehörigen davon.

Schwere belastende Erlebnisse können außerdem gewesen sein: Bombardierungen, Fliegerangriffe, Flucht, Armut, Hunger, Entkräftung, extrem harte Arbeit für Kinder, um Brennmaterial zu besorgen, dabei eventuell erlittene Verletzungen (z. B. kommt jemand beim Kohlenabladen unter den Zug und verliert dabei ein Bein).

Es sei auch an das Eingehen von Vernunftehen oder Prostitution, um das auch materielle Überleben sicherzustellen, erinnert. Schwer belastend waren weiterhin Heimatverlust, Einquartierung und extreme Wohnsituationen, in denen 5 bis 10 Menschen generationenübergreifend auf engstem Raum mit den ganzen äußeren Belastungen zusammengepfercht waren.

Der Umgang mit solchen Erfahrungen lässt zwei gegensätzliche Haltungen erkennen. Zum einen berichten die damaligen Kinder von einer pathologischen Normalität des Ausschweigens. Nach dem Krieg wurde über das Erlebte nicht mehr gesprochen und jedes Mal, wenn irgendwie das Gespräch auf diese Erfahrungen kam, herrschte eisiges Schweigen: „Der Vater hat nie darüber gesprochen." Zum anderen sind Bagatellisierungs- und Vermeidungsstrategien bis hin zu einer Idealisierung der Kameradschaft erkennbar. Die Betroffenen haben sich implizit immer wieder ihre traumatischen Erfahrungen erzählt. Dass wir jetzt als Enkelgeneration überhaupt erst auf dieses Thema zu sprechen kommen, mag bezeichnend sein, weil wir möglicherweise emotional weit genug von diesen schwersten Belastungen „weg" sind und uns daher einen offeneren Blick dafür erlauben können.

Untersuchungsergebnisse

Wir haben bei Menschen, die 60 Jahre und älter waren und am Ende eines geriatrischen Akutkrankenhausaufenthaltes, mittlere Verweildauer 19 Tage, vor der Entlassung standen, die Merkmale Alter, gesundheitliche Belastung, funktionelle Behinderung und biografische Erfahrungen untersucht. Sie waren gesundet von ihrem internistischen Leiden, wegen dem sie im geriatrischen Krankenhaus waren, und wurden kurz vor der Entlassung zwei Tage lang mit Hilfe eines ausführlichen Interviews und Fragebögen untersucht. Außerdem haben wir sie gebeten, ihre Lebenszufriedenheit im Alter anhand einer normierten Skala einzuschätzen. Bei den Fragen nach den biografischen Erfahrungen, wie z. B. der Kriegskindheit, wurde eine subjektive Beurteilung der Schwere durch die Betroffenen selbst und eine objektive Beurteilung der Schwere des Erlebten durch diejenigen, die die Interviews gemacht haben, eingeschätzt. Vor allem sollte die Frage beantwortet werden, ob diese biografischen Erfahrungen einen Einfluss darauf haben, wie die aktuellen gesundheitlichen und funktionellen Herausforderungen im Alter bewältigt werden.

Insgesamt wurden 156 Menschen im Alter zwischen 60 und 90 Jahren befragt, davon 1/3 Männer und 2/3 Frauen. Wir haben die Menschen, sowie sie im Krankenhaus waren, fortlaufend in die Studie eingeschlossen nach Berücksichtigung der Ethikkommissionskriterien. Ganz typisch war für diese Altersgruppe, dass bei den Männern 60 % eine Lehre hatten als höchsten Bildungsabschluss, bei den Frauen etwa 45 % und – ganz typisch für diese Generation – überhaupt keinen Bildungsabschluss bei 40 % der Frauen, da ihnen immer gesagt wurde, dass sie ja sowieso heiraten würden. Universitäts- und Hochschulabschlüsse in dieser Generation sind ganz selten, obwohl bei den Meistern, hier insbesondere bei den Männern, häufig Steiger oder hochqualifizierte Berufe mit einem gewissen Status sind.

Wir haben mit diesen Menschen über ihre gesamte Lebenszeit gesprochen, unterteilt in die Lebensabschnitte: Kindheit, Schulzeit, Jugendzeit, frühes und mittleres Erwachsenenalter, Berentung, Auszug der Kinder und die gegenwärtige Lebensperspektive. Die durchschnittliche Interviewdauer betrug 2,5 Stunden. Die freien Interviews wurden aufgezeichnet. Danach wurde durch zwei Rater jeweils noch einmal für jede dieser Lebensphasen eingeschätzt, wie hoch die subjektive Belastung/Traumatisierung war (5-stufig von 0 bis 4), und es wurde – das ist eine Besonderheit – auch die jeweilige Förderung, die die Betroffenen in dieser Lebensphase erlebt haben, durch die Interviewer eingeschätzt. Ein Beispiel: Ich hatte immer extrem Hunger, aber dann gab es doch auch Menschen, die mir dann immer mal ein Stück Brot zugesteckt haben. Außerdem wurde noch ebenfalls auf einer fünfstufigen Skala eine objektive Einschätzung anhand eines genauen Katalogs vorgenommen, wie belastend bis traumatisierend das entsprechende Erlebnis war.

Wenn in keiner der Lebensphasen die Belastung höher war als die Förderung, dann hatten nur 13 % im Alter mindestens eine psychische Diagnose. Alle anderen waren psychisch gesund. Bei nur einer Lebensphase, in der die Belastung höher war als die Förderung, stellt es sich kaum schlimmer dar. Bei zwei Lebensphasen, in denen die Belastung höher war als die Förderung, war fast schon die Hälfte im Alter mit einer psychischen Diagnose behaftet. Bei dreien 64 % und wenn in allen fünf Lebensphasen die Belastung höher war als die Förderung, waren das 100 % der geriatrischen Patienten, also alle. Es zeigt sich also ein sehr enger Zusammenhang zwischen dem Verhältnis von Belastung zu Förderung im Lebenslauf sowie psychischer Gesundheit im Alter.

Uns hat dann weiter interessiert, ob es empirisch nachweisbare Folgen der Kriegskindheit gibt. Wir haben aus der Gruppe die 49 Untersuchungsteilnehmer herausgenommen, die im Zweiten Weltkrieg die Kindheit in der Schulzeit erlebt haben, und diese Gruppe abgegrenzt gegenüber den 107, die während des Krieges schon erwachsen waren.

Wir haben bei den schon Erwachsenen und denjenigen, die noch Kinder waren im Zweiten Weltkrieg, die objektive Belastung in der Schulzeit und die objektive Gesamtbelastung in der Jugend und beim Start ins Berufsleben durch die Experten eingeschätzt. In beiden Fällen sind die Kriegskinder wesentlich höher subjektiv und objektiv belastet, obwohl man hätte vermuten können, dass die höhere Belastung bei den aktiven Kriegsteilnehmern hätte nachweisbar sein können. Die subjektive Belastung für die Kriegskinder ist wesentlich höher, auch weisen die Kriegskinder signifikant mehr Traumata im engeren Sinne auf.

Vergleichen wir einmal diese beiden Gruppen, die Erwachsenen und die Kriegskinder hinsichtlich Geschlecht, Alter, Verwitwung, Behinderung und der Fähigkeit, ihren Alltag im Alter funktional zu gestalten. Wie stark sind sie subjektiv körperlich eingeschränkt, liegen psychosomatische Symptombildungen vor? Wie sieht das aus mit der Lebenszufriedenheit und wie groß ist die psychogene Beeinträchtigung? Die subjektiven Körperbeschwerden beider Gruppen unterscheiden sich nicht signifikant. Das heißt also, hier ist festzustellen, dass die Kriegskinder, obwohl sie jünger sind als die damals Erwachsenen und demzufolge weniger ADL-eingeschränkt sind, vergleichsweise erheblich mehr Körperbeschwerden haben. Die Lebenszufriedenheit im Alter ist etwas abgesenkt, aber die psychische Beeinträchtigung ist wieder nicht unterschieden. Das heißt also im Endeffekt: Die Jüngeren, obwohl deutlich jünger und noch mehr in Partnerschaften lebend, sind hinsichtlich ihrer psychischen Beeinträchtigung ähnlich eingeschränkt und belastet wie die schon deutlich Älteren.

Dann haben wir die Gruppe der Kriegskinder noch einmal unterteilt in diejenigen, die in einer Lebensphase höhere subjektive Belastungen als Förderungen erlebt haben (also z. B. auch eine schwere traumatische Belastung), und in diejenigen, die gleiche oder immer höhere subjektive Förderungen als Belastungen erlebt haben, also in Kindheit und Jugendzeit keine solche schwere Belastung erfahren mussten.

Im Vergleich dieser beiden Untergruppen stellt man fest, dass die subjektiven Körperbeschwerden in der Gruppe, in der die Kriegskinder stärker belastet waren, deutlich erhöht sind, die subjektive Lebenszufriedenheit signifikant eingeschränkt und die psychogene Beeinträchtigung, also der Grad der psychischen Störung, signifikant erhöht ist. Damit wird erstmals der Nachweis einer größeren psychopathologischen Auffälligkeit im Alter für diese Gruppe der damals sehr stark belasteten Kriegskinder erbracht.

Klinische Konsequenzen

Abzugrenzen von Traumafolgestörungen sind erstens Ältere mit einem neurotischen Kernkonflikt, der durch eine Auslösesituation auch jenseits des 60. Lebensjahres erstmals symptomatisch wird. Ein Beispiel: Ein Ehepaar hat immer eine sehr enge Beziehung gehabt und plötzlich stirbt der Ehemann mit 76 Jahren an einem Herzinfarkt, die Frau ist 73. Sie ist das erste Mal in ihrem Leben alleine und bekommt eine schwere Angststörung. Gemäß der Operationalisierten Psychodynamischen Diagnostik (OPD-2), Achse III, besteht in diesem Fall ein repetitiv-dysfunktionales Konfliktmuster im Sinne des Abhängigkeitskonfliktes, und das wird plötzlich aktiviert. Wichtig ist zu wissen, dass die Prognose einer solchen Störung auch im Alter gut ist. Es gilt die Faustformel: Nicht das Alter des Patienten ist entscheidend, sondern das Alter der Störung.

Dann gibt es eine zweite Gruppe, die einen Aktualkonflikt im Alter erleidet, weil sie mit einer neuen Entwicklungsaufgabe in der zweiten Hälfte des Erwachsenenalters konfrontiert ist: mit dem körperlichen Alterungsprozess als dem Organisator in der zweiten Hälfte des Erwachsenenalters. Die gesamte Triebdynamik, die gesamte Regulation des Selbstwertes, die Ich-Funktionen und die internalisierten Objektbeziehungen – die vier Säulen, auf denen wir entwicklungspsychologisch gesehen stehen und von denen wir sagen: „Das bin ich." – können im Idealfall bis ins Alter völlig unbehelligt bleiben. Man kann gut durchs Erwachsenenalter gegangen sein, im Alter bis jetzt keine wesentlichen Verluste erlitten haben, das berufliche Engagement kann durch ein anerkanntes Ehrenamt abgelöst sein, aber vom körperlichen Alterungsprozess kann niemand absehen. Der körperliche Alterungsprozess ist eine biologische Zumutung im doppelten Wortsinne. Er wird uns von der Biologie zugemutet und für manche ist er so belastend, dass sie daraufhin Symptome entwickeln. Diese Menschen bekommen dann eine aktualkonfliktbasierte Symptomatik, wie z. B. eine Somatisierung oder auch eine psychoneurotische Störung, Angst, Depression usw., die sich symptomatisch nicht von der ersten Gruppe unterscheidet. Die Ursache ist allerdings eine andere. Sie erfordert dennoch eine psychodynamische Arbeit in der Auseinandersetzung mit den Folgen des körperlichen Alternsprozesses. Weil die Ressourcen bei Menschen mit einer solchen Störung relativ gut sind, kommt man mit einer kürzeren, auf diesen Entwicklungsbereich fokussierenden psychodynamischen Behandlung von beispielsweise 25–50 Stunden oft sehr gut aus, obwohl die Symptomatik ganz dramatisch sein kann.

Bezogen auf den dritten Typus der Traumareaktivierung im Alter gibt es drei Gründe, warum es überzufällig häufig zu einer solchen Traumareaktivierung kommt. Beispielsweise muss ein 75-Jähriger plötzlich einen Herzkatheter gesetzt bekommen und unter dieser Lebensbedrohung kommt auf einmal die traumatische Erfahrung wieder. Dafür gibt es drei Gründe: Man hat erstens im Alter mehr Zeit. Dies klingt banal, ist aber psychodynamisch wichtig, weil die Anforderungen im mittleren Erwachsenenalter vieles abwehren helfen können. Dies gilt insbesondere für die Aufbaugeneration nach dem Zweiten Weltkrieg. Zweitens gibt es so etwas wie das Last-Chance-Syndrom: Man hat so viel in die unterste Schublade geworfen, was man jetzt noch einmal wieder herausholen möchte. Drittens: Das Zentrale des Traumas ist, wie in der Einleitung beschrieben, die Hilflosigkeit und das Ausgeliefertsein unter dem Thema Lebensbedrohung. Man kann nichts machen. Durch den körperlichen Alternsprozess wächst die Wahrscheinlichkeit, (wieder) in Situationen von Hilflosigkeit und Abhängigkeit bis hin zur Lebensbedrohung zu kommen. Solche Situationen triggern dann urplötzlich die nicht verarbeiteten traumatischen Erfahrungen und können in Symptome der Posttraumatischen Belastungsstörung (Flashbacks, Albträume, Vermeidungsreaktionen, Arousel-Reaktionen), aber auch in Somatisierungen, die u. U. symbolhaft das zum Ausdruck bringen, was die Menschen erlebt haben, einmünden. Ich denke an einen Patienten, der erlebt hat, wie sein Freund am Ende des Zweiten Weltkrieges von einem amerikanischen Panzer überrollt worden ist und der im Alter in einer Lebensbedrohungssituation plötzlich Luftnot entwickelte, weil er subjektiv die Vorstellung hatte, dass der Freund damals erstickt ist. Diese Assoziation nach Jahrzehnten verursachte dann diese Luftnot, die die Internisten zunächst für ein Asthma hielten.

Abschließend sei noch kurz eine therapeutische Perspektive dargestellt: Wir kennen aus der Behandlung Akuttraumatisierter eine dreischrittige Vorgehensweise: zunächst Stabilisierung, dann Traumabearbeitung und abschließend die Reintegration. Das gilt auch für die Behandlung einer Traumareaktivierung. Es wäre unethisch, den Patienten zu überrumpeln. Man muss zunächst genau mit ihm besprechen, ob es überhaupt einen Auftrag von ihm gibt, über diese Erfahrungen reden und arbeiten zu wollen.

Dann müssen zunächst Stabilisierungstechniken vermittelt werden (z. B. die „Screen-Technik" oder der „sichere Ort" etc.), damit sich der Patient auch selber wieder zwischen den Behandlungsstunden stabilisieren kann. Anschließend kann man erst mit der Traumabearbeitung beginnen, wobei wir bei aller Skepsis auch gute Erfahrungen mit der Technik der EMDR-Behandlung gemacht haben. Der wissenschaftliche Beirat Psychotherapie Bundesärztekammer/Bundespsychotherapeutenkammer hat die EMDR-Therapie im Moment allerdings nur für Akuttraumatisierung als wissenschaftlich anerkannt apostrophiert, weil für die anderen Indikationen noch nicht genügend Studien vorliegen. Das heißt, man muss den Patienten darauf hinweisen, dass es sich um einen Heilversuch handelt.

Wer mit älteren Menschen auf der Ebene der Krankheitsverarbeitung im Pflegebereich, in der Rehabilitation usw. arbeitet, erlebt, dass bereits die Modifikation von Coping-Strategien bezogen auf traumatische Erfahrungen hilfreich sein kann. Ein Beispiel: Jemand, der immer alles im Griff haben musste – wir denken noch einmal an die Aufbaugeneration –, könnte nach einem Schlaganfall eigentlich wieder laufen lernen, entwickelt aber eine Spastik, weil er so überengagiert ist, dass er sich nicht entspannen kann. Durch sein aktives Coping versucht er, die Situation mit Strategien zu bewältigen, die er sein ganzes Lebens lang erfolgreich angewandt hat. Da könnte man verzweifeln und sagen: „Der lernt nie wieder laufen!" Mit einer emotionalen Anleitung, sich auch einmal in Dinge hineinzugeben (adaptives Coping), eventuell verbunden mit einem Trauerprozess, hatte der Betreffende die Chance, die Krankheit erfolgreich zu bewältigen und auch wieder laufen zu lernen.

Zusammenfassend: Die psychische Repräsentation der bisherigen biografischen Erfahrungen „Förderung" versus „schwerste Belastung/Trauma" beeinflusst wesentlich die erfolgreiche Lösung von Entwicklungsaufgaben besonders auch im Alterungsprozess. Wenn also eine überwiegend subjektiv biografische Belastung bei gleichzeitiger funktioneller Behinderung im Alter vorliegt, dann hat man ein höheres Risiko, ein Fall psychogener Erkrankungen zu werden. Speziell die „Kriegskinder" mit überwiegenden subjektiven Belastungen waren bei gleicher funktioneller Behinderung im Alter unzufriedener und psychisch stärker beeinträchtigt und können insofern zukünftig auch hoffentlich mehr auf therapeutische Hilfe bauen.

Literatur

G. Heuft, A. Kruse, H. Radebold (2006): Lehrbuch der Gerontopsychosomatik und Alterspsychotherapie. Ernst Reinhardt Verlag, München (2. Auflage)

Kindheiten im Zweiten Weltkrieg – generationengeschichtliche Aspekte

Jürgen Reulecke

Es soll mit einem Goethe-Zitat begonnen werden, was ja in Frankfurt naheliegt – die meisten Leser werden es vielleicht noch aus der Schulzeit kennen. Auf unser Thema bezogen, finden sich dort nämlich einige bemerkenswerte überzeitliche Denkanstöße, die im Folgenden eine Rolle spielen werden. Es handelt sich um die erste Strophe des Gedichts „Urworte orphisch":

„Wie an dem Tag, der dich der Welt verliehen,
Die Sonne stand zum Gruße der Planeten,
Bist also bald und fort und fort gediehen,
Nach dem Gesetz, wonach du angetreten.
So musst du sein, dir kannst du nicht entfliehen,
So sagten schon Sibyllen, so Propheten;
Und keine Zeit und keine Macht zerstückelt
Geprägte Form, die lebend sich entwickelt."

Mein Thema sind also die Kriegskinder des Zweiten Weltkriegs – dies nicht wie in anderen Beiträgen dieses Bandes aus der Sicht eines Psychogerontologen, Psychoanalytikers oder Psychosomatikers (obwohl einige psychohistorische Aspekte eingespeist werden sollen), sondern aus dem Blickwinkel eines Historikers, der einen erfahrungs- und wahrnehmungsgeschichtlichen Zugriff favorisiert. Diese Kriegskinder sind „der Welt verliehen" worden in einer Zeit des schlimmsten politischen Regimes der deutschen Geschichte und des von diesem Regime angezettelten Krieges – und sie sind dann „angetreten" zum Gang durch die zweite Hälfte eines Jahrhunderts, dessen erste Hälfte katastrophal gewesen ist und für uns als heute rückblickende Zeitgenossen viele geradezu unbegreifliche Züge aufweist. Dass viele von diesen Kriegskindern damit gewissen psychischen Gesetzen „nicht entfliehen" konnten, stellt Kollege Gereon Heuft in seinem Beitrag vor und steht auch im Mittelpunkt der Ausführungen von Frau Kollegin Barbara Stambolis. Die Sonne stand zwar auch in der Zeit des NS-Regimes „zum Gruße der Planeten", aber gleichzeitig stand ein großer Teil der damaligen Gesellschaft konkret und mental – wie es damals hieß – mit der Hand an der Hosennaht stramm und grüßte mit „Heil Hitler" – überzeugt, zu einem arischen Herrenvolk zu gehören, das sich zur Weltherrschaft berufen fühlte. Und manche stolzen Väter haben damals ihre Söhne schon im frühesten Jungenalter zu konditionieren versucht, damit sie bei dieser Perspektive in Zukunft aktiv und begeistert mitwirken könnten.

Dass schon die Neugeborenen in dieser Richtung „fort und fort gedeihen" sollten, wurde von der NS-Elite, allen voran von Hitler, wortgewaltig und pathetisch immer wieder beschworen. In seiner Programmschrift „Mein Kampf" hatte Hitler bereits Mitte der 1920er Jahre die Linie vorgegeben: Die gesamte Erziehung des heranwachsenden Jungen, so heißt es dort, müsse auf eine „nützliche Ertüchtigung seines Körpers" hinauslaufen. „Eiserne Abhärtung" sollte erzielt werden, um nicht infolge „sinnlicher Befriedigungen" zu verweichlichen und zu einem Stubenhocker zu verkommen. Hitler kritisiert in aller Schärfe, dass die Schule die Jungen angeblich viel zu sehr, nahezu „ausschließlich mit geistiger Kost gefüttert" hätte. Dies galt es nun seiner Meinung nach radikal zu verändern. Das Ziel der weiblichen Erziehung dagegen sollte sein, die Mädchen „unverrückbar" auf die Rolle als künftige Mutter vorzubereiten und in der Ehe dem wichtigsten nationalen Ziel, nämlich der „Vermehrung und Erhaltung der Art und Rasse" zu dienen, wörtlich: „Nicht im ehrbaren Spießbürger oder der tugendsamen alten Jungfer sieht (der völkische Staat) sein Menschheitsideal, sondern in der trotzigen Verkörperung männlicher Kraft und in Weibern, die wieder Männer zur Welt zu bringen vermögen."

Übrigens hat Hitler in „Mein Kampf" betont, er selbst wolle nicht Vater werden und werde es auch niemals sein, was den Psychoanalytiker Erik Erikson damals schon dazu gebracht hat zu sagen, Hitler habe sich als jugendlich wirkender Held stilisieren wollen, der mit der Väterwelt gebrochen habe und sich dem Nachwuchs als Führer andiene, um sich als begeisternder Männerbundheld an die Spitze einer Bewegung in Richtung Schaffung eines arischen Herrenvolkes stellen zu können.

Hitler hat sich allerdings recht häufig in der Öffentlichkeit mit Frauen und Müttern gezeigt, wobei er dann oft die kleinen Kinder gestreichelt oder den Frauen die Hände geschüttelt hat. Zweifellos verfolgte er damit die Strategie, den Müttern immer wieder das Gefühl zu vermitteln, dass sie dazu berufen seien, für einen arisch reinen und zahlreichen Nachwuchs zu sorgen. Selbstverständlich stellt sich angesichts dieses demagogischen Auftretens die Frage nach dem Verhältnis zwischen den klingenden Phrasen à la Hitler und seiner Selbststilisierung auf der einen Seite und dem konkreten „Antreten" der etwa in der Zeit von 1936 bis 1945 geborenen Kriegskinder in der Welt und ihrem darauf folgenden „Lebend-sich-Entwickeln" auf der anderen Seite.

Zunächst einige statistische Angaben: Nachdem um 1929/33 die Zahl der Lebendgeborenen auf tausend Einwohner bei etwa 14 bis 15 gelegen hatte, stieg sie ab 1934 sprunghaft an – 1939/40 auf über 20, also auf fast die Hälfte mehr als vorher. Der Jahrgang 1939/40 ist der stärkste Geburtsjahrgang, den es im Dritten Reich gegeben hat.

Die Zahl der Eheschließungen stieg von etwa 550.000 auf ein Maximum von 775.000 im Jahre 1939. Schon 1933 hatten die Nationalsozialisten damit begonnen, ein „Hilfswerk Mutter und Kind" ins Leben zu rufen. In den – übrigens von sozialdemokratischen Emigranten in Prag herausgegebenen – „Deutschland-Berichten" heißt es 1934 dazu: „Intensiv wird die Aktion ‚Mutter und Kind' weitergetrieben. Es werden Sammlungen veranstaltet, Gedenkmünzen getragen und Postkarten verkauft. An die Stelle der Winterhilfe ist jetzt die Propaganda für die NS-Volkswohlfahrt getreten, die mit Plakaten, Transparenten, Zeitungshinweisen usw. betrieben wird." Die „Spendenwirtschaft" nahm rasant zu: Parallel zu den Aktionen für die NSV gab es ständig weitere Aktionen und Sammlungen in der Öffentlichkeit, so etwa den berühmt-berüchtigten „Eintopfsonntag": Fast ununterbrochen wurde der „Volksgenosse" zum Spenden und zum Beweis seiner Unterstützungsbereitschaft für das Regime aufgefordert. Auch das „Hilfswerk Mutter und Kind" war auf diese Weise ständig präsent. In einem Bericht aus Sachsen heißt es schon 1934: „Mit der verstärkten Agitation für ‚Mutter und Kind' verbunden wird ein verschärfter Zwang zum Eintritt in die Nationalsozialistische Volkswohlfahrt: ‚Bekennst Du Dich zum nationalsozialistischen Staat? Dann hinein in die NSV!'" Das „Hilfswerk Mutter und Kind" sollte, wie es damals hieß, in erster Linie der Betreuung „arischer erbgesunder und würdiger Familien dienen und gleichzeitig erbbiologisch wertvolle" Heranwachsende fördern, während alle „asozialen, körperlich und geistig abnormen Minderjährigen" ausdrücklich davon ausgespart werden sollten. Müttererholungsheime, Kinderlandverschickung, Erholungsplätze für Kinder, übrigens besonders auch für Kinder aus volks- und auslandsdeutschen Familien, wurden auf diese Weise finanziert, ebenso Mütterschulungskurse, die meist vier Wochen dauerten. Seit November 1936 musste z. B. ein SS-Mann beweisen, dass seine Braut solche Kurse besucht hatte, sonst bekam er keinen Erlaubnisschein zur Eheschließung. Außerdem wurden gleichzeitig in einer breit angelegten Kampagne Broschüren in die Öffentlichkeit gebracht, in der die Zeitgenossen in einfacher Sprache über demographische Sachverhalte im rassistischen Sinne aufgeklärt wurden. Slogans wie „Volk ohne Jugend" oder „Volk in Gefahr" wurden ständig bemüht, um zu einer höheren Gebärleistung aufzufordern. Tatsächlich stieg die Geborenenzahl – wie oben bereits ausgeführt – bis 1940 ja auch erheblich an, dies jedoch keineswegs deshalb, weil mehr Frauen und Männer „dem Führer ein Kind schenken" wollten, sondern es blieb weitestgehend bei der Zweikinder-Familie. Der Grund für den Anstieg (und das haben die NS-Bevölkerungspolitiker damals verschwiegen) bestand stattdessen ganz simpel darin, dass nun jene Altersgruppe herangewachsen war, die vor dem Ersten Weltkrieg geboren wurde. 1907 war zum Beispiel einer der stärksten Geburtsjahrgänge überhaupt gewesen; seine Angehörigen traten nun ins gebärfähige Alter, heirateten und bekamen Kinder. Dass plötzlich um 1940 ein so großer Kindernachwuchs zu verzeichnen war, hat also nicht die NS-Propaganda verursacht, sondern war lediglich die Folge der Tatsache, dass mehr „Produzenten" da waren. Das Heiratsalter lag nämlich damals für junge Männer im Durchschnitt bei 29 Jahren, für junge Frauen bei 26 Jahren.

Keineswegs stieg also die Zahl der Ehen mit mehr als zwei Kindern deutlich an, obwohl die Zeremonien aus Anlass der Mütterkreuzverleihungen und die großen Reden vor allem zu dem von den Nationalsozialisten nachdrücklich unterstützten Muttertag dies stolz behaupteten.

Es ließen sich jetzt noch viele weitere Details nachtragen, die sich auf die konkreten Aktivitäten der NS-Volkswohlfahrt und Mütterpolitik seit etwa 1935 beziehen, doch soll es im Folgenden nicht um eine reine Faktenhistorie oder Datenaufzählung gehen, sondern um das, was wir Historiker neuerdings Erfahrungsgeschichte nennen. Wie erlebten die konkreten Menschen die alltäglichen Herausforderungen und wie gingen sie damit um? Welche Folgen ergaben sich daraus für das „Fort-und-fort-Gedeihen" der neugeborenen Kinder, die dann wenig später „Kriegskinder" wurden?

1935 gilt als das Jahr im Dritten Reich, in dem nach den Turbulenzen im unmittelbaren Gefolge der so genannten „Machtergreifung" eine Phase allmählicher Konsolidierung und Stabilisierung des Regimes zu beginnen schien, dies sowohl in wirtschaftlicher Hinsicht nach der Weltwirtschaftkrise als auch im politisch-gesellschaftlichen und kulturellen Bereich. Zwar war in immer mehr Feldern bis in das alltägliche Leben hinein das autoritäre Auftreten der neuen Machthaber ständig intensiv zu spüren, aber die mit großem propagandistischen Aufwand in Szene gesetzten Werbekampagnen mit entsprechender Inszenierung dessen, was man dann Volksgemeinschaft nannte, versöhnte beträchtliche Teile der Bevölkerung nach den Jahren der Unruhe und der wirtschaftlichen Not mit der Person Hitlers und der auf ihn konzentrierten Politik einschließlich der lautstark verkündeten Führerdiktatur.

Die gleichzeitige Verfolgung bzw. Ausschaltung aller politischen Gegner und auch aller – wie es damals hieß – „rassisch Minderwertiger" einerseits und die pathetischen Versprechungen der NS-Demagogen in Richtung Wiederherstellung der deutschen Ehre und Größe andererseits brachten daher viele Menschen dazu, sich in den öffentlichen Verwaltungen, im Militär, in der Wirtschaft, in den neu gegründeten NS-Organisationen – nicht zuletzt besonders auch den für die Frauen geschaffenen Einrichtungen (BDM, das Werk „Glaube und Schönheit", das Frauenlandjahr, die NS-Frauenschaft, die NS-Volkswohlfahrt) – zu engagieren und auf diese Weise (nicht unbedingt, weil man auch alle Ideen vollständig teilte) das Regime zu unterstützen.

Es liegt auf der Hand, dass all diese Entwicklungen erheblichen Einfluss auf die nationalsozialistischen Aktivitäten im Bereich der Familienpolitik hatten. Um deren Auswirkungen auf die Prägung der Kleinkinder zu verstehen und einzuordnen, sollen einige Begriffe genannt werden, die aus den Psychowissenschaften stammen. Wenn Goethe in dem einleitend zitierten Gedicht von der „geprägten Form, die lebend sich entwickelt" spricht, dann meint er damit so etwas wie die Entstehung eines „reifen Selbst" – so bezeichnen Psychoanalytiker das zentrale Lebensziel eines gesunden Individuums. Die Frage, die sich vor allem mit Blick auf die Bedingungen des Aufwachsens stellt, lautet folglich, welches der richtige Weg zur Entstehung eines „reifen Selbst" ist. Der 1938 in die USA emigrierte Psychoanalytiker Heinz Kohut, ein aus Wien stammender jüdischer Wissenschaftler, hat von drei Schritten gesprochen, die nötig sind, um zu einem solchen reifen Selbst zu kommen: zunächst die Empathieerfahrung im Kleinkindalter, sodann die (meist) väterliche Welterschließung in der Adoleszenz und schließlich die Profilierung des Selbst infolge selbstkritisch prüfender Spiegelung in den Menschen, mit denen man zusammenlebt.

Dass zumindest die beiden ersten Schritte auf dem Weg zum „reifen Selbst" bei einer großen Zahl von kurz vor oder im Krieg geborenen Kindern von erheblichen Problemen geprägt waren, liegt auf der Hand: Im Hinblick auf die Erfahrung von Geborgenheit und emotionaler Sicherheit gab es zweifellos für die seit Ende der 1930er Jahre geborenen Kleinkinder gravierende Defizite in mehrfacher Hinsicht. Das betont auch der Beitrag von Gereon Heuft und das zeigen viele Studien, die sich in den letzten Jahren mit diesem Thema beschäftigt haben. Die häufig starke Belastung der Mütter infolge der wachsenden Alltagszwänge, die lange Abwesenheit und später dann die Verluste von Familienangehörigen im Krieg, vor allem vieler Väter, später dann die Familientrennung durch Evakuierung oder Kinderlandverschickung, die zunehmenden Fliegeralarme und Aufenthalte in Bunkern, die Ängste angesichts der Bombardierungen usw.: Wie neuere Studien zeigen, hinterließen all diese Erfahrungen, in der Endphase des Krieges dann auch Flucht und Vertreibung, nicht zuletzt selbst bei noch sehr kleinen Kindern in deren Psyche eine Fülle von tief sitzenden Belastungen, die langfristig nachwirken und erst im Seniorenalter, wie bereits ausführlich dargestellt wurde, wieder spürbar werden – nicht bei allen in gleicher Weise, aber doch bei einem beträchtlichen Teil! Bei vielen Kriegskindern dieser Altergruppe fehlen also zentrale Empathieerfahrungen im Kleinkindalter: Das Erlebnis einer dauerhaften emotionalen Sicherheit war nicht oder nur eingeschränkt vorhanden. Dazu gehört auch die oft fehlende „Triangulierung", d. h. das mindestens ab dem zweiten Lebensjahr für den weiteren Lebensweg bedeutsame Erlebnis des Vorhandenseins einer Mutter und eines Vaters. Diese Triangulierung war nicht zuletzt in vielen gerade erst gegründeten Familien defizient, weil die Todesrate bei den 25- bis 30-jährigen Soldaten, geboren in den Kriegsjahren des Ersten Weltkrieges oder unmittelbar danach, sehr hoch war: Sie lag am Ende des Zweiten Weltkrieges bei fast 50 %! Viele dieser jungen Männer hatten, kurz bevor sie an die Front geschickt wurden oder bereits an der Front waren, noch schnell geheiratet und bei den Urlauben bis Sommer 1942, bis es dann zu längeren Urlaubssperren kam, Kinder gezeugt. Die Geburtsjahrgänge bis Anfang 1943 sind daher noch recht zahlreich; die Zahl der vaterlosen Kinder von noch recht jungen Vätern und Müttern ist aus diesem Grunde besonders groß. Um ein paar Zahlen zu nennen: Ende des Krieges gab es insgesamt fast zwei Millionen in Deutschland (in Europa beläuft sich die Zahl insgesamt fast auf das Zehnfache!) mit etwa zweieinhalb Millionen Halbwaisen; hinzu kam auch eine beträchtliche Zahl von Vollwaisen, die der Krieg allein in Deutschland hinterlassen hatte. Dabei waren es offenbar besonders die unteren Schichten, die den Vaterverlust zu bewältigen hatten, wie zum Beispiel eine repräsentative Studie zu den Verhältnissen in der Stadt Darmstadt aus den 1950er Jahren belegt. Welche Folgen sich daraus für das Aufwachsen dieser Kinder – besonders der Jungen – ergab und wie sehr die noch jungen Mütter die Karrierewege ihrer Kinder beeinflussen bzw. durch das Andenken an den gefallenen Vater in bestimmte Richtungen zu lenken versucht haben, das haben wir inzwischen in einer größeren Zahl einzelner Lebensberichte von Betroffenen herauslesen können.

Wenn nach den Empathieerfahrungen der Kriegskinder gefragt wird, dann ist jedoch noch ein ganz anderer Bereich zu erwähnen, der prägenden Einfluss auf deren Gefühlsleben und emotionales Verhalten gehabt hat. Gemeint sind die besonders den jungen Frauen und Müttern in der NS-Zeit intensiv nahegebrachten Verhaltensregeln bzw. anempfohlenen Erziehungsmaßstäbe gegenüber ihren kleinen Kindern. In den BDM-Gruppen, in den Kursen der NS-Frauenschaft, in der NSV stand nämlich seit Mitte der 1930er Jahre unangefochten und als ein ganz besonders profilierter Ratgeber ein Buch mit Unterweisungen im Mittelpunkt, wie die jungen Mütter mit ihren Kindern von der Geburt an umgehen sollten. Dieses Buch hat bis Kriegsende eine Auflage von mehr als 700.000 Exemplaren gehabt. Mit geringen Abweichungen und kleinen Veränderungen durch das Weglassen einzelner Wörter ist es noch 1987 zum letzten Mal nachgedruckt worden. Gemeint ist das Buch von Johanna Haarer mit dem Titel: „Die deutsche Mutter und ihr erstes Kind", ein Bestseller ersten Ranges im Dritten Reich also! Schon vom Säuglingsalter an müsse, so heißt es darin, die Jugend so erzogen werden, dass sie später voll und ganz den hohen Erwartungen entspreche, die der nationalsozialistische Staat an sie stelle. Das Unterdrücken individueller Bedürfnisse, die uneingeschränkte Einordnung in die Gemeinschaft sowie Selbstdisziplin und Härte im Umgang mit sich selbst seien von vornherein unbedingt anzuziehen. Dementsprechend sollten die Mütter den emotionalen Bedürfnissen schon der ganz kleinen Kinder nicht zu weit entgegenkommen, um sie nicht frühzeitig zu verzärteln. Wenn ein widerstrebendes oder wegen eines kleinen Schmerzes allzu sehr weinendes Kind nicht zu Ruhe und Ordnung zu bringen sei, so wurde – dies nur als ein Beispiel aus einer breiten Palette ähnlicher Empfehlungen – der jungen Mutter nahegelegt, „das Kind gewissermaßen kalt[zu]stellen", d. h. das Kind „in einen Raum verbringen, wo es allein sein kann und so lange nicht mehr beachtet wird, bis es sein Verhalten ändert." Man glaube gar nicht – so schrieb die Ärztin und fünffache Mutter Johanna Haarer, geboren 1900, gestorben 1988, selbstsicher –, wie früh und wie rasch ein Kind solches Vorgehen begreift.

Selbstverständlich stellt sich die Frage, inwieweit die Empfehlungen Haarers von den jungen Müttern tatsächlich übernommen worden sind. Mit anderen Worten: Ob nun die Art des Aufwachsens der Kriegskinder, die bis weit in die 1950er Jahre durchaus noch oft in Elternhaus und Schule nach solchen oder ähnlichen Prinzipien erzogen worden sind, direkt mit Haarers Buch in Verbindung zu bringen ist oder ob der damalige Erziehungsstil ganz einfach nur einem unkritisch übernommenen zeittypischen Menschenbild entsprach, sei dahingestellt, doch dürften viele der Kriegskinder ihre Erziehung spätestens dann kritisch zu befragen begonnen haben, als man in den 1960er Jahren eine „antiautoritäre Erziehung" zu favorisieren begann.

Die prägenden und zunehmend auch traumatisierenden Erlebnisse und Wahrnehmungen vieler der besonders ab 1939 geborenen Kriegskinder, also der damaligen Kleinkinder, waren aber natürlich nicht nur von den zitierten NS-Parolen und von solchen Empfehlungen wie die von Johanna Haarer abhängig, sondern selbstverständlich auch von dem immer krasser werdenden Kriegsgeschehen, dies allerdings nicht überall in Deutschland in gleicher Weise, sondern etwa in den Großstädten anders als in Kleinstädten oder gar tief im ländlichen Hinterland. Nur ein paar äußere Hinweise zur allgemeinen Kriegssituation: Das Jahr 1943 gilt als das eigentliche Wendejahr des Krieges. Hatte es im Vorjahr noch bedeutende Erfolge der deutschen Truppen an der Ostfront bis Nordafrika gegeben, so begann mit der Stalingradniederlage im Januar 1943 der Anfang vom Ende, auch wenn Göring damals die Jahreslosung „Der Sieg" ausgegeben hat und Goebbels in seiner Sportpalastrede vom 18. Februar den totalen Krieg verkündete. Die Sowjetarmee ging nun endgültig von der Verteidigung zum massiven Gegenangriff über; die deutsche Luftwaffe verlor überall ihre bisherige Überlegenheit, und die englisch-amerikanischen Bomberangriffe führten zur Zerstörung von immer mehr deutschen Städten. 1943 fiel der Bündnispartner Italien aus; alliierte Truppen begannen von Süditalien aus in Richtung Norden vorzurücken, und die von nun an sprunghaft größer werdenden Verluste an allen Fronten führten dann zur Bildung eines so genannten „Landsturms" der Jahrgänge 1884 bis 1893, also der damals 50- bis 60-jährigen Männer sowie auch zur gleichzeitigen Einberufung von immer jüngeren Jahrgängen. Nachdem besonders Hitler im November 1943 die „Auskämmung" der letzten kriegsverwendungsfähigen Männer befohlen hatte, wurden die nun älteren Eingezogenen in diesem Landsturm mit den 1926/27 geborenen ganz jungen Soldaten und den wieder genesenen Verwundeten zu insgesamt sechzehn neuen deutschen Divisionen zusammengefasst, die an den verschiedenen Fronten dazu beitragen sollten, den alliierten Vormarsch zu stoppen. Allerdings begann inzwischen die Stimmungslage an der Heimatfront nach der Stalingradniederlage immer deutlicher umzuschlagen, wie seit Februar 1943 in den „Meldungen aus dem Reich", die der SS-Sicherheitsdienst sammelte, infolge des Abdrucks vieler wörtlicher Zitate nachzulesen ist. Darin ist unter anderem zu lesen, die „Volksgenossen" begännen sich nun „bis aufs Tiefste aufgewühlt … ernsthaft mit den Folgen einer Niederlage" zu beschäftigen, und sogar von einer um sich greifenden „Angstpsychose" ist dort die Rede. Besonders die Einführung einer Dienstpflicht auch für alle „bisher nicht tätigen Frauen" hatte von nun an viele Auswirkungen auf den Familienalltag, und die Erschütterung über die rasant ansteigende Zahl der Blutopfer an den Fronten und infolge des zunehmenden alliierten Luftangriffs auf deutsche Städte griff in der Bevölkerung um sich. Außerdem brachten die Evakuierungen, wie viele Berichte zeigen, massive Probleme sowohl für die Betroffenen mit ihren kleinen Kindern als auch für die Menschen in den Aufnahmeorten mit sich. Die Versorgungslage verschlechterte sich immer mehr. Der SS-Sicherheitsdienst prangerte die starke Kritiksucht in der Bevölkerung gegenüber Staat und Partei an und empörte sich darüber, dass immer mehr „unsinnige und bösartige Gerüchte über führende Männer der Partei und des Staates" verbreitet sowie „staatsabträgliche und gemeine Witze" erzählt würden, selbst über die höchsten Funktionsträger des Dritten Reiches einschließlich Hitlers. Besonders beunruhigt war man zudem darüber, dass es in deutschen Städten zu Aufläufen von mehreren hundert Frauen zum Beispiel in Dortmund gekommen sei, die erregt geschrieen hätten: „Gebt uns unsere Jungen, gebt uns unsere Männer wieder." Und auch Folgendes wurde vermerkt: Bis vor kurzem seien in den Briefen der Soldaten von der Front noch durchaus optimistische Zukunftsperspektiven genannt und sei von „felsenfester Zuversicht" gesprochen worden; jetzt aber werde immer kritischer über den Stand der Kämpfe, über mangelhafte Ausrüstung, über rasant zunehmende Todeszahlen und die wachsende Überlegenheit des Feindes in Ost und West berichtet, was natürlich die Menschen in der Heimat tief verunsichere.

In diesen „Meldungen aus dem Reich" finden sich jedoch nicht nur solche Informationen, sondern auch Berichte über die Situation der Kleinkinder. So ist zum Beispiel die Rede vom wachsenden Mangel an Arzneimitteln, an Kindernahrung und Lebertran, aber auch an Kinderbadewannen und Ähnlichem. Hinzu kommen Hinweise auf eine zunehmende Ungezieferplage durch Läuse, Wanzen und Flöhe infolge fehlender Desinfektionsmittel, vor allem bei der Unterbringung der Evakuierten. Es gibt Berichte über eine um sich greifende Ausbreitung der Tuberkulose sowie über die völlige Überlastung der Ärzte und gravierende Probleme in der Organisation der Säuglingspflege. Die NS-Volkswohlfahrt hatte nämlich kurz vorher vom NS-Regime den Auftrag bekommen, von nun an die gesamte Kleinkinderfürsorge allein zu betreiben. Mit diesem Schritt sollte die bisherige Beteiligung der staatlichen Fürsorger und Schwestern, besonders aber auch der katholischen und evangelischen Fürsorgeeinrichtungen und Kliniken ausgeschaltet werden. Besonders in katholischen Gebieten wurde die NSV nun ganz gezielt eingesetzt, um den katholischen Einfluss auf die Mütter und Familien zu unterdrücken. Dass diese Regelungen zu viel Unmut unter den Betroffenen führte und es zudem zu einem starken Nebeneinanderherarbeiten in der Säuglingspflege kam, kann man sich gut vorstellen.

Dass es bei all solchen Sachverhalten, die sich noch vielfältig ergänzen ließen, um Probleme ging, die manche Familien mit kleinen Kindern ganz massiv, andere dagegen weniger und manche fast gar nicht betrafen, liegt auf der Hand. Dennoch: Völlig unbeeinflusst davon blieben die wenigsten Kriegskinder selbst im Säuglingsalter nicht, auch wenn keinerlei konkrete Erinnerungen etwa an die Aufenthalte in den Bunkern bei Bombenalarm, an zerbombte Städte, an die Evakuierung, an die schwierigen, die oft noch sehr jungen Mütter zum Teil krass überfordernden Alltagsbedingungen, später dann an Flucht und Vertreibung existieren. Es gibt eine Fülle von ergreifenden Fotos, auf denen erschütterte Mütter am Straßenrand sitzen und ein kleiner Junge danebensteht. Für die überforderten Mütter war häufig besonders der kleine Junge eine Art Partnerersatz, der sie am Leben erhielt und der ihrem Leben noch einen Sinn gab. Das führte dazu, dass sowohl für Mädchen als auch für Jungen in jeweils spezifischer Weise eine unter Umständen lebenslange, manchmal geradezu traumatische Beziehung bestand, aus der sie erst dann – wie Psychoanalytiker sagen – befreit sind, wenn die Mutter verstorben ist.

In den frühen 1950er Jahren haben sowohl die Psychowissenschaftler als auch die Soziologen nicht angenommen, dass die kleinen Kriegskinder, die jetzt inzwischen etwa zehn Jahre alt waren, irgendwelche Schädigungen haben könnten. Es hieß damals, dass sie noch viel zu klein gewesen seien, um von den Kriegsverhältnissen dauerhaft betroffen zu sein. Es sei erstaunlich, zitierte 1953 zum Beispiel der berühmte Soziologe Helmut Schelsky in einer Rundfunkrede eine weit verbreitete Meinung, dass es nach diesem Kriege kein Kriegswaisenproblem gebe. Dies sei einzig und allein den starken Müttern zu verdanken, die nach dem oft erfolgten Verlust der früheren sozialen Stellung „häufig im stärksten Maße den Ehrgeiz des sozialen Wiederaufstiegs für ihre Familie entwickelt" und dementsprechend ihren Kinder den Weg nach oben gewiesen hätten. Nur ab und zu bemerkten einige feinfühlige Beobachter Ende der 1940er und Anfang der 1950er Jahre, dass unter dem Oberflächenverhalten mancher Kriegskinder eine eigentümliche Melancholie und Traurigkeit versteckt sein konnte. So war etwa in einer evangelischen Jungenzeitschrift aus dem Jahr 1953 folgender Satz zu lesen (eine Zeitschrift übrigens, die wenige Jahre später dann von Johannes Rau herausgegeben wurde): „Es wird wenig Jungen geben, die nicht im tiefsten Herzen ein verborgenes Weinen, eine ganz große Heimatlosigkeit haben. Nein, man sieht es äußerlich nicht. Sie halten dich vielleicht für stur oder einen Draufgänger. Es weiß ja keiner, dass du je und dann bis ins Herz hinein davor erschrocken bist, dass dies Leben so grausam sein kann." Und nicht zufällig findet sich in einer Reihe von Filmen aus der Nachkriegszeit das Motiv des kleinen traurigen Jungen, der den Zeitgenossen – so ist später gesagt worden – „einen Ausweg aus der ‚Nichtdarstellbarkeit' männlicher Trauer und womöglich auch Schutz vor der Konfrontation mit dem Verlust von Männlichkeit", die mit dem Kriegende oft massiv erlebt wurde, geboten habe. Saloppe Sprüche wie „ein richtiger Junge weint nicht" oder „ein Indianer kennt keinen Schmerz" waren zwar als allgemein gültige Orientierungen akzeptiert, doch konnte es sein, dass besonders den vaterlosen Knaben starke Rührung überkam, wenn einmal wieder – was damals oft geschah – im Rundfunk im so genannten „Wunschkonzert" die Lehársche Operettenarie „Es steht ein Soldat am Wolgastrand" gesungen wurde oder eine weitere Arie aus der Operette „Land des Lächelns", die ebenfalls häufig gewünscht wurde, mit der Zeile: „Aber wie's drinnen aussieht, geht niemand was an", und die jungen Mütter dann in Tränen ausbrachen.

Dass die Frage nach den den Lebenslauf bestimmenden Prägungen der Kriegskinder im Hinblick auf ihre frühkindliche psychisch-emotionale Ausstattung nicht pauschal für alle Angehörigen dieser Gruppe in ähnlicher Weise beantwortet werden kann, ist oben schon angedeutet worden. Dennoch: Viele von ihnen dürften eine Reihe der angesprochenen Erfahrungsbestände – besonders, wenn sie traumatisch waren – als Teil ihres „mentalen Rucksacks" in je individueller Ausprägung auf ihrem Lebensweg mittransportiert haben, ob sie sich im Einzelnen darüber im Klaren sind oder nicht. Dazu liefern weitere Beiträge der vorliegenden Publikation eindrucksvolle Hinweise.

Literaturhinweise

Da es sich bei diesem Beitrag um einen geringfügig überarbeiteten Redetext handelt, ist auf einen Anmerkungsapparat verzichtet worden, zumal Teile des Vortrags bereits an anderer Stelle mit Nachweis der wörtlichen Zitate veröffentlicht worden sind. Auf folgende Publikationen sei hier verwiesen:

Jürgen Reulecke (zusammen mit Hermann Schulz und Hartmut Radebold): Söhne ohne Väter. Erfahrungen der Kriegsgeneration, Berlin 2004, 3., erweiterte Auflage, Berlin 2009.

Ders.: Nachkriegsgenerationen und ihre Verarbeitung des Zweiten Weltkriegs, in: Waltraud „Wara" Wende (Hg.): Krieg und Gedächtnis. Ein Ausnahmezustand im Spannungsfeld kultureller Sinnkonstruktionen, Würzburg 2005, S. 76–89.

Ders. (zusammen mit Barbara Stambolis): Kindheiten und Jugendzeit im Zweiten Weltkrieg. Erfahrungen und Normen der Elterngeneration und ihre Weitergabe, in: Hartmut Radebold u. a. (Hg.): Transgenerationale Weitergabe kriegsbelasteter Kindheiten. Studien zur Nachhaltigkeit historischer Erfahrungen über vier Generationen, 2. Auflage, Weinheim/München 2009, S. 13–31.

Ders.: Jahrgang 1943 – männlich (ein Einleitungsessay, Christof Dipper gewidmet), in: Ute Schneider/Lutz Raphael (Hg.): Dimensionen der Moderne, Frankfurt/Berlin 2008, S. 13–27.

Ders. (Hg., zusammen mit Lu Seegers): Die „Generation der Kriegskinder". Historische Hintergründe und Deutungen, Gießen 2009.

Ders.: „Wir sind nur Saat …". Trostlyrik für Mütter und Kriegerwitwen im Zweiten Weltkrieg, in: Christian Heuer/Christine Pflüger (Hg.): Geschichte und ihre Didaktik: Ein weites Feld …, Schwalbach/Ts. 2009, S. 263–270.

Traumata aus Sicht der Kriegskinderforschung: Kriegstöchter/vaterlose Töchter

Barbara Stambolis

Dem Ankündigungsflyer für diese Veranstaltung zufolge habe ich über „Kriegstöchter" zu sprechen. Vielleicht sollte ich sagen: Ich werde als Historikerin über Mädchen sprechen, die nach dem Zweiten Weltkrieg vaterlos oder vaterfern aufwuchsen, über „vaterlose Töchter" oder „Töchter ohne Väter". Sie sind heute etwa 65 Jahre alt oder älter, sie haben ihre Kriegsväter kaum oder gar nicht kennengelernt oder aber als körperlich und seelisch verwundete Männer, wenn sie denn aus dem Krieg wiederkamen und in der Regel für ihre Kinder unerreichbar und abgekapselt blieben.

Es wird um ein weibliches Beziehungsthema gehen, das aus heutiger Sicht, siebzig Jahre nach Beginn des Zweiten Weltkriegs, auch heißen könnte: Vatersuche oder: „Bis sie ihn finden", denn viele dieser vaterlosen Töchter gehen heute, im Alter, noch einmal verstärkt den Spuren ihrer Väter nach. (Vielleicht kennen einige von Ihnen den Roman von John Irving „Bis ich dich finde" aus dem Jahre 2005 [deutsch 2006], die Geschichte der Suche einer Mutter und eines Sohnes nach einem verschollenen Vater, ein Buch, das 1140 Seiten umfasst und ein Bestseller ist. Also: Vatersuche – mehr als ein weites Feld!) Ein Beziehungsthema ist es auch deshalb, weil die vaterlosen Töchter mit „Kriegsmüttern" aufgewachsen sind, Kriegerwitwen, die in den Nachkriegsjahren alleinerziehend waren und oft nicht wieder heirateten. Zu ihnen hatten und haben die Töchter oft enge, wenngleich nicht konfliktlose Bindungen.

Der Krieg und seine Folgen bilden den Bezug komplizierter, bis heute noch nicht grundlegend untersuchter Beziehungs- und Suchgeschichten, die hier der Eingrenzung halber engendered, d. h. auf die Frauen, die vaterlosen Töchter, beschränkt werden: Vaterlose Söhne haben sich seit einigen Jahren schon stärker zu Wort gemeldet. In dem 2004 erschienenen

Buch „Söhne ohne Väter. Erfahrungen der Kriegsgeneration" (herausgegeben von Hartmut Radebold, Jürgen Reulecke und Hermann Schulz) heißt es einleitend: „Für ein Kind macht es keinen Unterschied, ob der Vater gefallen ist für Volk und Vaterland, vermisst, verhungert, in Gefangenschaft oder irgendwo seinen Verletzungen erlegen ... Der Verlust des Vaters ist ein brutaler Einschnitt, der den Sohn ... lebenslang begleitet – und beschädigt ... Lebensgefühl und Selbstverständnis stehen ... für immer auf wackligem Boden und prägen das Leben der Betroffenen entscheidend."[1]

Inzwischen haben auch die vaterlosen Töchter begonnen, über den Tod des Vaters zu sprechen, das nicht immer unproblematische Verhältnis zur Mutter, die Idealisierung des Vaters durch die Mutter, die Auswirkungen des vaterlosen Aufwachsens auf das Verhältnis zu den eigenen Kindern und die Nähe zu einem Vater, den sie nie erlebt haben. Auch sie beginnen, ähnlich wie die Männer, die Gräber der Väter zu suchen und zu besuchen.

Worum geht es heute: um späte Trauer oder um mehr? Was bringt die „in die Jahre gekommenen" vaterlosen Söhne und Töchter dazu, oft rund 65 Jahre nach Kriegsende in so ausgesprochen intensiver Weise ihren Verlusterfahrungen „nach zu denken" und auch buchstäblich nach-, d. h. hinterherzufahren? Es sind offenbar Bilder, Sehnsuchtsbilder und -geschichten, die sie in sich tragen.

Im Folgenden möchte ich zunächst einige wenige grundlegende Aspekte vaterlosen Aufwachsens nach dem Zweiten Weltkrieg ansprechen und werde dann auf zeittypische Erfahrungen der vaterlosen Töchter in der Nachkriegszeit eingehen, aus denen sich vielleicht schon mögliche Unterschiede zu denen der Söhne ableiten lassen, an denen sich auf jeden Fall Vergleiche zwischen den Erfahrungen beider Gruppen (die natürlich noch weiter zu differenzieren wären) diskutieren lassen. Das scheint mir eine meinem Handwerk, dem der Historikerin, angemessene Vorgehensweise, denn die entwicklungspsychologischen Folgen vaterfernen Aufwachsens für Mädchen und Jungen und daraus resultierende, vielleicht lebenslange Folgen, gehören in andere Kompetenzbereiche.

Oft wird natürlich auch angenommen, dass Söhne und Töchter gleichermaßen betroffen waren und sind: „Zu den einen Lebenslauf bestimmen-

---

[1] Hermann Schulz, Hartmut Radebold, Jürgen Reulecke, Söhne ohne Väter. Erfahrungen der Kriegsgeneration, Berlin 2004, S. 8.

den Belastungen ... gehört auch die kriegsbedingte Vaterlosigkeit, die oft die Art und Weise des Heranwachsens der Söhne (und selbstverständlich in spezifischer Weise auch der Töchter) entscheidend beeinflusst hat."[2] Zu den Gemeinsamkeiten gehören zunächst Erfahrungen, Erinnerungsbilder aus dem Krieg, Such- und Sehnsuchtsbilder, die vaterlose Söhne und Töchter in sich tragen.

Es ist davon auszugehen, dass Filme wie der ZDF-Zweiteiler „Die Flucht" und andere Beispiele manche der inneren Bilder bei den Betroffenen lebendig werden lassen. Oft werden die traumatischen Erfahrungen des Vaterverlusts mit anderen zusammentreffen, nicht zuletzt mit Fluchterfahrungen.

Im Rahmen eines Projekts „Erinnerungen Raum geben" schrieb eine vaterlose Tochter, Svetlana Gofstein aus Kiew, Folgendes (ich füge dieses Beispiel ein, damit deutlich wird, dass wir nicht nur über ein deutsches Thema sprechen): „Mein Vater war im Krieg Pilot. Er ist 1942 in der Nähe von Rostov verschollen. Noch viele Jahre danach habe ich mir immer wieder vorgestellt, wie er mit dem Flugzeug abstürzte und doch überlebte. Vielleicht geriet er in Gefangenschaft ...? Aber er würde das alles überstehen und zu mir zurückkehren! ... An meine Mutter habe ich sehr schöne Erinnerungen, an ihr zartes Lächeln, ihre Ruhe. Sie trug ein Kleid mit einem weißen, gestärkten Kragen und großen Perlmuttknöpfen. Kragen und Knöpfe wanderten lange von Kleid zu Kleid. Ich habe sie als Andenken aufbewahrt. Auf dem Deckel meiner Kiste sind Fotos meiner Mutter, meines Vaters und meiner großen Schwester, außerdem die letzten Briefe meines Vaters und die unzähligen Anfragen, die meine Mutter an die Behörden richtete. Man konnte den Namen meines Vaters weder auf den Listen der Toten noch auf denen der Überlebenden finden." (Aus: Pam Schweitzer, Angelika Trilling: Making Memories Matter. Erinnerungen Raum geben. Dokument eines europäischen Erinnerungsprojekts, Kassel 2005, S. 30 f.)

Vaterlose Söhne und Töchter teilen viele Erfahrungen: das Aufwachsen mit Frauen und alten Männern, vielfach engagierte und oft erschöpfte und überforderte, zugleich starke und schwache Mütter und viele Alltagserfahrungen; oft lebten sie in wenig gesicherten materiellen Verhältnissen und mussten früh Verantwortung übernehmen.

---

[2] Jürgen Reulecke, in: Söhne ohne Väter 2005, S, 151.

Auf jeden Fall scheinen vaterlose Töchter oft noch mit anderen Belastungen, Erwartungen konfrontiert gewesen zu sein als ihre ebenfalls vaterlos aufwachsenden Brüder und andere Jungen ihrer Altersgruppe. Vaterlosen Töchtern wurden zeitnah in Studien der 50er Jahre schlechtere Entwicklungschancen prognostiziert als vaterlosen Söhnen: Bereits die Mütter seien ja überfordert und die Töchter könnten deshalb auch kein positives Mutterbild entwickeln. Offenbar wurde den Jungen eine sehr positive Rolle zugeschrieben, sie konnten die Väter gleichsam ersetzen, diese Möglichkeit hatten die Töchter nicht: „Der abwesende Vater, der sich besser zur Idealisierung eignete als der anwesende, trug (trotz seiner Abwesenheit [B. S.]) nicht unwesentlich zum Erhalt eines traditionellen Familienlebens bei. Zudem verhalf er – ohne eigenes Zutun – dem Sohn zu einer besonderen und herausgehobenen Rolle innerhalb der Familien, da er ihm die Chance gab, als sein Stellvertreter vorzeitig zum Familienoberhaupt zu werden – ein Privileg, dem die ggf. ebenfalls existierende Tochter niemals hätte teilhaftig werden können."[3]

Es gab nur eine kurze Zeit nach 1945, in der „soziale Typisierungen nach Schicht, Beruf, Bildung, Religion … gegenüber Schicksalskategorien wie Heimkehrer, Flüchtling, Kriegsgefangener, Kriegerwitwe, Displaced person, KZ-Häftling" zurücktraten[4]; die Kriegerwitwen waren – um es mit anderen Worten zu sagen – in den 50er Jahren keine gesellschaftlich besonders anerkannte und respektierte Leid- und Opfergruppe mehr. Sie waren alleinstehend und bildeten mit ihren Kindern ‚unvollständige' Familien. Mit der zunehmenden Zahl der aus der Kriegsgefangenschaft heimkehrenden Männer wurden zwei Gruppen von Frauen unterschieden: die verheirateten und die alleinstehenden, Frauenhaushalte erschienen zunehmend als „Notgemeinschaften"; Ehe und Familie waren in den 50er Jahren weibliche Leitbilder, Probleme alleinstehender Frauen wurden medial zunehmend weniger thematisiert. In Interviews stellen um 1920 geborene Frauen, von denen viele 1945 junge Witwen mit kleinen Kindern waren,

---

[3] Eva Gehltomholt, Sabine Hering, Das verwahrloste Mädchen – Diagnostik und Fürsorge in der Jugendhilfe zwischen Kriegsende und Reform (1945–1965), Opladen 2006, S. 47–49, hier S. 47.

[4] Friedrich H. Tenbruck, Alltagsnormen und Lebensgefühle in der Bundesrepublik, in: Richard Löwenthal, Hans-Peter Schwarz (Hg.), Die zweite Republik, Stuttgart 1974, S. 291.

fest, dass sie die Selbstständigkeit nicht gewollt hatten, sie war ihnen durch die Abwesenheit der Männer aufgezwungen worden. Viele fühlten sich gesellschaftlich ausgegrenzt; sie klagen, dass sie nicht zusammen mit Verheirateten eingeladen wurden. Das berichten auch ihre Töchter heute rückblickend. Die vaterlosen Töchter übernahmen von ihren Müttern einen Konflikt: Selbständigkeitsstreben auf der einen Seite und Weiblichkeitsnormen auf der anderen.

Materiell befanden sich zahlreiche alleinerziehende Mütter in einer in mehrfacher Hinsicht schwierigen Situation. Frauen verdienten oft nur etwa zwei Drittel dessen, was Männer für die gleiche Arbeit bekamen; ihr Risiko, arbeitslos zu werden, war höher als das der Männer. Das Gesetz über die Versorgung der Opfer des Krieges (Bundesversorgungsgesetz), das im Oktober 1950 an die Stelle des Kriegsbeschädigtenleistungsgesetzes trat, regelte Witwen- und Waisenansprüche, die darin festgelegten Mindestsätze waren allerdings niedrig und vor allem waren Frauen, deren Männer vermisst waren, gezwungen, sie für tot zu erklären, um anspruchsberechtigt zu sein. Erst 1957 wurden Witwen- und Waisenrenten erheblich erhöht.

Wenn die Mütter der vaterlosen Töchter wieder heirateten, vermittelten sie ihren Töchtern auch das Bild, es sei durchaus „eine Gnade ..., wenn ein Mann eine Frau mit Kind nimmt."

Ehe und Familie versprachen Stabilität, Sicherheit und Geborgenheit. Und zunehmend gab es einen moralischen Druck auf erwerbstätige Mütter, die ihre „Schlüsselkinder" alleine zu Hause ließen. Typisch ist etwa folgender Text in einer Illustrierten, der Brigitte, aus dem Jahre 1954 unter der Überschrift „Das Problem heißt: Schlüssel-Kind": „Mein Klaus und ich freuen uns den ganzen Tag auf den Feierabend! Punkt fünf Uhr steht der Kleine mit seinem Roller strahlend vor dem Bürohaus. Wie Klaus den Tag verbringt? Eine Nachbarin wärmt ihm das Essen. Schularbeiten macht er ganz allein. 15 Minuten rollert er dann in die Stadt hinein, um mich vom Büro abzuholen. Ich frage mich manchmal: Kennen die Mütter, die ihre Kinder ständig um sich haben, diese Minuten des Glücks?" Es ist dazu ein kleiner Junge auf einem Ballonroller abgebildet, der seine Mutter anstrahlt, die gerade in Hut und Mantel eine Treppe herunter- und auf ihn zugeht. Auf derselben Seite sind kleine Mädchen am Kochtopf und bei Hausaufgaben abgebildet. Die beiden am Herd sagen: „Mutti, du kannst wirklich ganz beruhigt sein! Wenn wir gekocht haben, drehen wir den Gashahn immer ab." Der folgende Text wird der im Bild abwesenden Mutter zugeschrieben: „Na, ja, die Sorge ist es nicht allein. Mitunter sehe ich's an angebrannten Töpfen: Gut kann das Essen nicht geschmeckt haben. Aber meine Kleinen sind stolz darauf, im Haushalt helfen zu können. Von dem Film ‚Das doppelte Lottchen' waren sie begeistert: Was die beiden können, na, das können wir auch." Zu dem Foto mit dem Kind bei den Hausaufgaben heißt es: „Da sitzt nun meine Kleine zu Hause – allein über ihren Schularbeiten und zählt die Stunden und Minuten, bis ich nach Hause komme. Ingrid lerne nicht leicht, sagt die Lehrerin. Es wäre gut, wenn sie Schularbeiten unter Aufsicht machte ... Wenn es mir nur nicht so an Zeit fehlte. ‚Ach, Mutti – wenn Du doch zu Hause wärst!' Als Ausgleich für den Kummer hab' ich Ingrid eine Uhr geschenkt. Da sitzt sie und zählt die Stunden und Minuten."[5]

In den Diskussionen um das Frauenideal spielt – für die vaterlosen Töchter vielleicht nicht unwichtig –, eine Rolle, dass Bücher auf dem Markt waren wie Joachim Bodamers „Der Mann von heute. Seine Gestalt und Psychologie" aus dem Jahre 1956. Darin heißt es, die „Frau ohne Schatten" begegne dem „Mann ohne Eigenschaften". Es wird davor gewarnt, dass Väterlichkeit und Mütterlichkeit, familiäre Bindungen und damit auch Kindheit verlorenzugehen drohten.[6] Das Buch des konservativ katholischen, 1910 geborenen Facharztes für Neurologie und Psychiatrie, der auch Philosophie bei Karl Jaspers studiert hatte, wurde in kurzer Zeit mehrfach aufgelegt. Als Frauenfrage der 50er Jahre formulierte er darin: „Wie kann die Frau der Familie wieder zurückgegeben werden."[7] Seine Prognose: „Frauen, die lange berufstätig waren, bekommen ... mit der Zeit etwas verkrampft Aggressives, oder unsicher Gehetztes, oder überbetont Sachliches, was alles wie eine zwangsstilisierte Haltung anmutet. Ihre Augen sind ohne

---

[5] Ganzseitige Abbildung bei: Ingrid Langer, Familienpolitik – ein Kind der fünfziger Jahre, in: Hart und zart. Frauenleben 1920–1970, S. 297–305, hier S. 302.

[6] Joachim Bodamer, Der Mann von heute. Seine Gestalt und Psychologie, Stuttgart, 2. Aufl. 1956. Zur geistigen Situation der modernen Menschen im technischen Zeitalter verfasste er mehrere Bücher. „Der Mensch ohne ich" war mit einer Gesamtauflage von 120.000 Exemplaren einer der erfolgreichsten Herder-Bücherei-Bände. Er starb am 7. Juli 1985 in Stuttgart.

[7] Bodamer in der Auflage von 1962, S. 99 zit. bei Ingrid Langer, Die Mohrinnen hatten ihre Schuldigkeit getan ... Staatlich-moralische Aufrüstung der Familien, in: Dieter Bänsch (Hg.), Die fünfziger Jahre. Beiträge zu Politik und Kultur, Tübingen 1985, S. 108–130, hier S. 123.

Traum und Ruhe; ihr Wesen strahlt penetrante Exaktheit aus, aber keine innere Harmonie."[8]

Unter dem gesellschaftlichen Druck der 50er Jahre, im Anblick ihrer Mütter, beim Konsum von Filmen mit Traumpaaren, in der Tanzstunde, in der die Rollen klar definiert waren, bildeten sich Sehnsüchte und Wünsche bei den Töchtern. Die Männer, nach denen sich viele von ihnen sehnten, gab es vielleicht gar nicht (mehr); eine „maskuline Welt" gäbe es noch, heißt es wieder bei Bodamer, aber keine „männliche", wobei Anzeichen bereits um die Wende vom 19. zum 20. Jahrhundert zu erkennen gewesen seien mit einem „Mann, der die innere Unsicherheit durch Vollbart, unechtes Pathos, Familientyrannei und Gottähnlichkeit zu kaschieren suchte, dabei die Frau zum anschmiegsamen Weibchen erniedrigend." Und zugleich veränderte sich die Gesellschaft, geriet die alte Männlichkeit in die Kritik, wuchs die Zahl der verheirateten erwerbstätigen Frauen, nahmen Fragen an die deutsche Vergangenheit zu.

In den Antworten auf mehr als fünfzig Fragebögen, die ich an vaterlose Töchter verschickt habe, sind heile Welten im Privaten sehr zentral und werden in einer Sprache geschildert, die ausgesprochen gefühlig ist. Die Sehnsucht nach einem zärtlichen Vater ist ausgesprochen groß. A. G. etwa erinnert sich: „… wenn er da war, war er ganz Vater; bei Glatteis nahm er mich auf die Schultern …" A. T.: „Im Kindesalter und in der Adoleszenz hätte ich mich gerne ganz kreatürlich in seiner männlichen und liebevollen Wärme geborgen." „Liebevoll und fürsorglich, einfühlsam, höflich" – auch das ist ein Idealbild (C. H.), an das die Väter, wenn sie denn wiedergekommen wären, sicher nicht immer herangereicht hätten. H. M. erinnert sich, sie habe ihren nie gekannten Vater als eine Art Schutzschild gebraucht: „Ich flüchtete mich in die Vorstellung, er könnte vielleicht eines Tages doch wiederkommen und mich dann verteidigen oder rächen oder erlösen oder was auch immer."

Manche sagen, die Väter seien entscheidend für ihre Berufswahl gewesen. In dem von Insa Fooken und mir zusammengestellten Fragebogen, der von dem in dem Buch „Söhne ohne Väter" abweicht, wird auch nach Vergleichen zwischen vaterlosen Söhnen und Töchtern gefragt: Hier ledig-

---

[8] Bodamer, ebd. S. 99 f.
[9] Ebd., S. 98 f.

lich eine Antwort: „Ich stelle mir vor, dass vaterlose Töchter andere Erinnerungen an die Kriegs- und Nachkriegszeit haben als vaterlose Söhne. Während ich mich einfach nur nach dem Vater sehnte, hätten Söhne sicher gern den heimkehrenden Vater als Kriegshelden oder tapferen Soldaten erlebt, der im täglichen Leben die Führungsrolle in der Familie übernahm. ... Mir fehlte die Nähe und die Zärtlichkeit des Vaters, aber auch der Vater in der Beschützerrolle, der Vater, dem man gefallen hätte und der einen liebt. ... Natürlich sind auch vaterlose Töchter vielfach erfolgreich geworden, aber aus meiner Sicht aus einer anderen Motivation heraus als die Söhne. Die vaterlosen Söhne wollen nach meiner Erfahrung in ihrem Streben nach Erfolg eher die Erwartungen des Vaters, den sie nicht erleben konnten, erfüllen und so mit ihrem Erfolg vor dem Vater im Nachhinein bestehen. Mein Streben nach Erfolg war begründet in dem Wunsch nach Stabilität und Sicherheit, um das Leben – möglicherweise auch ohne die Unterstützung in einer Partnerschaft – gut bestehen zu können; vielleicht unbewusst getragen von den Erinnerungen an die vaterlose Kindheit, wo ja der Partner der Mutter und der Vater als Halt und Schutz fehlte."

Die Befragten berichten über sehr hohe Ansprüche und Vorstellungen von idealen Beziehungen und Partnerschaften. Vor allem Zuverlässigkeit scheint ihnen bei einem Partner wichtig: „Als vaterloses Kind fehlte mir zwar das Vorbild von Partnerschaft und von Männern als Partner und Vater, trotzdem hatte ich schon als sehr junges Mädchen eine konkrete Vorstellung von den Eigenschaften, die ein Partner haben sollte: neben Herzlichkeit vor allem Treue und Zuverlässigkeit. Wahrscheinlich suchte ich diese charakterlichen Vorzüge aus einem unbewussten Streben nach Sicherheit und Beständigkeit in einer Beziehung." I. K. schreibt: „Ich hatte von meinem damaligen Ehepartner [die Ehe besteht nicht mehr, B. S.] unbewusst auch Vaterverständnis, Schutz, Existenzsicherung erwartet."

Wohl nicht unerheblich sind Ehen mit älteren Männern, aber es gibt auch frühe Ehen mit Sehnsüchten nach einem Nachholen der eigenen Kindheit, indem die Frauen versuchen, ihren eigenen Kindern eine rundum glückliche Kindheit zu ermöglichen.

Das Scheitern langer Beziehungen wird als Versagen empfunden und ist offenbar für manche schwer zu ertragen, weil die Ehen mit hohenAnsprüchen auch an sich selbst verbunden waren. Anderseits wird, wie Insa Fooken beschrieben hat, auch späte Autonomie und Befreiung erfahren.[10]

Frauen, die auf meine Fragen antworteten, legten Fotos und Gedichte bei, Briefe ihrer Väter in Kopie, sie tragen Bilder bei Veranstaltungen mit sich, die augenscheinlich Herzensobjekte sind. Manchen Rückmeldungen entnehme ich, dass es vielleicht zusätzlich zu den Fragebögen auch Interviews geben sollte, in denen wir besonders wichtige Fragen noch einmal aufgreifen können. Die mündlich erzählten Geschichten könnten u. a. dazu beitragen, die Unterschiede zwischen den Lebensgeschichten vaterloser Söhne und vaterloser Töchter stärker herauszuarbeiten. Erfahrungen in Gruppen Gleichaltriger, bei Pfadfinderinnen spielten für vaterlose Mädchen nach 1945 offenbar nicht die Rolle wie für die männlichen vaterlosen Heranwachsenden. Danach müsste vielleicht in Gesprächen noch einmal gefragt werden. Manche schreiben oder sagen, dass das „Eintauchen in die Erinnerungen der Vergangenheit … anstrengend für die Seele" sei, Kraft und Zeit koste und dass die Fragestellungen anspruchsvoller seien als zunächst gedacht. – Vielleicht ein weiterer Grund für zusätzliche Interviews.

Matthias Franz hat im Vorfeld des ersten deutschen Väterkongresses im Mai 2008[11] betont, besonders für Jungen habe die väterliche Abwesenheit zwischen dem dritten und sechsten Lebensjahr gravierende Folgen. Meine Frage wäre nun: Wann, d. h. in welchen Lebensabschnitten in Kindheit und Jugend fehlen den Mädchen die Väter am meisten und müssten wir nicht noch einmal nach Altersgruppen differenzieren und uns außerdem bewusst sein, dass auch Vaterferne oder teilweise väterliche Abwesenheit berücksichtigt werden sollten, wenn wir über vaterlose Töchter sprechen?

Fragen, die auch geschlechtergeschichtlich interessant sein dürften, sind etwa folgende: Haben vaterlose Töchter andere Erinnerungen an die Kriegs- und Nachkriegszeit? Wenn den Jungen männliche Vorbilder fehlten, was fehlte den Mädchen? Nähe und Zärtlichkeit, die vielleicht ein positives Männerbild in Bezug auf Partnerschaft hätte bedeuten können? Was

---

[10] Insa Fooken, Kriegsfolgen in Lebensgeschichte – Vom ‚Söhneln' der Männer und ‚Kränkeln' der Töchter bei (spät geschiedenen) Kriegskindern, von der Autorin freundlicherweise als Manuskript zur Verfügung gestellt.
[11] http://www.dradio.de/dkultur/sendungen/thema/779437/, eingesehen am 2. 5. 2008.

vermittelten die Väter ihren Töchtern, wenn sie aus dem Krieg wiederkamen: Selbstbewusstsein? Was für ein Männerbild? Wie wollten sie Frauen sehen und damit auch ihre Töchter? Haben vaterlose Töchter früh geheiratet? Wie stabil waren ihre Partnerschaften? Wie gestalteten sich die Beziehungen zu ihren Söhnen? Wie sprechen sie über ihre Beziehungen zu ihren Partnern und ihren Söhnen? Gehen sie anders mit Erinnerungen an ihre Väter um als vaterlose Söhne? Waren Mädchen nach 1945 ähnlich wie die Jungen in altershomogenen Gruppen organisiert, in denen Letztere manches „Männliche" kompensatorisch und spielerisch einüben konnten? Was bedeuteten die 1960er Jahre, was vielleicht auch die Zweite Frauenbewegung für vaterlose Töchter? Aus den vaterlosen Söhnen sind vielfach erfolgreiche Männer geworden, gilt das auch für vaterlose Töchter? Diese Frage lässt sich zum gegenwärtigen Zeitpunkt noch nicht beantworten. Aber: Heißt erfolgreich sein für Frauen dieser Generation nicht vielleicht etwas anderes? Hatten sie vielleicht andere Träume und Selbstbilder? Etwa der nächsten Generation stabile Verhältnisse und Rahmenbedingungen zu bieten, ‚heile' Familien, um derentwillen sie vielleicht auf Karrieren verzichteten.

Es gibt Anhaltspunkte dafür, dass vaterlos aufgewachsene Personen starke depressive Symptome und dass hier wiederum Frauen im Alter „mehr vegetative Symptome" im Zusammenhang mit Depressionen zeigen.[12] Heißt das z. B., dass Frauen anders mit ihrem Körper umgehen als Männer ... gelten für sie die Erziehungsnormen (was mich nicht umbringt ...) nicht in dem Maße wie für die Jungen/Männer? Gehen vaterlose Töchter auch nicht zur Vorsorge, kümmern sie sich wenig um sich selbst? Gilt, dass sie sich ebenfalls „nicht wichtig nehmen", eigene Bedürfnisse kaum formulieren? Um Gemeinsamkeiten und Unterschiede zwischen vaterlosen Töchtern und vaterlosen Söhnen herauszuarbeiten, bedarf es weiter der Zusammenarbeit verschiedener Wissenschaftsdisziplinen.

---

[12] Oliver Decker, Elmar Brähler, Die psychosozialen Folgen von Vertreibung, Ausbombung und Vaterlosigkeit bei den Geburtsjahrgängen 1930–1945, in: Hartmut Radebold, Gereon Heuft, Insa Fooken (Hg.), Kindheiten im Zweiten Weltkrieg. Kriegserfahrungen und deren Folgen aus psychohistorischer Perspektive, Weinheim, München 2006, S. 119–158, bes. S. 130–135.

Reaktivierung von Traumen im Alter – Psychoanalytische Aspekte

Christiane Schrader

1. Trauma und Traumareaktivierung im Alter – im Kontext der Traumaforschung

Der *Begriff Trauma* stammt aus dem Griechischen und bezeichnet eine *Wunde*, die aufgrund einer äußeren Krafteinwirkung entstanden ist. Das *psychische Trauma* verweist auf eine *seelische Verletzung* durch äußere Einflüsse: Es torpediert die Fähigkeit des Ichs, für ein minimales Gefühl der Sicherheit und integrativen Vollständigkeit zu sorgen, abrupt oder anhaltend, und führt zu überwältigender Angst oder Hilflosigkeit. Es bewirkt dauerhafte Veränderungen der psychischen Organisation eines Menschen, z. B. die Zerstörung des Grundvertrauens, vermehrte Angst, chronische Scham- und Schuldgefühle, Schwierigkeiten im Umgang mit aggressiven Gefühlen – oder aber eine Posttraumatische Belastungsstörung (PTBS, s. u.).

Traumareaktivierung meint, so Heuft (in Heuft et al. 2000), dass abgewehrte, abgespaltene und eingekapselte, frühe traumatische Erlebnisse nach einem symptomfreien Intervall wieder lebendig werden, wenn spätere Eindrücke – etwa die Bilder und Geräusche in Berichten über gegenwärtige Kriege – die Erinnerungen an traumatische Erlebnisse im Zweiten Weltkrieg wecken. Durch *altersbedingte Veränderungen* – der Sinneswahrnehmung, des Gedächtnisses, von Kraft und Motorik – können Angst und Hilflosigkeit und damit auch Traumareaktivierungen begünstigt werden.

Auch im Alter zeigen sich die Symptome und Folgen von Traumareaktivierungen nicht als einheitliches Bild. Traumatische Angst, Erregung und Erinnerungen können zum Rückzug, zu Depression und Vermeidung oder zu Schlaflosigkeit, Unruhe und Impulsivität führen. Das macht die Analyse der akuten Auslösesituation und deren lebensgeschichtliche Hintergründe, über die altersbedingten Einflüsse hinaus, umso bedeutsamer.

Wegen dieser Vielschichtigkeit soll die Traumareaktivierung im Alter aus der Perspektive verschiedener Beispiele und Situationen fokussiert werden. Abschließend werden Folgerungen und Behandlungsempfehlungen für die Praxis diskutiert. Aspekte der psychoanalytischen Traumaforschung werden ergänzend herangezogen.

1.1 Die Reaktivierung traumatischer Erfahrungen im Verlauf einer Psychotherapie

Frau A. war, wegen einer Depression, die sie in der Folge einer lebensbedrohlichen körperlichen Erkrankung entwickelt hatte, sowie wegen damit verbundener familiärer Konflikte, zur (tiefenpsychologisch fundierten) Psychotherapie gekommen. Die schwere Erkrankung selbst hatte sie sowohl als traumatisch wie als retraumatisierend erlebt, weil frühere Erlebnisse von Verlust, Ohnmacht und Hilflosigkeit wieder belebt worden waren.

Frau A. war als Mädchen nach traditionellem Muster erzogen und auf Heirat und Familiengründung vorbereitet worden, auch sollte sie die Eltern im Alter versorgen. Trotz guter Begabung und Interessen, wurde sie deshalb schulisch nicht gefördert und entwickelte eine massive Neidproblematik gegenüber ihren Brüdern, die eine höhere schulische Bildung erhielten. Der Vater war, wegen hiesiger Aufgaben, nur relativ kurze Zeit vor dem Kriegsende im Krieg. Dann blieben seine Nachrichten aus, er kehrte nicht zurück, wurde als vermisst gemeldet. Dies führte dazu, dass die Familie über zwei Jahre kein Lebenszeichen erhielt. Die Mutter sei in dieser Zeit depressiv geworden, wollte ihre Kinder nicht mehr versorgen und habe sie zu nahe wohnenden Verwandten geschickt. Die Verlustängste, Verlassenheits- und Schuldgefühle der Patientin, die mit dem depressiven Rückzug der Mutter einhergegangen waren und die sowohl anlässlich ihrer Erkrankung als auch in Verbindung mit meinen Ferien wieder lebendig geworden waren, hatten uns schon oft beschäftigt. Ihre akuten Ängste und depressiven Symptome waren bereits weitgehend abgeklungen, und ihre Einsichten hatten ihr zu einigen wichtigen Veränderungen und neuen Erfahrungen verholfen.

Aktuell waren Aspekte ihrer Kindheit in der Kriegs- und Nachkriegszeit und ihrer Beziehung zum Vater mit in den Vordergrund gerückt, und die Therapie kam in die Abschlussphase, als der Irakkrieg ausbrach.

Die Bilder und Geräusche der Berichterstattung weckten bedrohliche Erinnerungen. Es kehrte nicht nur ihre panische Angst beim Lärm der Sirenen, der Flugzeuge und der Bombardierungen wieder – „als wäre es gestern gewesen", wie Frau A. sagte. Aufgrund der akuten Traumareaktivierung und ihrem Zusammentreffen mit dem in Aussicht stehenden Therapieende, tauchten ihre Verlust- und Vernichtungsängste noch einmal mit traumatischer Wucht auf: Die Erinnerung an den Verlust von Schutz und Sicherheit, erst durch den depressiven Rückzug der Mutter und den Verlust des Vaters, dann sein erneuter Verlust, als er abgemagert und gebrochen aus der Gefangenschaft zurückgekehrt war – und über alles geschwiegen wurde, „es wurde ja nichts gesprochen". Diesem familiären Auftrag noch immer verpflichtet, hatte auch die Patientin erst „diese Tür zulassen wollen", wie sie sagte. Aber nun konnten wir deutlich erkennen, wie sie die Schuldgefühle der Eltern, die sich damals zum Nationalsozialismus bekannt hatten, übernommen hatte und wie sich ihre kindlichen Liebeswünsche und ihr Stolz auf ihren Vater mit diesen Schuldgefühlen aufgeladen hatten. Dies half in der Therapie Schuld und Schuldgefühle der Eltern und der Patientin zu differenzieren und zurückzuweisen.

Äußere kumulative Belastungen und Traumen hatten sich mit den entwicklungstypischen Konflikten der Patientin und Erziehungseinflüssen in ihrer Kindheit verschränkt. Dies hatte der Patientin die Unterscheidung zwischen innen und außen, sich selbst und den anderen stark erschwert und dazu geführt, dass sie die Schuldgefühle der Eltern übernommen hatte, mit massiven Auswirkungen auf ihre Entwicklung und Selbstbehauptung. Trotz der schmerzlichen, angst-, scham- und schuldbesetzten Affekte und Erinnerungen, die durch die Reaktivierung der traumatischen Erlebnisse geweckt wurden, erlaubte uns gerade dies aber auch deren Verstehen, „Entschärfen" und „Verdauen" in der therapeutischen Beziehung.

Die damals in den Medien beginnende Diskussion über die anhaltenden Auswirkungen der belastenden oder traumatischen Erlebnisse der Kriegskinder half der Patientin weiter. Sie weinte heftig, als sie einen entsprechenden Film im Fernsehen sah; es war für sie wie ein „Dammbruch". Sie konnte trauern und war tief gerührt, dass sie mit diesen Erfahrungen nicht alleine war und dass auch ihr Schicksal damit eine solche Beachtung und Anerkennung fand. Die Beschäftigung mit dieser Thematik, die sie noch eine Zeit lang intensiv fortsetzte, führte sie zum Austausch mit Schicksalsgenoss(inn)en.

1.2 Ausgewählte Aspekte der psychoanalytischen Traumaforschung

Im ausgehenden 19. Jahrhundert wurden in der psychiatrischen Forschung traumatische Schockerlebnisse als Ursachen subtiler Störungen des Nervensystems und Auslöser psychopathologischer Symptome diskutiert. Sigmund Freuds Verdienst war es, über die Verletzung materieller Substrate hinauszudenken und eine funktionelle Betrachtungsweise samt dem Konzept der Verletzung psychischer Strukturen einzuführen. Mit der Psychoanalyse hat er die Bedeutung psychischer Traumen, unbewusster Konflikte und seelischer Schutz- und Abwehrvorgänge für die Entstehung psychischer Störungen in der Kindheit und im Erwachsenenalter begründet. Er entdeckte, dass psychische Traumen in der Kindheit, durch sexuellen Missbrauch, Verluste und Verletzungen des Selbstwertgefühls (narzisstische Kränkungen), nachhaltig schädigende Auswirkungen auf die Entwicklung der psychischen Strukturen haben. Er fand auch, dass die Reaktionen des Kindes nicht nur durch die Traumen selbst, sondern auch durch die alters- und entwicklungsspezifischen Verletzlichkeiten und Verarbeitungsmöglichkeiten des Kindes geprägt werden. Seine NachfolgerInnen ergänzten die große Bedeutung der Reaktion und Unterstützung der Umwelt.

Freud betonte immer, dass es sich bei äußeren/traumatischen und inneren Einflüssen auf die seelische Entwicklung stets um eine „Ergänzungsreihe" handele.

Die Konfrontation mit schweren Schocktraumen und deren Nachwirkungen im Erwachsenenalter kam durch die Behandlung von Soldaten, die während des Ersten Weltkrieges an traumatischen Kriegsneurosen erkrankt waren. Unter diesen Eindrücken fügte Freud seinem Traumakonzept diejenigen Komponenten hinzu, die noch heute im Zentrum der Definition stehen: Die Überflutung des Ichs durch traumatische Angst und die totale Hilflosigkeit angesichts einer überwältigenden Situation.

Die Folgen der Kriegstraumen des Ersten wie des Zweiten Weltkrieges wurden damals kollektiv abgewehrt. Erst nach dem Vietnamkrieg sorgte das Engagement der Veteranenverbände in den USA für Nachforschungen, die schließlich 1980 zur Einführung der diagnostischen Kategorie der „Posttraumatischen Belastungsstörung" (PTBS) führten. „Diese entsteht als verzögerte Reaktion auf ein belastendes Ereignis oder einen Situation kürzerer oder längerer Dauer, mit außergewöhnlicher Bedrohung oder katastrophenartigem Ausmaß, die bei fast jedem eine tiefe Verzweiflung hervorrufen würde ..." (WHO, 1994, 162). Die PTBS beinhaltet 3 Symptomgruppen: das Wiedererleben der traumatisch erlebten Situationen, Vermeidungsverhalten und emotionales Betäubtsein sowie eine Übererregungs-Symptomatik, mit Nachhallerinnerungen und Träumen, häufig verbunden mit Angst. Die Bewältigungsversuche erfolgen in Phasen. *Intrusion*, die Wiederkehr traumatischer Erinnerungen wechselt sich mit der *Verleugnung* und *emotionalen Betäubung* ab. Erst nachträglich kann der Traumatisierte dem Geschehen Bedeutung zuschreiben und damit für das Selbst einen Bezug herstellen (Bohleber 2000). Die Posttraumatische Belastungsstörung stellt allerdings nur *eine Traumafolgestörung* dar, es können sich auch Angststörungen, Depressionen und Persönlichkeitsstörungen entwickeln. Während Traumata in der Kindheit eher strukturelle psychische Störungen zur Folge haben, entwickeln sich in der Folge von Traumen im Erwachsenenalter häufig posttraumatische Belastungsstörungen. Es ist zu vermuten, dass die Ausarbeitung der psychischen Strukturen eine notwendige Bedingung für die Ausbildung dieser Störung darstellt.

Wichtige Arbeiten entstanden bereits früher aufgrund der Untersuchung der Folgen des Holocaust. In seinem bedeutenden Beitrag zeigte Keilson (1979) die „Sequentielle Traumatisierung bei Kindern" auf und betonte sowohl den oft langfristigen, prozesshaften Verlauf wie die notwendige Unterscheidung von dessen Etappen: die Traumatisierung, die Versuche ihrer Bewältigung, die *Spätfolgen*. Was diese betrifft, fand Keilson, dass die Reaktion der Umwelt in der posttraumatischen Phase – welche Unterstützung und Anerkennung ist vorhanden? – wesentlich über die gesamte Problematik entscheidet. Dies gilt auch für Traumareaktivierungen.

Bedeutsame Vorläufer zum Konzept der Traumareaktivierung sind die Arbeiten von Lorenzer (1965) und Lorenzer & Thomä (1965), die traumatische Verläufe ohne Ausbildung einer PTBS zeigen. Bei diesen Patienten wurde ein frühes Trauma, z. B. der Verlust eines Armes im Krieg, emotional eingekapselt, die damit verbundenen Tätigkeits- und Wertebereiche wurden kompensatorisch überhöht, z. B. durch dennoch intensiven Sport. Anlässlich eines späteren, unspektakulären Erlebnisses kam es zur Dekompensation, zur Wiederbelebung des früheren Traumas und zur Entwicklung einer ausgeprägten Angstsymptomatik.

Anfang der 1980er Jahre setzte, nicht zuletzt durch die Einführung der PTBS, eine intensive Erforschung der kurz- und langfristigen wie auch der transgenerationellen pathogenetischen Folgen psychischer Traumatisierungen ein.

2. Traumareaktivierung im Alter

Menschen, die zunächst keine Posttraumatische Belastungsstörung entwickeln, können auch nach einem symptomfreien Intervall im späteren Leben oder im Alter – und in der Folge nicht notwendig gravierender Erfahrungen – eine Symptomatik entfalten, die die ursprünglichen traumatischen Einflüsse erkennen lässt. Die *Symptomatik* einer Traumareaktivierung muss nicht dem Vollbild einer PTBS entsprechen. Es zeigen sich vorrangig *Angst und Unruhe*, die Wiederbelebung von traumatisch empfundenen Erinnerungen und Sinneseindrücken, die bedrohlich realistisch erlebt werden („als wäre es gestern gewesen"), und/oder Ängste, Panik, traumatische Angst oder körperliche, psychosomatische Symptome und dissoziative Körpersymptome, in denen unintegrierte Affekte und traumatische Erfahrungen zugleich abgespalten sind und nach Ausdruck suchen.

Die Traumareaktivierung ist zu unterscheiden von der *Retraumatisierung* durch eine erneute traumatische Erfahrung im Alter.

Weiter finden sich alte Menschen, die eine traumatische Erfahrung als Lebensthema in einem ein- oder abgekapselten Bereich ihrer Persönlichkeit mit sich tragen. Dieser Bereich des Erlebens und der Erinnerung wird dann ängstlich gemieden, was ein Grund für Lücken in der Anamnese sein kann. Erinnerungen an traumatische Kriegs-, Flucht- und Lagererlebnisse werden so ausgeblendet. Andere wollen gar nicht über diese Zeit sprechen, oder sie halten an idealisierten Kriegserlebnissen fest, die immer wieder berichtet werden als Gegengewicht zu bedrohlichen Erinnerungen und Affekten.

Die *Auslösesituationen* und *-faktoren* für Traumareaktivierungen sind vielfältig und umfassen äußere sowie innere und somatische Einflüsse:
- Spezifische Erlebnisse, Bilder, Geräusche, Stimmen, Gerüche, ein Verlusterlebnis, aber auch die Atmosphäre in einem Heim oder Krankenhaus.
- Die zunehmende Verletzlichkeit im Alter.
- Die zunehmende Hilflosigkeit und Abhängigkeit im Alter.

- Die Reduktion der (früheren) Bewältigungsmöglichkeiten (Coping).
- Die Labilisierung durch körperliche Erkrankungen.

Die *dynamischen Hintergründe* stellen sich folgendermaßen dar:
- Ältere Menschen sind *befreit vom Druck direkter Lebensanforderungen* durch Existenzgründung, Beruf und Familie, sie haben mehr Zeit und inneren Raum, bisher Unbewältigtes wahrzunehmen.
- Nicht selten spüren sie angesichts der begrenzten Lebenszeit den vorbewussten Druck, sich eines *unerledigten Themas* noch stellen zu wollen.
- Der *Alternsprozess* selbst kann traumatische Inhalte reaktivieren, sowohl durch somatische Veränderungen, die das Ich schwächen, als auch durch verstärkte Abhängigkeitssituationen in der Pflege und Versorgung durch andere.
- Die Situationen, die mit *Gefühlen von Hilflosigkeit, Ohnmacht und Ausgeliefertsein* einhergehen, sind geeignet entsprechende traumatische Erfahrung wachzurufen.

Heuft berichtet ein eindrückliches *Beispiel* für ein *unerledigtes Thema*, die späte Offenbarung einer Missbrauchserfahrung (Heuft et al. 2000, 120): *„In die Ambulanz kam eine 74-jährige, sorgfältig gekleidete Frau, überwiesen von ihrem Hausarzt. Sie hatte drei Wochen zuvor aus dem Gefühl heraus, jetzt endlich nicht mehr schweigen zu können, ihren Mann und ihre gesamte Verwandtschaft damit konfrontiert, dass sie zwischen dem 9. und 11. Lebensjahr von ihrem Vater wiederholt sexuell missbraucht worden sei. Nie habe sie mit jemandem in ihrem Leben darüber sprechen können. In der Gegenübertragung ist der Untersucher vielleicht rasch mit einem abwehrenden Gefühl konfrontiert: Muss das denn jetzt noch sein – nach so vielen Jahren – und was kann der Ehemann für ihre Wut? Mag sein, dass diese Gegenübertragungsgefühle wirklich die inneren Ambivalenzen der Patientin, also einen Selbst-Aspekt der Patientin, widerspiegelt. Genauso kritisch sollte sich der Untersucher jedoch fragen, ob er nicht mit seiner eigenen Übertragung konfrontiert ist, gespeist zum Beispiel aus dem latenten Entsetzen, was wäre, wenn die eigenen Eltern ähnliche traumatische Erfahrungen plötzlich unverblümt thematisieren würden. Oder der Untersucher spürt den unterschwelligen Auftrag von Hausarzt und Verwandtschaft der Patientin, diese doch um alles in der Welt ruhigzustellen – und identifiziert sich mit diesem Aspekt sozialer Erwünschtheit und Kontrolle mehr als mit dem Leiden der Patientin."*

3. Welche Personengruppen unter den jetzt älteren und alten Menschen sind betroffen – bei wem können Traumareaktivierungen auftreten?

- **Die Verfolgten des NS-Regimes**, insbesondere die Juden, die Überlebenden des Holocaust und die „child-survivors", also diejenigen, die damals noch Kinder waren (s. Leonhard 2005). Hinzu kommen andere, aus politischen, religiösen, sexuellen oder rassischen Gründen Verfolgte. Noch immer leben schätzungsweise 100.000 NS-Verfolgte verstreut unter uns: z. B. Zeugen Jehovas, Schwule und Lesben, Sinti und Roma, RegimegegnerInnen und Deserteure (s. Heldt et al. 2006).
- **Inzwischen hochaltrige Kriegsteilnehmer** in Krankenhäusern und Pflegeheimen.
- **Kriegskinder**, deren psychische Beeinträchtigungen aus psychoanalytischer Sicht insbesondere von Radebold untersucht wurden (s. Radebold 2005/2009).
- **Politisch Verfolgte sowie Flüchtlinge und Migranten aus aller Welt**, z. B. jüdische Migranten aus der ehemaligen oder UdSSR (100.000), Verfolgte des DDR-Regimes und anderer früherer Ostblockländer.
- **Sexuell missbrauchte und vergewaltigte Frauen**, die entweder in ihren Familien oder in der Nachkriegszeit Opfer sexualisierter Gewalt wurden. Ohne die Frauenbewegung hätten sie keine Stimmen erhalten. Es gab
  o den sexuellen Missbrauch von Mädchen, der sich zumeist in den Familien abspielte,
  o Vergewaltigungen in Ehen
  o Vergewaltigungen, Massenvergewaltigungen und Zwangsprostitution,
  o ungewollte Schwangerschaften und Abtreibungen im und nach dem Zweiten Weltkrieg.

„Die Gesamtzahl der Vergewaltigungen wird auf rund 1,9 Millionen geschätzt: 1,4 Millionen in den ehemaligen deutschen Ostgebieten und während der Flucht sowie Vertreibung sowie 500.000 in der späteren sowjetischen Besatzungszone. In Berlin wurden mindestens 100.000 Frauen und Mädchen vergewaltigt (40 % mehrmals oder vielmals), von denen etwa 10.000 die Vergewaltigung mit dem Leben oder einer bleibenden gesundheitlichen Schädigung bezahlt haben. Etwa 20 % der vergewaltigten Frauen wurden schwanger; etwa 90 % dieser Frauen haben abgetrieben" (Radebold 2009, 27). Angst, Scham und Schuldgefühle hinderten die Frauen oft lebenslang daran, über ihre traumatischen Erlebnisse zu sprechen. Die meisten Frauen, die im Alter auf Pflegestationen oder ins Krankenhaus kommen oder im Altenheim leben, haben versucht, diese traumatischen Erfahrungen abzuspalten und einzukapseln.

Pflegesituationen in Altenheimen und Krankenhäusern können solche traumatischen Erfahrungen jedoch reaktivieren. Martina Böhmer, die Ende der 90er Jahre begonnen hat, frauenorientierte Altenarbeit in der Pflege einzuführen, gibt folgendes Beispiel für die Reaktivierung eines Vergewaltigungstraumas im Krankenhaus sowie für Möglichkeiten, dieses aufzufangen: *„Bei einer alten Frau erlebte ich, wie sie eines Tages völlig panisch vor Angst über nächtliches Erscheinen von Tieren in ihrem Bett erzählte und sich ihre Angstzustände in den folgenden Tagen und Nächten wiederholten. Nach längeren Gesprächen zeigte sich, dass sie 1945 von amerikanischen Soldaten vergewaltigt wurde. Die Mitpatientin in ihrem Zimmer erhielt tägliche Besuche von ihrem Ehemann, der Amerikaner war und mit ihr Englisch sprach. Verständlich, dass dadurch bei der alten Frau Erinnerungen und alte Ängste aufkamen. Sie wurde in ein anderes Zimmer verlegt, so dass sie keinen Kontakt mehr mit dem Amerikaner hatte, und nach ein paar Tagen und intensiven Gesprächen hatte sie keine Halluzinationen und Angstzustände mehr"* (2000, 15).

4. Das körperliche Erleben von Angst – somatopsychische Einflüsse bei der Reaktivierung von Traumata im Alter

Angst und Unruhe werden im Alter oft körperlich erlebt. Diese können plötzlich und massiv auftreten, auch wenn die Betreffenden während ihres langen Lebens nie wesentlich unter Angst gelitten haben. Es kommt dann notfallmäßig zumeist zu medizinischen Untersuchungen oder sogar zur Einweisung in ein Allgemeinkrankenhaus. Seltener, so Kipp & Herda (2004, 68) „sind solche Angstzustände Grund für eine Einweisung in eine psychiatrische Klinik, da durch die körperliche Symptomatik die psychische Problematik als solche nicht erkannt wird. Alte Menschen neigen sehr stark dazu, psychische Störungen durch körperliche Beschwerden auszudrücken. Deshalb ist es manchmal schwer, eine Angststörung oder Panikattacke als eigentliche psychische Erkrankung und nicht als Begleitsymptomatik

(Komorbidität) einer körperlichen Erkrankung zu erkennen." Daher können körperliche Krankheiten im Alter die Reaktivierung des traumatischen Geschehens maskieren, wie das von den Autoren genannte Beispiel zeigt:
„Die 83-jährige Frau Meier wurde von ihrem Ehemann gedrängt, sich in der Klinik behandeln zu lassen. Anlass waren Affektdurchbrüche und eine zunehmende Vergesslichkeit. Die Klinik entließ sie doch bereits nach 3 Stunden auf ihr Drängen hin. Sie wurde später erneut aufgenommen, nachdem sie nächtliche Verwirrtheitszustände, Erstickungsanfälle und Todesangst bekommen habe und im Nachthemd auf die Straße gelaufen sei. Da zahlreiche körperliche Krankheiten vorlagen sowie eine beginnende Demenz, konzentrierte sich die diagnostische Abklärung auf die körperlichen Beschwerden. ... Auffällig war, dass die Patientin nach Hause drängte und große Schwierigkeiten hatte, auf der Station zu bleiben. Frau Meier sprach schließlich ihren Stationsarzt an und erzählte ihm, dass sie im Krieg verschüttet gewesen sei. Bei weiteren Nachfragen wurde deutlich, dass sie viele Nächte im Luftschutzkeller verbracht hatte. Während eines Fliegeralarms brach im Keller Panik aus. Sie und ihr Vater verstärkten die Tür, damit sich keiner in Gefahr brachte. Frau Meier schilderte die Erlebnisse ambivalent: Während der Angriffe habe sie keine Angst gehabt, diese sei erst später aufgetreten, sie habe dann ‚hysterisch' reagiert.
Angst und Luftnot und ihr Verhalten, nachts auf die Straße zu laufen bzw. die Station verlassen zu wollen, bekommen so einen biografischen Sinn. In den weiteren Gesprächen relativierte die Patientin die früheren Traumata und meinte, sie hätten nichts mit ihrem jetzigen Zustand zu tun. Auffallend war aber, dass Frau Meier zwar nachts noch aufwachte, aber keine Angstanfälle mehr bekam. Insbesondere ihre Angst, keine Luft mehr zu bekommen, war verschwunden" (2004, 72 f.).
Frau Meier, so kommentieren die Autoren, wurde im Bombenkrieg traumatisiert. Durch eine sichere Beziehung zu ihrem Ehemann, in der sich vielleicht ihre Vaterbeziehung ein Stück weit wiederholte, habe sie die früheren Erlebnisse relativieren und ziemlich angstfrei leben können. Die beginnende Demenz ließ sie jedoch unsicher und ihre bisherige Form der Bewältigung brüchig werden. Hier konnte man eine Traumareaktivierung erkennen, bei der frühere Formen ihrer Angst und ihrer Fluchttendenzen wieder auftraten.
Angststörungen treten im Alter im Allgemeinen umso häufiger auf, je mehr Belastungen oder Traumen in der Kindheit auftraten und je mehr belastende Ereignisse in der Zeit vor dem Auftreten der Symptomatik zusammenkamen.

5. Behandlungsformen und -möglichkeiten

Die Art der *Behandlung* sollte sich richten nach
- der aktuellen Gesamtproblematik, in die die Reaktivierung des Traumas eingebettet ist – situative, psychische, strukturelle und somatische Faktoren der Person –, sowie
- dem Kontext, in dem sie auftreten: ob in der Psychotherapie, in der psychosozialen Beratung, bei der ärztlichen Versorgung, im Krankenhaus oder Heim, bei der Pflege oder Seelsorge (vgl. Radebold 2009).

Traumatisierung als prozesshaftes Geschehen zu betrachten, das auch die Reaktivierung von Traumata im Alter beinhalten kann, rückt die zentrale Rolle der Umwelt des alten Menschen, der HelferInnen und BetreuerInnen und ihrer Reaktion ins Zentrum. Deren Sensibilisierung für die Wahrnehmung offener oder maskierter reaktivierter traumatischer Reaktionen und deren Anerkennung von akuten und reaktivierten Traumata sind entscheidend. Die Berücksichtigung der Biografie und der Zeitgeschichte liefert hier oft den Schlüssel zum Verständnis.

Alle im psychosozialen, ärztlichen, pflegerischen und versorgenden Feld Tätigen sind hier angesprochen. Die Berücksichtigung von Biografie und Zeitgeschichte ist in der Behandlung, Versorgung und Pflege alter Menschen essenziell – nicht nur zum jetzigen Zeitpunkt, wo diejenigen älter und hilfsbedürftiger werden, die als Kriegskinder in großer Zahl traumatischen und belastenden Erfahrungen ausgeliefert waren.

Daher sollte zur Sensibilisierung für die Anzeichen der Reaktivierung von Traumata die Wissensvermittlung über zeitgeschichtliche Zusammenhänge hinzukommen. Denn eine jetzt z. B. 17-jährige Schwesternschülerin hat möglicherweise bereits Großeltern, die nach dem Krieg geboren sind (vgl. Zielke-Nadkarni et al. 2009).

Weiter ruft die Konfrontation mit der Realität des Traumas im Zuhörer und Zuschauer heftige Affekte der Abwehr hervor, „weil es die kulturellen und psychologischen Grundlagen unseres Lebens untergräbt" (Heuft et al., 2000). Dies kann eigene Abwehr- und Schutzbedürfnisse mobilisieren und Gegen- und Eigenübertragungen auf den Plan rufen, wie Heuft (2000) in seinem oben genannten Beispiel diskutiert: Der Arzt könnte versucht sein, soziale Erwünschtheit und Kontrolle höher zu bewerten als das Leiden der

Patientin. In jedem Falle werden auch die HelferInnen belastet. Daher sind nicht nur Sensibilisierung und Informationsvermittlung notwendig, sondern auch Supervision und Selbstfürsorge.

Die letztgenannten Beispiele von Böhmer und Kipp & Herda machen deutlich, wie wichtig und oft ausreichend die Gespräche mit Schwestern und Ärzten oder auch mit BeraterInnen und SeelsorgerInnen sind. Psychotherapie im engeren Sinne ist nicht immer angemessen und notwendig. Die Klärung der Indikation zur Psychotherapie folgt den üblichen Kriterien, sie muss die Gesamtpersönlichkeit des Patienten, seine Beschwerden, Symptome, seine Struktur und Motivation berücksichtigen. Wenn Psychotherapie jedoch indiziert ist, wie bei meiner eingangs geschilderten Patientin, kann sie auch im Alter die befreiende psychische Verarbeitung psychischer Traumen und Belastungen ermöglichen. Dabei kommt ein wichtiger Gesichtspunkt zum Tragen, den Fischer und Riedesser (2003) dem Traumakonzept hinzugefügt haben: Es komme zur *Unterbrechung einer Handlung*, da sich das Individuum gegen traumatische Einflüsse nicht wehren kann – und auch nicht gegen deren Reaktivierung. Aber in der psychotherapeutischen Beziehung kann auch im Alter der Raum entstehen, überwältigende Erregung aufzunehmen, derart unterbrochene Handlungen nachträglich durchzuspielen und das damals Unmögliche zu betrauern, um Angst und Ohnmacht nach Möglichkeit zu überwinden.

Literatur

Böhmer M (2000) Erfahrungen sexualisierter Gewalt in der Lebensgeschichte alter Frauen. Ansätze für eine frauenorientierte Altenarbeit. Frankfurt, Mabuse-Verlag

Bohleber W (2000) Die Entwicklung der Traumatheorie in der Psychoanalyse. In: Psyche Sonderheft: Trauma, Gewalt und kollektives Gedächtnis, 9/10, 2000, Stuttgart, Klett-Cotta

Fischer G & Riedesser P (2003) Lehrbuch der Psychotraumatologie, 3. Aufl. München, Basel, Reinhardt

Heldt T, Kettnaker B, Rebentisch J, Schlegel S, Sonntag B (Hg.) (2006) Kein Ort der Zuflucht für hilfsbedürftige alte NS-Verfolgte? Durch NS-Verfolgung traumatisierte Menschen in der Altenhilfe und Altenpflege. Frankfurt, Mabuse-Verlag

Heuft G, Kruse A, Radebold H (2000) Lehrbuch der Gerontopsychosomatik und Alterspsychotherapie. München, Basel, Reinhardt

Keilson H (1979) Sequentielle Traumatisierung bei Kindern. Enke, Stuttgart

Kipp J & Herda Ch (2004) Angstanfälle im Alter – ein Durchbruch alter Traumata. In: Bäurle P (Hg.) Angst, Psychotherapie im Alter, 2-2004

Leonhard B (2005) Die Pflege von Holocaust-Überlebenden im Alter. Die Erfahrungen israelischer Pflegender in der Betreuung von Opfern der Shoa. Frankfurt, Mabuse-Verlag

Lorenzer A (1965) Ein Abwehrsyndrom bei traumatischen Verläufen. Psyche, 18, 685–700

Lorenzer A & Thomä H (1965) Über die zweiphasige Symptomentwicklung bei traumatischen Neurosen. Psyche, 18, 674–684

Radebold H (Hg.) (2004) Traumatisierung, Psychotherapie im Alter, 3-2004

Radebold H (2005/2009) Die dunklen Schatten unserer Vergangenheit. Hilfen für Kriegskinder im Alter. Stuttgart, Klett-Cotta

Schrader C (1993) Trauma und Traumatisierung. In: Mertens W (Hg.) Schlüsselbegriffe der Psychoanalyse. Stuttgart, Klett-Cotta

WHO (1999) Taschenführer zur Klassifikation psychischer Störungen. Bern, Verlag Hans Huber

Zielke-Nadkarni A, Hilgendorff C, Schlegel S, Poser M (2009) „Man sieht nur, was man weiß" NS-Verfolgte im Alter. Fallgeschichten und Lernmaterial. Frankfurt, Mabuse-Verlag

Traumabezogene Behandlungsmöglichkeiten bei Zeitzeugen des (Zweiten Welt-)Krieges und ihren Nachkommen

Andreas Möllering

Warum ist es überhaupt notwendig über traumabezogene Behandlungsmöglichkeiten bei Zeitzeugen des (Zweiten Welt-)Krieges und ihren Nachkommen zu sprechen und noch dazu in einem Vortrag, der von jemandem gehalten wird, der 1968 geboren ist, also den Krieg gar nicht direkt erlebt hat? Das stimmt, doch ich habe zwei Elternteile, die als Kinder während des Zweiten Weltkrieges schwere Traumatisierungen erlitten, ohne dass ihnen dies bewusst geworden ist.

Es ist doch lange her und wer kennt nicht die Worte: „Das waren halt die Zeiten, das ging vielen so, was soll man da lange bereden, es ist vorbei, so schlimm war es nun auch wieder nicht ..." Aber viele kennen auch die andere Seite: ältere Menschen, die wie gefangen in ihrer „Kriegsvergangenheit" wirken, junge Menschen, die den Krieg nicht miterlebt haben, aber auf sonderbare Art und Weise hierdurch beeinflusst wirken.

Nachdem es viele Jahre in Deutschland kaum eine Auseinandersetzung mit den Folgen des Zweiten Weltkrieges gegeben hat, hat sich dies in den letzten Jahren deutlich geändert und ist in eindrucksvollen wissenschaftlichen und fallbezogenen Veröffentlichungen u. a. bei Sabine Bode, Michael Ermann, Gereon Heuft, Hartmut Radebold (um nur einige zu nennen) nachzulesen (1, 2, 3, 4).

Mit diesem Vortrag möchte ich auf mögliche Folgen von Traumatisierungen durch den Zweiten Weltkrieg hinweisen und unterschiedliche Behandlungsmethoden unter anderem anhand von Fallbeispielen verdeutlichen.

Wenn man sich mit den Folgen des Zweiten Weltkrieges beschäftigt, darf man nicht vergessen, dass Deutschland im 20. Jahrhundert zwei Weltkriege erlebte. Das heißt, dass die Eltern und Großelterngeneration vieler „Kriegskinder" des Zweiten Weltkrieges ihrerseits frühere Kriegserlebnisse zu verarbeiten hatten und viele sogar Zweiten Weltkriege miterleben mussten.

Traumatische Erlebnisse können vielfältig sein. Direkte Kriegsereignisse, Gewalttaten, Unfälle, Naturkatastrophen, Verlusterlebnisse, um nur einige Möglichkeiten aufzuzählen. Doch was macht die Besonderheit traumatischer Erfahrungen aus? Warum verarbeiten die einen solche Ereignisse scheinbar ohne Probleme und warum werden andere womöglich hierdurch völlig aus der Bahn geworfen?

Normale Stressreaktion und traumatische Verarbeitungswege

Um dies zu verstehen möchte ich zunächst eine „normale" Stressreaktion beschreiben. Im Gehirn gibt es eine Struktur, die Amygdala („Mandelkern") heißt und Reize gemäß ihrer gefühlsmäßigen Bedeutung aufnimmt. Die Amygdala ist auch so etwas wie die Alarmzentrale des Gehirns. Einmal angenommen Sie gehen über eine Straße und hören plötzlich lautes Autoreifenquietschen und Hupen, dann würde die Amygdala in der Regel ohne dass Sie dies bewusst steuern können, sofort Gefahr signalisieren und den Körper dazu veranlassen, alles auf Kampf oder wie in diesem Fall vielleicht sinnvoller auf Flucht zu stellen. Das bedeutet, dass vermutlich der Blutdruck ansteigen würde, das Herz rast, alle Muskeln angespannt werden, also alles, was man braucht, um rasch zu fliehen oder zu kämpfen. Dann wäre es vielleicht so, dass Sie sich umdrehen und sehen, dass das Reifenquietschen relativ weit weg von Ihnen geschehen ist. Hier gibt es nun im Gehirn eine andere Struktur, den Hippocampus („Seepferdchen"), der nun quasi Schubladen der Informationen anlegt. Also: Reifenquietschen, Hupen, Auto, weit weg... Dann könnte als nächster Schritt Ihr Bewusstsein (Großhirn) hieraus eine logische Schlussfolgerung ziehen, etwa in der Art: „Da habe ich mich aber erschreckt, aber das Auto ist ja so weit weg, dass mir keine Gefahr droht", und vermutlich würde das zu einer Beruhigung und auch Herunterregulierung der Stresssymptome im Körper führen und Sie könnten Ihren Weg wieder fortsetzen.

Was ist nun bei einer „traumatischen Verarbeitung" anders? Traumatische Erfahrungen sind dadurch gekennzeichnet, dass es eine real bedrohliche Situation gab, in der die Betroffenen mit Ohnmacht und Hilflosigkeit konfrontiert waren. Der Verarbeitungsmechanismus erfolgt aber zunächst so wie gerade bei einer „normalen" Stressreaktion beschrieben: etwa wenn wir uns wieder das Autoreifenquietschen ansehen. Sie stehen auf der Straße, es quietschen die Autoreifen und es wird gehupt und Sie drehen sich um. Aber dann ist etwas ganz anders als gerade beschrieben, etwa in dem Sinne, dass Sie plötzlich ein Auto mit hoher Geschwindigkeit auf sich zukommen sehen. Sie stehen diesem Auto quasi hilflos und ohnmächtig gegenüber. Und dann passiert im Körper etwas Spezielles. Unter Umständen reagieren Sie wie ein funktionierender Roboter. Das könnte bedeuten, dass Sie alle Gefühle abstellen und in letzter Sekunde zur Seite springen und vom Auto womöglich nur leicht angefahren werden. In den meisten Fällen kommt dann nach der ersten Schockphase eine Phase der Erholung, die sehr unterschiedlich aussehen kann. Manche Betroffene fangen erst einmal an zu zittern, die Beine werden weich, sie müssen weinen. Es kann aber auch so aussehen, dass gar nicht viel passiert und die Betroffenen zu ihrem Alltag zurückkehren. Aber es kann auch ganz anders sein. Es kann sein, dass Betroffene womöglich von da ab ständig nächtliche Albträume haben, in denen sie überfahren werden. Oder das Hupen eines weit entfernten Autos führt augenblicklich zu einer Erstarrung oder heftigen Angst-, Stressreaktion. Es kann sein, dass Betroffene sich nicht mehr trauen in ein Auto zu steigen, weil sie Panik bekommen. Dies wären nur einige Beispiele. Unter Umständen wird das Ereignis so nicht gemeistert und in die Persönlichkeit integriert, sondern womöglich nur bruchstückhaft abgespeichert als ein Ereignis, das noch nicht vorbei ist. Schon kleinste äußere Reize, die mit der traumatischen Situation verbunden sind, können später der Amygdala eine Gefahr „vorgaukeln" und sofort wird die komplette Stressreaktion in Gang gesetzt. Und das Besondere daran ist, dass die Betroffenen diesen Zustand mit den gleichen Gefühlen erleben wie in der ursprünglich traumatischen Situation. Der Körper und die Psyche erleben alles quasi so, als wäre die traumatische Situation zurückgekehrt. Und wenn wir uns dies nun anhand von Kriegserlebnissen vorstellen. Das Erleben von Vertreibung und Flucht, Vergewaltigungen und Lebensbedrohung. Die Soldaten, die mit ansehen mussten wie Kameraden vor ihren Augen getötet wurden. Auch wenn der Soldat aus dem Kriegseinsatz körperlich unversehrt zurückkehrt und alle ihm sagen, wie glücklich er sein kann, überlebt zu haben, kann es sein, dass er nicht mehr zur Ruhe kommt, keinen Schlaf findet, immer wieder die Bilder des sterbenden Kameraden vor Augen hat und körperlich und psychisch immer wieder das Gleiche durchlebt wie in der direkten Kriegssituation. Auch wenn der Verstand ihm womöglich sagt, dass „es" vorbei ist, sprechen die Gefühle eine ganz andere Sprache. Manchmal bleiben diese Erfahrungen zunächst gut „verschlossen" und brechen scheinbar plötzlich nach Jahren wieder auf. Manchmal ist es dann das Heulen einer Sirene, der Schuss eines Jägers im

Wald, der Bericht eines Nachrichtensenders über ein Kriegsgeschehen weit weg, das Schneiden und Bluten beim Rasieren. Hierbei passiert erneut etwas Automatisches. Ein vorher „neutraler" Reiz ist zum Gefahrenreiz geworden. Neben Symptomen der sichtbaren Übererregung kann es auch sein, dass Betroffene in eine Art Erstarrung rutschen, ähnlich einem Totstellreflex bei Tieren. Dies geht oftmals einher mit dem Abstellen sämtlicher Gefühle. Betroffene fühlen anscheinend nichts mehr. Es wirkt wie eine Depression, kann auch zu einer solchen werden, kann aber zunächst auch ein Ausdruck der Reaktivierung einer traumatischen Erfahrung sein. So berichten viele Mütter, dass sie beim Anblick ihres getöteten Kindes keine Gefühle hatten, sie hätten nicht weinen können, oftmals auch Jahre danach nicht, hätten das Gefühl gehabt, keine emotionale Verbindung zu ihrem toten Kind aufnehmen zu können, und machen sich unter Umständen ein Leben lang Vorwürfe, dass sie womöglich kurz nach dem Ereignis über etwas Banales lachten, ohne um das Kind weinen zu können, ohne zu wissen, dass dies womöglich der einzige Schutzmechanismus war, der sie zumindest psychisch überleben ließ. Dass aber die damit verbundenen Gefühle so schlimm sind, dass sie sie „wegdrücken" müssen, um nicht daran zu zerbrechen. Oftmals ist es so, dass es nicht ein „Zuwenig an Gefühlen" ist, sondern vielmehr ein „Zuviel an nicht aushaltbaren Gefühlen".

Was passiert bei Traumatisierungen?

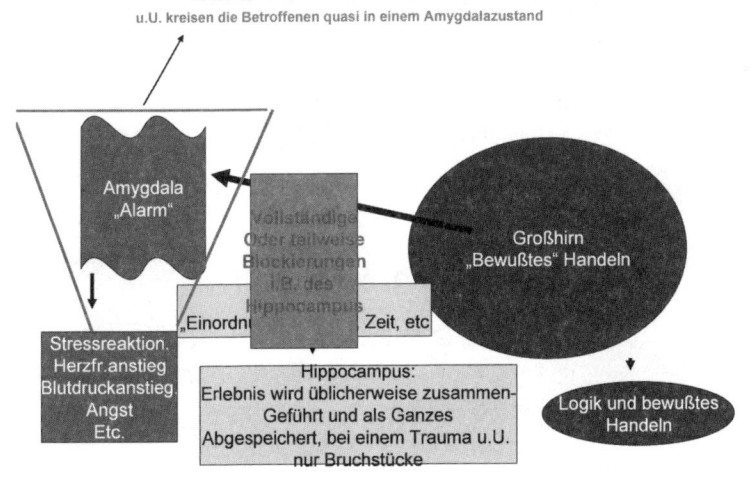

u.U. kreisen die Betroffenen quasi in einem Amygdalazustand

- Amygdala „Alarm"
- Vollständige oder teilweise Blockierungen i.B. des Hippocampus
- „Einordnen", Zeit, etc
- Stressreaktion. Herzfr.anstieg Blutdruckanstieg. Angst Etc.
- Großhirn „Bewußtes" Handeln
- Hippocampus: Erlebnis wird üblicherweise zusammen-Geführt und als Ganzes Abgespeichert, bei einem Trauma u.U. nur Bruchstücke
- Logik und bewußtes Handeln

Auch wenn es in vielen Fällen so ist, dass Menschen auch traumatische Erfahrungen verarbeiten können, ohne dass hierfür spezifische Therapien erforderlich sind, ist es gleichzeitig so, dass Menschen nach traumatischen Erfahrungen erkranken können. Manchmal liegt der Zusammenhang auf der Hand, nicht selten sind die späteren Folgen aber derart, dass ein Zusammenhang zu dem ehemals traumatischen Ereignis oder, wie es gerade bei Kriegserfahrungen viel häufiger ist, zu den vielfältigen traumatischen Erfahrungen gar nicht mehr hergestellt wird. Das sind unter Umständen die Menschen, die über Jahre depressiv sind, ohne dass gängige Behandlungsversuche einen Erfolg bringen und ohne dass scheinbare Ursachen gefunden werden können. Oder es sind die Menschen, die anfangen zu trinken, um die Erfahrungen „in den Griff zu bekommen", ohne dass ihnen Zusammenhänge zu traumatischen Erfahrungen deutlich werden, oder auch die Menschen, die jahrelang unter schwersten und vielfältigen Schmerzen leiden, ohne dass eine Ursache gefunden werden kann, geschweige denn ihnen nachhaltig geholfen werden kann.

Auf welche Art und Weise Menschen den Zweiten Weltkrieg erlebten, kann sehr unterschiedlich sein. Es kann sein, dass sie als Erwachsene nicht direkt involviert waren und auch keine direkten schrecklichen Erfahrungen

Spektrum möglicher Entwicklungswege nach direktem Erleben eines Traumas

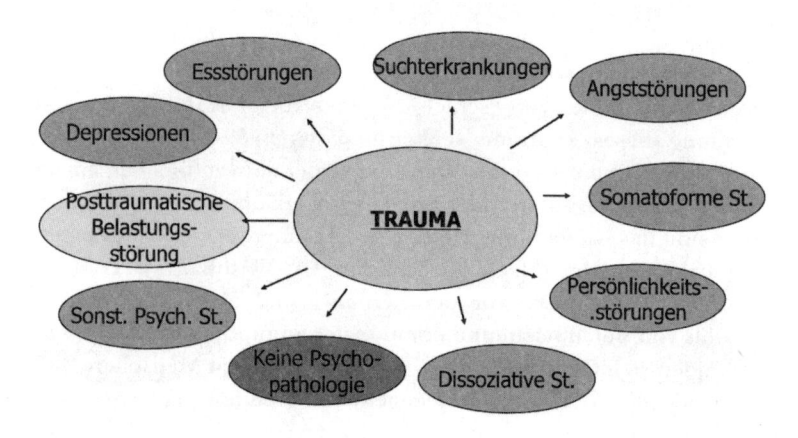

- Essstörungen
- Suchterkrankungen
- Angststörungen
- Depressionen
- Posttraumatische Belastungsstörung
- TRAUMA
- Somatoforme St.
- Persönlichkeitsstörungen
- Sonst. Psych. St.
- Keine Psychopathologie
- Dissoziative St.

gemacht wurden bis dahin, dass die Kriegszeit eine besonders privilegierte Situation darstellte oder durch besonders glückliche Momente gekennzeichnet war. Aber es kann auch sein, dass es sehr direkte Erfahrungen gab vom Erleiden schwerer Traumatisierungen (Gewalt, Haft, Todesbedrohung, Hunger etc.). Und Beteiligte des Krieges können selber auch andere Menschen traumatisiert haben (Stichwort: Opfer-Täter). Menschen, die den Krieg als Kinder erlebten, können ebenfalls eine recht behütete Kindheit gehabt haben, aber auch selber direkte Opfer des Krieges geworden sein oder Eltern/Großeltern haben, die schwerste Traumatisierungen erlitten oder selber zu direkten oder auch indirekten Tätern wurden. Sowohl der Umgang mit Kriegserfahrungen innerhalb von Familien als auch die Auswirkungen auf Einzelne bis hin zur Entwicklung von Krankheiten können somit sehr unterschiedlich sein.

Eine sehr umschriebene Form einer Traumafolgestörung stellt die Posttraumatische Belastungsstörung (PTBS) dar.

Schaubild 3

Diagnostische Kriterien der Posttraumatischen Belastungsstörung PTBS im ICD-10 (F43.1) (5):
F43.1: Diese entsteht als eine verzögerte oder protrahierte Reaktion auf ein belastendes Ereignis oder eine Situation kürzerer oder längerer Dauer, mit außergewöhnlicher Bedrohung oder katastrophenartigem Ausmaß, die bei fast jedem eine tiefe Verzweiflung hervorrufen würde. Prädisponierende Faktoren wie bestimmte, z. B. zwanghafte oder asthenische Persönlichkeitszüge oder neurotische Krankheiten in der Vorgeschichte können die Schwelle für die Entwicklung dieses Syndroms senken und seinen Verlauf erschweren, aber die letztgenannten Faktoren sind weder notwendig noch ausreichend, um das Auftreten der Störung zu erklären. Typische Merkmale sind das wiederholte Erleben des Traumas in sich aufdrängenden Erinnerungen (Nachhallerinnerungen, Flashbacks), Träumen oder Alpträumen, die vor dem Hintergrund eines andauernden Gefühls von Betäubtsein und emotionaler Stumpfheit auftreten. Ferner finden sich Gleichgültigkeit gegenüber anderen Menschen, Teilnahmslosigkeit der Umgebung gegenüber, Freudlosigkeit sowie Ver-

meidung von Aktivitäten und Situationen, die Erinnerungen an das Trauma wachrufen könnten. Meist tritt ein Zustand von vegetativer Übererregtheit mit Vigilanzsteigerung, einer übermäßigen Schreckhaftigkeit und Schlafstörung auf. Angst und Depression sind häufig mit den genannten Symptomen und Merkmalen assoziiert und Suizidgedanken sind nicht selten. Der Beginn folgt dem Trauma mit einer Latenz, die wenige Wochen bis Monate dauern kann. Der Verlauf ist wechselhaft, in der Mehrzahl der Fälle kann jedoch eine Heilung erwartet werden. In wenigen Fällen nimmt die Störung über viele Jahre einen chronischen Verlauf und geht dann in eine andauernde Persönlichkeitsänderung (F62.0) über.

Doch die Posttraumatische Belastungsstörung ist nur eine mögliche Erkrankung nach Traumatisierungen. In einem sehr viel häufigeren Maße findet man andere Erkrankungen, die nicht so leicht mit den ursprünglichen Traumatisierungen in Verbindung gebracht werden: Depressionen, Schmerzerkrankungen, Angsterkrankungen, Süchte etc. Und das macht auch deutlich, dass die Behandlungsmethoden vielfältig sind.

Noch komplizierter wird es, wenn zwar Teilbereiche einer Erkrankung vorliegen, aber nicht das gesamte Krankheitsbild zu finden ist. Beispielsweise schwere Schlafstörungen bei immer wiederkehrenden Albträumen, die Ausdruck von traumatischen Erfahrungen sind, ohne dass den Betroffenen dies deutlich ist. Oder die Unterleibsschmerzen, die Ausdruck einer zurückliegenden sexuellen Traumatisierung sind, wobei den Betroffenen diese Zusammenhänge nicht bewusst sind und Ärzte mit allen Maßnahmen keine wirkliche Linderung der Beschwerden erreichen können.

Doch neben dem direkten Erleben von Traumatisierungen in der Kriegszeit (unter Umständen schon als Kleinkind) darf nicht vergessen werden, dass „die Rolle der Deutschen" im Zweiten Weltkrieg viele besondere Dynamiken aufweist, die sich nicht selten auf die Nachkommen auswirken, die den Krieg womöglich gar nicht direkt miterlebt haben. Wie ist es für den Sohn des KZ-Aufsehers, der womöglich ein Leben lang von Schuldgefühlen geplagt wird, ohne dass ihm bewusst ist, dass es einen Zusammenhang zur nicht auf sich genommenen Schuld des Vaters gibt? Oder die Frau, die ein Leben lang mit dem Gefühl einer permanenten Bedrohung lebt, ohne zu wissen, dass die Großeltern im Konzentrationslager umkamen, weil nie darüber gesprochen werden „durfte"? Und was ist mit all denen, die Vertreibung und Flucht schon als Kinder erlitten? Manche jüngeren Menschen, die den Zweiten Weltkrieg nicht direkt erlebt haben, berichten, dass in der Familie die Eltern ständig über die schlimmsten Dinge sprachen, es aber zu keiner „Beruhigung" kam, das Ganze manchmal wie ein Film berichtet wurde und sie die schlimmen Gefühle hatten, über die die Eltern dann sagten: „Na, das waren halt die Zeiten, das ging vielen so. Die Kindheit war aber insgesamt sehr schön." Oder die Eltern, die immer schwer durch die Erfahrungen belastet wirkten, die man nicht belasten durfte, die zerbrechlich oder aufbrausend wirkten, die sich mit Alkohol oder Medikamenten betäuben mussten. In vielen Familien wurde gar nicht über das Erlebte gesprochen. Auf Nachfragen gab es allenfalls ausweichende Antworten. Aber es blieb womöglich immer ein Gefühl des Schreckens, der Ohnmacht und der Schuldgefühle.

Wie ist es mit der so genannten transgenerationalen Weitergabe von Traumatisierungen? Transgenerationale Weitergabe bedeutet in diesem Zusammenhang, dass unverarbeitete Traumata etwa der Kriegsgeneration, ohne dass es dieser bewusst ist, an die Nachkommen „weitergegeben" werden und diese Nachkommen Symptome unter Umständen gar nicht verstehen können, da diese Zusammenhänge nicht offensichtlich sind.

Fallbeispiel 1

Es handelt sich um eine 25-jährige Patientin, die lange als Erzieherin in einem Kindergarten arbeitete. Nach einer Qualifzierungsmaßnahme durch ein Studium wurde ihr die Leitung einer sehr gut angesehenen Einrichtung übertragen. Sie war hierüber sehr froh. Nach kurzer Zeit trat jedoch eine Symptomatik auf, die sich in einer schweren Depression äußerte. Sie war nicht mehr in der Lage zu arbeiten. Sie hatte für sie unerklärliche Albträume, die ständig vom „Erschossenwerden" und sexuellen Gewalttaten, die ihr angetan wurden, handelten (ohne dass sie sich erinnern konnte, solche Vorerfahrungen gemacht zu haben). Sämtliche Behandlungsversuche mit verschiedenen Antidepressiva, stationären Behandlungen und ambulanten Psychotherapien waren erfolglos. Die Symptomatik hielt über fast drei Jahre an. Wesentliche Ursachen waren in ihrer Lebensgeschichte nicht zu finden. Erst im Laufe der stationären Psychotherapie erwähnte sie dann – eher am

Rande –, dass ihr Großvater als junger Mann schlimme Kriegserlebnisse hatte, über die aber nie gesprochen wurde. Er musste als Junge miterleben, wie Mutter und Schwester vor seinen Augen vergewaltigt wurden und der Vater, der zur Hilfe eilen wollte, letztendlich erschossen wurde. Er selber war von da an für die „Versorgung" von Mutter und Schwester zuständig. Er musste den elterlichen Hof übernehmen und konnte sich nicht seiner Begabung gemäß seinen Berufswünschen zuwenden. Arbeit und Pflichterfüllung waren die wichtigsten Tugenden. Und auch sein Sohn (Vater der Patientin) übernahm später den Hof, obwohl er lieber studiert hätte. Vor dem Hintergrund dieses Konfliktes von Pflicht, Verantwortungsübernahme und auch Überforderung wurde (neben den konkret traumatischen Erfahrungen, die in den Träumen der Patientin auftauchten) der Patientin die eigene Ambivalenz bezüglich der neuen Leitungsstelle deutlich. Die Ängste zu versagen, die Frage der Pflichterfüllung, der eigenen Bestimmung, der möglicherweise unbewussten Übernahme nicht gelebter Träume von Vater und Großvater durch Aufnahme des Studiums. All das wurde im Laufe der Therapie mit ihr verstehbar. Die depressive Symptomatik war rückläufig und sie konnte sich klar für die Leitungsstelle entscheiden mit dem Wissen um die Notwendigkeit, neben der Pflicht ausreichend Raum für Freude und Spaß zu schaffen.

Behandlung von Traumafolgestörungen

Wie könnte denn nun eine Behandlung dieser Traumafolgen aussehen?

Als Allererstes ist zu sagen, dass die Behandlung sich zunächst an den im Vordergrund stehenden Symptomen orientiert. Das heißt z. B., dass bei einer Depression, die aufgrund traumatischer Erfahrungen entstanden ist, zunächst auch die Maßnahmen ergriffen werden sollten, die auch sonst bei Depressionen erfolgen, gegebenenfalls bis hin zu einer entsprechenden antidepressiven Medikation. Oder eine Alkoholabhängigkeit, die auf dem Boden traumatischer Erfahrungen entstand, sollte zunächst im Rahmen entsprechender Suchttherapie behandelt werden, mit dem Ziel einer Abstinenz. Wichtig ist es aber im Rahmen dieser Therapie um Traumatisierungen und ihre Folgen zu wissen und gegebenenfalls die gängigen Behandlungskonzepte anzupassen. Im weiteren Verlauf ist es dann aber meist erforderlich, sich mit den zugrunde liegenden Traumatisierungen zu beschäftigen und zu schauen, in welchem

Umfang diese aufgearbeitet werden können und sollen. Denn nicht bei allen Traumafolgestörungen ist auch eine direkte Traumabearbeitung möglich. Das Wissen um Traumatisierungen und Traumafolgestörungen hat in den letzten Jahren dazu geführt, dass Behandlungsmöglichkeiten angepasst und verändert wurden bis dahin, dass es heute gute Verfahren gibt, um traumatische Erlebnisse auch tatsächlich verarbeiten zu können (6, 7, 8, 9). Dies geht meist dadurch, dass die Betroffenen mit therapeutischer Hilfe dosiert mit den traumatischen Erfahrungen konfrontiert werden. Das heißt, es erfolgt eine vorsichtige Annäherung an das schlimme Ereignis, wobei die Betroffenen heute die Kontrolle hierüber haben und wissen, dass sie in Sicherheit sind und durch die Anwesenheit der Therapeutin (des Therapeuten) nicht alleine sind. Wenn es sich um eine eher umschriebene traumatische Erfahrung handelt, dann ist es meist relativ einfach diese durch Traumakonfrontation (das bedeutet konkrete Beschäftigung mit der traumatischen Situation) zu bearbeiten. Aber wenn es um viele, womöglich lang zurückliegende (u.u. schon in der Kindheit erfolgte) und sehr schwierige traumatische Erfahrungen geht, dann kann eine solche Traumakonfrontation dazu führen, dass plötzlich ganz andere „alte Traumata" wieder aufbrechen mit teils heftigen Gefühlen. Das damalige Trauma wird quasi hier und heute wieder erlebt. In solchen Fällen ist es wichtig sehr vorsichtig vorzugehen und zunächst einen wesentlichen Schwerpunkt der Arbeit auf stabilisierende Methoden zu setzen. Dies gilt insbesondere bei jeglichen Formen von sexualisierter Gewalt an Kindern, insbesondere wenn sie öfter stattfand.

Stabilisierung:
Stabilisierung bedeutet Erlangen von Sicherheit im Außen und Sicherheit im Inneren. Eine Möglichkeit ist hier die Psychodynamisch Imaginative Traumatherapie (PITT), wie sie von Prof. Dr. Luise Reddemann entwickelt wurde (10). Zunächst ist es wichtig, dass die Betroffenen in der Realität heute sicher sind (z. B. keine Traumabearbeitung von Gewalt, wenn es weitere fortgesetzte Gewalterfahrungen für die Betroffenen auch in ihrer heutigen Lebenssituation gibt).

Fallbeispiel 2
Es handelt sich um eine Patientin, nennen wir sie Frau A., die bei Kriegsausbruch 4 Jahre alt war. Die Kindheit war durch Gewalt durch Vater und Mutter

gekennzeichnet. Früh wurde sie in ein Heim gegeben, kam zu Pflegefamilien und auf Bauernhöfe, um für ihre Unterkunft und Verpflegung zu arbeiten. Es fanden immer wieder sexuelle Traumatisierungen durch Männer statt mit ständigem Wechsel des Zuhauses. Keine Erfahrung von Liebe und Fürsorge, sondern harte Arbeit für ein Bett und Essen. Früh „flüchtete" sie sich in eine Ehe, die sich als gewalttätig herausstellte. Ihre Kinder gerieten auf die schiefe Bahn, sie erkrankte an einem Brustkrebs. Dennoch gelang es ihr immer ihr Leben zu meistern. Bis zu dem Tag, an dem Frau A. Opfer eines Handtaschenräubers wurde. Gestohlen wurde zwar nicht viel, aber sie war nicht mehr in der Lage, ihren Alltag zu bewerkstelligen, musste ständig weinen, hatte Albträume, die von Gewaltszenen handelten, und entwickelte viele Ängste. Im Rahmen der Therapie berichtete sie dann – sehr schambesetzt –, dass sie auch jetzt noch in ihrer neuen Beziehung geschlagen würde. Aber sie sei es wohl auch nicht wert, dass man anders mit ihr umgehe. Sie habe es wohl verdient. Erst im Laufe der Therapie gelang es ihr diese Wahrnehmung vor dem Hintergrund ihrer Lebensgeschichte zu sehen. Bezüglich des Handtaschenraubes stellte sich heraus, dass der Täter sie genauso gegen eine Wand gedrückt hatte wie ein „Pflegevater", der sie viele Male vergewaltigt hatte, wobei sie diese Erlebnisse lange Zeit „vergessen" habe. Je mehr diese Zusammenhänge deutlich wurden, desto mehr konnte die Patientin ihre heutige Symptomatik verstehen und mit therapeutischer Hilfe wieder in ihren Alltag finden. Wichtig war aber zunächst die Arbeit an der jetzigen äußeren Sicherheit (die Patientin lebte in einer Beziehung, in der sie von einem alkoholkranken Mann regelmäßig geschlagen wurde). Es gelang ihr eine räumliche Distanz zu diesem Mann herzustellen, so dass er ihr keine Gewalt mehr antun konnte. Dann konnte die weitere stabilisierende Arbeit erfolgen.

Stabilisierung bedeutet aber auch, dass Betroffene z. B. die traumatischen Bilder, die immer wieder hochkommen, stoppen können, sich selbst beruhigen und trösten können. Hierzu gibt es verschiedene Übungen, die man den Betroffenen anbieten kann (11). Eine Übung sieht so aus, dass man die Betroffenen bittet, sich vorzustellen, sie würden die (traumatischen) Bilder, die immer wieder auftauchen, in ein Fotoalbum stecken, und sich einen Tresor vorzustellen, in den sie dann das Fotoalbum legen. Dies alles geschieht in der Phantasie. Oder die Betroffenen werden gebeten, sich einen Ort vorzustellen, der für sie absolut sicher ist und an dem sie sich wohl fühlen können, um sich unter Umständen an diesen Ort „wegzuträumen", wenn die Bilder zu schlimm werden. Eine andere Möglichkeit ist, mit den Betroffenen daran zu arbeiten, sich positive Gegenbilder zu schaffen. Stellen Sie sich bitte einmal vor, ich würde Sie auffordern, sich auf keinen Fall blaue Elefanten vorzustellen. Also auf keinen Fall blaue Elefanten. Ich vermute, Sie haben relativ schnell das Bild eines blauen Elefanten vor Augen und es bedarf einiger Mühe, dieses Bild wieder loszuwerden. Ähnliches geschieht bei Menschen mit traumatischen Erfahrungen, die versuchen traumatische Bilder, Gedanken oder auch Gefühle „loszuwerden". Das ständige „Ich darf nicht dran denken, es soll weggehen" führt oft zum Gegenteil. Beim Beispiel der blauen Elefanten bitte ich Sie nun, sich kleine rosa Ferkelchen vorzustellen. Und ich vermute, die blauen Elefanten geraten in den Hintergrund und die kleinen rosa Ferkelchen werden deutlicher. Und das versucht man auch bei Menschen mit traumatischen Erfahrungen. Man bittet sie etwa, sich auf einen umschriebenen Punkt ihres Lebens zu konzentrieren, der nur positiv war. Das ist wichtig. Er darf nur positiv gewesen sein. Oder man bittet die Betroffenen sich hilfreiche (vielleicht Fabel-)Wesen vorzustellen, die sie beschützen und begleiten und die schlimmen Bilder wegdrücken. Der Phantasie sind hier keine Grenzen gesetzt. Wichtig ist, dass es positive Bilder sind und die Betroffenen tatsächlich auch im Hier und Jetzt sicher sind. Denn auch die traumatischen Bilder sind Bilder der Vergangenheit. Oder man bittet die Betroffenen, sich vorzustellen, was sie als Kind gebraucht hätten, und ermutigt sie, quasi als Erwachsene in einem inneren Dialog mit diesen „inneren Kindern" zu sprechen und sie nun im Hier und Jetzt gut zu versorgen. Sie zu trösten, was oft bedeutet, mit sich selber nicht mehr so streng zu sein, das eigene Leid anerkennen können, ohne daran zu zerbrechen. Eine Form von Selbstfürsorge, die dann auch so aussehen kann, dass Betroffene lernen, sich z. B. heute die gute Nahrung zu gönnen, die ihnen früher verwehrt wurde, ohne Schuldgefühle zu haben.

Traumabearbeitung
Eine Form von Traumabearbeitung kann dann so aussehen, dass Betroffene sich das Ereignis quasi wie einen Film vorstellen. Sie sitzen mit der Therapeutin quasi in einem Kino und schildern das Ereignis wie einen Film (so genannte Bildschirmtechnik oder Screentechnik). Ziel ist es, den Film zunächst möglichst distanziert zu schildern, um dann immer mehr Gefühle verknüpfen zu können. Eine vorgestellte (also nur in der Phantasie existie-

rende) Fernbedienung soll symbolisch helfen, den Film zu dosieren (in Stumm-Modus wechseln, Pausetaste betätigen, das Bild schwarz-weiß werden lassen etc.). Nach und nach kann dann aber eine emotionale Verarbeitung des traumatischen Ereignisses erfolgen.

Eine weitere Form von Traumakonfrontation stellt das EMDR (Eye movement desensitization and reprocessing) dar (12). Hierbei wird sehr intensiv mit der traumatischen Situation und den sich daraus ergebenden negativen Grundüberzeugungen gearbeitet und gleichzeitig werden die Betroffenen etwa gebeten bestimmte Augenbewegungen (es gibt hier noch andere Möglichkeiten) zu machen, indem sie mit den Augen den Fingern der Therapeutin/des Therapeuten folgen. Dies alles erfolgt sehr strukturiert. Eine Besonderheit dieses Verfahrens ist, dass die Betroffenen noch einmal sehr deutlich mit dem Trauma in Kontakt kommen. Von daher ist es wichtig gut zu schauen, wie stabil die Betroffenen sind und ob ein solches Vorgehen überhaupt möglich ist. Wenn dies der Fall ist, zeigt das EMDR aber oft verblüffende Wirkungen und es ist ein wissenschaftlich gut untersuchtes Verfahren (12).

Fallbeispiel 3

Es handelt sich um einen Mann, der bei Kriegsbeginn 8 Jahre alt war. Eine für ihn besonders schlimme Erinnerung ist das Miterleben, wie ein Kind durch einen Schäferhund getötet wurde. Seine Familie selbst galt, da sie zu einer Randgruppe gehörte in dieser Zeit, als sehr gefährdet und er wusste, dass von den Deutschen Schäferhunde auch zu schrecklichen Taten an Menschen eingesetzt wurden. Lange Zeit war ihm dieses Ereignis aber nicht mehr in Erinnerung gewesen, wohl eine für ihn unerklärliche Angst vor Hunden. Im Alter erlebte er dann, wie ein Nachbarshund (Schäferhund) über den Zaun sprang und auf seine Enkeltochter zulief, die ängstlich schreiend weglief, wobei der Hund hinter ihr herlief und sie fiel. Die Besitzerin des Hundes konnte diesen einfangen. Es stellte sich heraus, dass der Hund am ehesten spielen wollte. Der Patient, allerdings war von einer für ihn unerklärlichen Wut erfasst. Er stürzte sich auf die Nachbarin, schlug sie, bedrohte sie und hatte keine Kontrolle mehr über sich. So etwas war ihm zuvor noch nie passiert. Auch in der Folgezeit entwickelte er für ihn unerklärliche Aggressionen, wurde im Kontakt immer unangenehmer. Er litt gleichermaßen wie seine Umwelt unter diesem Verhalten, ohne dass er es ändern konnte. Erst im Laufe der Behandlung und einer EMDR-Sitzung, in der die Situation mit Hund und Enkeltochter bearbeitet wurde, tauchten plötzlich die früheren Bilder in ihm auf mit allen dazugehörigen Gefühlen. Ihm wurde klar, dass die jetzige Situation und die damalige tödliche Situation sich „gemischt" hatten und er quasi wie in der Vergangenheit fühlte und handelte. Durch das Bewusstmachen dieser Zusammenhänge konnte er sich besser verstehen und mit heutigen Situationen wesentlich angemessener umgehen.

Medikamente

Bei der Frage nach Medikamenten zur Behandlung von Traumafolgestörungen ist es so, dass sich die Gabe von Medikamenten bei Traumafolgestörungen in der Regel an den Symptomen orientiert. Es gibt keine Belege, dass eine Traumafolgestörung grundlegend durch Medikamente „bearbeitet" werden kann, Medikamente können aber bestimmte Symptome lindern und Betroffene unter Umständen erst in die Lage versetzen, Traumaarbeit im engeren Sinne durchführen zu können. Bewährt haben sich in diesem Zusammenhang besonders Antidepressiva. Sehr vorsichtig sollte der Einsatz von Benzoediazepinen erfolgen, da diese unter Umständen die Verarbeitung traumatischer Erfahrungen sogar blockieren können und ein deutliches Suchtpotenzial mit sich bringen.

Zusammengefasst

Zusammengefasst ist zu sagen, eine traumatische Erfahrung ist noch keine Krankheit, aber traumatische Erfahrungen können zu Krankheiten führen. Und ob dies geschieht, hängt von sehr vielen verschiedenen Faktoren ab. Auch die Krankheitsfolgen können sehr vielfältig sein. Es gibt heutzutage gute Möglichkeiten zur Bearbeitung traumatischer Erfahrungen, aber es gibt auch Grenzen. Gerade bei lang andauernden und vielfachen Traumatisierungen muss in der Regel mit Traumabearbeitung sehr vorsichtig umgegangen werden, manchmal ist sie auch nicht möglich, sondern Schwerpunkt der Behandlung sind stabilisierende Maßnahmen. Kriegserfahrungen sind potenziell traumatische Erfahrungen, sie können (müssen aber nicht) krank machen. Manchmal setzen sich diese Traumatisierungen in Folgegenerationen fort, oftmals ohne dass dies den Betroffenen bewusst ist. Nicht alle Wunden „sind zu heilen", aber das Wissen um mögliche Folgen von Traumatisierungen kann helfen, manches Leid zu verringern.

Literaturverzeichnis

1. Bode S (2004). Die vergessene Generation. Die Kriegskinder brechen ihr Schweigen. 6. Aufl. Stuttgart, Klett-Cotta.

1. Bode S (2009). Kriegsenkel – Die Erben der vergessenen Generation. Stuttgart, Klett-Cotta

2. Ermann M (2006). Wir Kriegskinder. Forum Psychoanal. 20: 226–239.

3. Heuft G (1998). Die Bedeutung der Traumareaktivierung im Alter. Psychother Psychosom med Psychol. 43: 46–54

4. Radebold H (2004). Kindheiten im Zweiten Weltkrieg und ihre Folgen. Gießen, Psychosozial-Verlag

5. Dilling H, Freyberger H J (2008). Taschenführer zur ICD-10-Klassifikation psychischer Störungen. 4. Auflage. Bern, Huber.

6 Flatten G, Gast U, Hofmann A, Liebermann P, Reddemann L, Siol T, Wöller W, Petzold E (2004). Posttraumatische Belastungsstörung. Leitlinie und Quellentext. 2. Aufl. Stuttgart, Schattauer.

7. AWMF (Arbeitsgemeinschaft der Wissenschaftlichen Medizinischen Fachgesellschaften). Leitlinie Diagnostik und Behandlung von akuten Folgen psychischer Traumatisierung. AWMF online. www.awmf.org.

8. Wöller W (2006). Trauma und Persönlichkeitsstörungen. Psychodynamisch-integrative Therapie. Stuttgart, New York, Schattauer.

9. v. d. Haart O, Nijenhuis E, Steele K. (2008). Das verfolgte Selbst. Strukturelle Dissoziation und die Behandlung chronischer Traumatisierung. Paderborn, Junfermann.

10. Reddemann L (2004). Psychodynamisch imaginative Traumatherapie. PITT – Das Manual. Paderborn, Junfermann.

11. Reddemann L (2008). Imagination als heilsame Kraft. Zur Behandlung von Traumafolgestörungen mit ressourcenorientierten Verfahren. 14. Aufl. Stuttgart, Klett-Cotta.

12. Hofmann A (2006). EMDR. Therapie psychotraumatischer Belastungssyndrome. 3. Aufl. Stuttgart. New York, Thieme.

Kann die Handtasche traumatisieren?

Rolf D. Hirsch

„Eine 68 Jahre alte Rentnerin ist am Montagabend in der Belaustraße niedergeschlagen und beraubt worden. Die Frau erlitt schwere Verletzungen und musste stationär in einem Krankenhaus behandelt werden. Die Rentnerin war gegen 23.20 Uhr auf dem Nachhauseweg gewesen, als der Täter sie von hinten niederschlug. Die Frau stürzte und zog sich mehrere Knochenbrüche, Gesichtsverletzungen und eine Gehirnerschütterung zu. Der Räuber entriss ihr die Handtasche und flüchtete in Richtung Eltinger Straße. Er ist zwischen 18 und 20 Jahre alt. Er hat kurze, dunkle Haare und trug eine auffällige helle Dreiviertelhose sowie ein beigefarbenes Oberteil" (Stuttgarter Zeitung 2009).

„Als die 90jährige Rentnerin, mit Einkaufstüten schwer beladen, nach Hause kam, sah sie einen jungen Mann, der eingehend die Briefkästen vor dem Hamburger Altenheim musterte. Die Greisin hatte „gar keinen Arg", bis der Fremde wortlos auf sie zusprang und ihr die Handtasche entriss: Beute: 6 Mark" (Spiegel 1990).

Vielfältig sind die Beispiele über Handtauschenraub, die in Zeitungen immer wieder aufgegriffen werden. Die Aufklärungsrate ist gering „Straßenraub ist das risikoloseste Geldbeschaffungsmittel", urteilt der Leiter eines Raubdezernates der Kriminalpolizei (Spiegel 1990). Ist es nur die Handtasche, die geraubt wird? Sind manchmal auch erhebliche körperliche Verletzungen damit verbunden, so tauchen in Gesprächen mit Betroffenen noch ganz andere Verletzungen mit weitreichenden Konsequenzen auf. Wie geht es den Opfern? Die Spannweite der Verarbeitung ist – sicherlich auch individuell bedingt – sehr unterschiedlich.

Wer schon einmal eine Brieftasche verloren hat, weiß, welche Folgen damit verbunden sein können (z. B. neue Ausweise besorgen, Konto sperren lassen). Wenn einem eine Handtasche oder Brieftasche gestohlen oder entrissen wurde, ist man schon mehr auch psychisch belastet. Wenn es sich nun um eine ältere Frau handelt, deren Handtasche entrissen wurde, tauchen häufig noch ganz andere Probleme auf, die häufig erst nach mehreren Gesprächen mit ihr offenbart werden. Die Handtasche ist weniger ein einfacher Gebrauchsgegenstand. Sie birgt viele Utensilien und Persönliches sowie oft auch Ausweise und Geld. Ihr Verlust ist selten nur das Abhandenkommen einer Sache, die einfach ersetzt werden kann. Hinzu kommt das Gefühl der Hilflosigkeit und des Ausgeliefertseins. Manche ältere Frauen sind gehbehindert (Rollator), leiden an mehreren Erkrankungen und können sich mangels physischer Kraft nicht richtig wehren. Scham, Angst und zeitweilige Verwirrtheit können hinzukommen und so ein Bild einer massiven Traumatisierung mit den entsprechenden Folgen ergeben. Die Handtasche wird oft als ein Stück des Selbst erlebt, welches verletzt wurde. Hinzu kommt, dass die Glaubwürdigkeit von Älteren manchmal angezweifelt wird und somit durch die Umwelt eine weitere Kränkung und Beschämung die Folge ist. Aus einem „Alltagserleben" wird eine akute Belastungsstörung oder auch eine Posttraumatische Belastungsstörung.

1. Vorurteile und Altersdiskriminierung: Wegbereiter der Gewalt

Auf dem Boden von Vorurteilen und Mythen gegen alte Menschen als Gruppe bestehen eine Reihe von Ansichten, die Ausgangspunkt von Diskriminierungen sind und – bei der derzeitigen Diskussion um Kostensenkung im Gesundheitswesen – eine nicht zu unterschätzende Rolle spielen. Begriffe wie „Altenplage", „Seniorenlawine", „die demographische Zeitbombe tickt" und „die demographische Katastrophe" sollen als Beispiele genügen. Diese Vorurteile entstehen durch
- die Schwierigkeit, die Perspektive der Betroffenen einzunehmen
- geschichtlich gewachsene, nur schwach kaschierte, aber immer noch tabuisierte Aversion oder sogar Aggression gegen alte Menschen
- unrealistische Wahrnehmung der Lebenswelt alter Menschen
- abwertende sprachliche Beurteilung des Alters und der Alten (Illhardt 1995).

Man hat den Eindruck, um mit Dieter Hildebrand (Fernsehsendung „Scheibenwischer" 2004) zu sprechen, dass Altwerden im Prinzip bei uns erlaubt ist, „aber es wird nicht gern gesehen", insbesondere wenn es mit Krankheit und Pflegebedürftigkeit verbunden ist. So bleibt es nicht aus, dass das Selbstbild alter Menschen ebenfalls nicht positiv ist. „Der alte Mensch ist das, was an ihm – auch von Helfern – wahrgenommen und ihm als Würde und Wert von Jüngeren zugesprochen wird. Eine Fixierung der Perspektive auf „alt" (bedeutet fälschlicherweise gleich Abbau, Belastung und nicht Bereicherung) mit dementsprechender Einstellung führt sowohl bei der Diagnostik wie auch bei der Behandlung, Rehabilitation und Pflege zu Unterlassungen, welche die Gesundheit gefährden. Nicht der alte Mensch bestimmt, was er benötigt, sondern der Jüngere, für den es schwer ist, die Perspektive eines alten Menschen erfassen zu können.

2. Gewalt: ein vielschichtiges destruktives Handeln

Begriffe wie Misshandlung, Vernachlässigung, Aggression und Gewalt werden heute oft synonym zur Beschreibung von Handlungen benutzt, die eine Person schädigen. Auch wenn der Begriff „Gewalt" leicht zur Skandalisierung verführt und selten wertfrei benutzt wird, halte ich diesen dennoch für sinnvoll. Verdeutlicht wird, dass Gewalt immer auch ein Rechtsbruch ist.

Dieck (1987) definiert Gewalt *„als eine systematische, nicht einmalige Handlung oder Unterlassung mit dem Ergebnis einer ausgeprägten negativen Einwirkung auf den Adressaten. Eine einmalige Handlung/Unterlassung muss sehr gravierende Negativformen für den Adressaten haben, so sie unter den Begriff der Gewalt subsummiert werden können"*. Die sich hieraus ergebenden Gewaltformen sind: aktive und passive Vernachlässigung (neclect) sowie Misshandlung (abuse), körperliche und psychische, finanzielle Ausbeutung sowie Einschränkung des freien Willens. Die WHO (2002) definiert Gewalt: *„Der absichtliche Gebrauch von angedrohtem oder tatsächlichem Zwang oder physische Macht gegen die eigene oder eine andere Person, gegen eine Gruppe oder Gemeinschaft, der entweder konkret oder mit hoher Wahrscheinlichkeit zu Verletzungen, Tod, physischen Schäden, Fehlentwicklung oder Deprivation führt"*. Galtung (1975) versteht unter Gewalt jedes Handeln, welches potenziell realisierbare grundlegende menschliche Bedürfnisse (Überleben, Wohlbefinden, Entwicklungsmöglichkeit, Identität und Freiheit) durch personelle, strukturelle oder kulturelle Determinanten beeinträchtigt, einschränkt oder deren Befriedigung verhindert. Auch wenn diese Beschreibung von Gewalt manchem zu umfangreich und damit schwer operationalisierbar scheint, bevorzuge ich diese als Grundlage in der Gerontologie.

Die Bereiche der Gewalt gegen alte Menschen lassen sich unterteilen in (Kleinschmidt 1997, National Council on Elder Abuse 2009, WHO 2002):
- körperliche
- psychische und verbale
- sexuelle
- Freiheitseinschränkung
- finanzielle Ausnutzung
- Vernachlässigung und Vorenthalten (aktiv und passiv)
- strukturelle und soziale
- Missbrauch von Gesetzen (z. B. Betreuungsrecht)
- Altersdiskriminierung.

Diese direkten Gewaltformen geschehen in Beziehungen. Viele weitere Faktoren ermöglichen sie, erhalten sie aufrecht oder dienen zu deren Rechtfertigung. Sie sind indirekter, struktureller Art. Sie bilden auch eigenständige Formen von Gewalt, sind eher verdeckt und weniger fassbar als direkte Gewaltformen. (Hirsch u. Vollhardt 2008). Beispiele hierfür sind die gehorsame und gedankenlose Ausführung von inhumanen Anordnungen, erzwungenes Leben im Heim wegen unzureichender regionaler Alternativen, Mangel an Privatsphäre in Einrichtungen, unzureichender Personalschlüssel, mangelhafte Qualifizierung des Personals, unnötige Einrichtung von Betreuung, unzureichende Durchsetzung von Gesetzen, unzureichende öffentliche bzw. staatliche Kontrolle von Einrichtungen und deren Finanzierung sowie unzureichende Wertvorstellung von Pflege und den in Pflegeberufen Tätigen. Die Entscheidungsträger, die häufig Träger und Kontrollorgan in einer Person sind, weisen jede Mitschuld weit von sich und tragen mit dem von ihnen propagierten „Mythos der Einzelfälle" zu einer Verharmlosung der Problematik bei. Sie fördern zudem das Schweigen und die andauernde Tabuisierung der Altersdiskriminierung.

Galtung (1975, 1993) bezieht auch die kulturelle Ebene wie immanente Wertvorstellungen und kollektive Vorurteile, die eine Verringerung von Gewalt erheblich erschweren und all jene Aspekte umfasst, durch die direkte und strukturelle Gewalt legitimiert wird, ein. Deutlich wird durch das „Gewaltdreieck", dass Gewalthandlungen vielfältige Hintergründe und Ebenen haben. Daher ist zu deren Verhütung, Prävention und Intervention

ein umfangreiches Konzept erforderlich. Ausgangspunkte sind (Hirsch u. Vollhardt 2008) :
- Gewalt ist eine vermeidbare Beeinträchtigung menschlicher Grundbedürfnisse. Diese Definition ist neutral und vermeidet den Skandalisierungseffekt von Sachverhalten, deren Emotionalisierung häufig einer Aufklärung und Korrektur im Wege steht;
- die Vermeidung einer einfachen Moralisierung nach einem einfachen „Opfer-Täter"- sowie „Gut-Böse"-Schema;
- multifaktorielle Entstehungsbedingungen, die veränderbar sind und somit zum Handeln auffordern;
- ein mehrdimensionales Assessment.

Ein solches Modell hilft, Gewalt als eine vermeidbare Beeinträchtigung menschlicher Grundbedürfnisse zu sehen. Diese Definition ist neutral und vermeidet den Skandalisierungseffekt von Sachverhalten, deren Emotionalisierung häufig einer Aufklärung, Korrektur und Suche nach Alternativen im Wege steht. Das Modell macht sodann die Bedeutung von multifaktoriellen und mehrdimensionalen Entstehungsbedingungen sichtbar, die veränderbar sind und somit zum Handeln auffordern. Zudem hilft es, die Gewaltproblematik nicht allein auf eine Opfer-Täter-Dichotomisierung oder eine reine Beziehungsproblematik zu reduzieren. Dies ist zur Vermeidung von Emotionalisierung und zur Operationalisierung von Alternativen entscheidend.

Gewalt kann im öffentlichen Raum, im familiären Bereich und in Institutionen (Kliniken, Pflegeheimen) auftreten. Derzeit gibt es immer noch zu wenig Erkenntnisse über das Ausmaß des Auftretens. Übereinstimmung herrscht, dass das Dunkelfeld erheblich größer ist, als durch Untersuchungen festgestellt wird. Im Folgenden soll nur auf das Gewaltfeld im öffentlichen Raum eingegangen werden.

3. Kriminalität im öffentlichen Raum

Geht man von der polizeilichen Kriminalstatistik aus, die allerdings nur Delikte erfasst, die zur Anzeige kommen, so werden über 60-Jährige erheblich seltener als Jüngere Opfer von Gewalt (Bundeskriminalamt 2009). Insgesamt waren im Jahr 2008 5,4 % der Opfer 60 Jahre und älter (5,0 % Männer; 5,9 % Frauen). Aus einer älteren postalisch durchgeführten Untersuchung geht allerdings hervor, dass der Anteil der über 60-Jährigen mit Gewalterfahrung bei 11,4 % liegen dürfte (Hirsch u. Kranich 1999). Die Zahlen aus einer bundesweiten Opferbefragung liegen deutlich darunter. Innerhalb eines Jahres wurden 6,9 % der Frauen und 6,2 % der Männer Opfer (BMFSFJ 2009). Diese Untersuchung schließt allerdings nur bis zu 85-jährige ein.

Es gibt einige Deliktfelder, bei denen gezielt alte Menschen als Opfer ausgesucht werden. Hierunter fällt der Handtaschenraub. 55 % dieser Delikte wird bei 60-Jährigen und älteren Personen verübt. Die Opfer sind meist Frauen (96 %). Aus einer Zusammenstellung (BMFSFJ 2009) geht hervor, dass zwischen 1993 und 2006 die Anzahl der Opfer leicht rückläufig ist.

Als charakteristische Merkmale des Handtaschenraubes werden genannt (BMFSFJ 2009):
- Täter sind überwiegend Kinder, Jugendliche und männliche Heranwachsende,
- Opfer sind überwiegend ältere Frauen, die zu Fuß unterwegs sind,
- Handtaschenraub ist ein typisches Phänomen der Großstädte, bevorzugte Plätze sind Stadtrandlagen, Friedhöfe und Nebenstraßen,
- typisch sind Überraschungsmomente, dem Opfer wird ohne weiter gehende Auseinandersetzung die Handtasche weggenommen oder entrissen.

4. Folgen einer Gewalthandlung

Die Auswirkungen von Gewalt bei alten Menschen, insbesondere seelische und körperliche Schäden, werden als besonders gravierend beschrieben (Whittaker 1987). Aus der Bonner HsM-Studie geht hervor, dass 17 von insgesamt 44 durch die Misshandlung nachhaltig beeinträchtigt wurden (Brendebach u. Hirsch 1999). 15 von ihnen in Form von Ängsten, 12 berichteten von dem Gefühl der Missachtung und Erniedrigung. Bei 10 kam es zu finanziellen Nachteilen, bei 6 zu körperlichen Verletzungen. Viele reagierten auf eine Gewalthandlung nicht oder widersetzten sich. Längerfristig kamen Strategien der Vermeidung oder des Kontaktabbruches zum Tragen. Aus einer Untersuchung von Comijs et al. (1998) geht hervor, dass die

meisten Opfer mit „anger, disappointment or grief" reagierten. Auf verbale oder körperliche Aggression reagierten immerhin 11 von 43 selbst aggressiv.
Berücksichtigt man bisherige empirische, kasuistische und beschreibende Arbeiten über diesen Themenbereich, so lassen sich als Folgen von Gewalt (im öffentlichen Raum, in der Familie und in Institutionen) zusammenfassend beschreiben:
- länger andauernde Gefühle der Erniedrigung, Beschämung, Missachtung und Hoffnungslosigkeit bis zur Selbstaufgabe
- zunehmende Isolation, Vereinsamung und Angst vor Dritten
- pathologische Trauerreaktion und reaktive Depression
- Hilflosigkeit, Abhängigkeit und Lähmung von Aktivitäten
- Vermehrung und Chronifizierung von Ängsten
- länger andauernde körperliche und psychische Beeinträchtigung nach massiver körperlicher Gewaltanwendung
- Auftreten von psychosomatischen Erkrankungen
- Verlust von Vertrauen in Angehörige oder Professionelle, wenn diese die Täter sind
- destruktive Umgangsweisen mit sich selbst bis zum Suizidversuch
- Abgleiten in die Armut nach finanzieller Ausbeute
- akute und Posttraumatische Belastungsstörungen (Retraumatisierungen, Traumareaktivierung).

5. Psychische Störungen im Alter: Aspekte von Krankheitsbildern

Ältere Menschen mit einer psychischen Störung sind als Opfer mehr gefährdet als andere. Insbesondere ist es oft schwer, eine an ihnen begangene Gewalthandlung zu objektivieren. Zudem können aktuelle Gewalterfahrungen – auch ein Handtaschenraub – frühere Traumen reaktivieren. Mehrere Faktoren können dieses Geschehen beeinflussen:
- *Vergesslichkeit* (veränderte Gedächtnisorganisation, Hirnleistungsstörung bis Demenz, selektive Erinnerung)
- *Gebrechlichkeit* (körperliche Einschränkungen von Mobilität, Atem- und Herzbeschwerden, Einschränkung des Sehens und Hörens)
- *Abhängigkeit* (Gefühl der Hilflosigkeit, des Ausgeliefertseins, der Abhängigkeit)

- *psychische Beeinträchtigungen* (Vorliegen einer Depression, Angst- oder Panikstörung, suizidales Syndrom, Misstrauen und paranoide Erlebnisverarbeitung)
- *soziale Isolation* (Rückzug nach Berentung, Verwitwung, Armut, Einsamkeit)
- *Lebensrückblick* (Autobiografie, frühere ähnliche Ereignisse, Erinnerung an andere Traumen).

Da psychische Störungen im Alter häufig übersehen oder als „altersbedingt" abgetan werden, soll ein kurzer skizzenhafter Überblick über sie gegeben werden. So wird z. B. der Beginn einer Demenz mit „normaler Altersvergesslichkeit" verwechselt. Vororientierung ist, dass im Alter „eigentlich jeder" irgendwie dement werden würde. Auch das Vorurteil, dass Altern mit Depressivität einhergehen würde, ist nicht selten anzutreffen. Dementsprechend sind auch die diagnostischen und therapeutischen Maßnahmen. Wer eine psychische Störung hat oder gleichzeitig noch weitere körperliche Erkrankungen, wird in unserer Gesellschaft eher als monetäre Belastung gesehen. Wird ein solcher Mensch dann noch Opfer einer kriminellen Handlung, dann ist das Verständnis und eine Hilfestellung nicht selbstverständlich.

Die Häufigkeit von psychischen Störungen liegt bei über 65-Jährigen bei ca. 25 %. Dieser Befund wird übereinstimmend von in- und ausländischen epidemiologischen Untersuchungen bestätigt (Bickel 2003). Bekannt ist, dass die Prävalenz psychischer Störungen im höheren Lebensalter ansteigt. So geht man davon aus, dass mehr als 30 % der über 75-Jährigen unter einer psychischen Störung leiden. Dieser Anteil erhöht sich noch bei den über 85-jährigen, wobei dies besonders auf die Zunahme der Demenzen zurückzuführen ist.

5.1 Demenz

Demenz ist ein Sammelbegriff für Erkrankungen, die durch eine sekundäre Verschlechterung der geistigen Leistungsfähigkeit gekennzeichnet sind. Nach dem ICD-10 (10. Revision der Internationalen Klassifikation psychischer Störungen) handelt es sich um ein Syndrom mit den folgenden Merkmalen:

- Abnahme des Gedächtnisses und anderer kognitiven Fähigkeiten (z. B. Urteilsfähigkeit, Denkvermögen)
- kein Hinweis auf Bewusstseinstrübung
- Störung der Affektkontrolle, des Antriebs oder Sozialverhaltens (mit emotionaler Labilität, Reizbarkeit, Apathie oder Vergröberung des Sozialverhaltens)
- Dauer der Störungen mindestens 6 Monate.

Um von einer Demenz sprechen zu können, ist es erforderlich, dass die Symptome dabei so schwerwiegend sind, dass sie zu einer deutlichen Beeinträchtigung der Alltagsbewältigung und Lebensführung führen. Zu unterteilen ist nach den verschiedenen Formen der Demenz (am häufigsten Alzheimerdemenz: ca. 60 %) und nach dem Schweregrad der Erkrankung. Zudem treten meist auch nichtkognitive Veränderungen (z. B. Halluzination, Depression, Verhaltensstörungen) auf, die ein Zusammenleben erheblich erschweren können. Gibt es auch Hinweise für psychische und psychosoziale Faktoren, die die Entwicklung und den Verlauf einer Demenz beeinflussen, so sind die wissenschaftlichen Ergebnisse noch lückenhaft. Sich nur auf organische Veränderungen zu beziehen, würde dem Krankheitsbild kaum gerecht werden.

Die gemeinsame Zielvorstellung der am Betreuungs- und Behandlungsprozess Beteiligten soll sein, die Selbstbestimmung und Selbstständigkeit der kranken Menschen so lange wie möglich aufrechtzuerhalten und alles zu tun, um eine persönliche Lebensqualität und Würde auch im Spätstadium der Krankheit noch zu gewährleisten. Neben Medikamenten (Anti-Dementiva) sind psychosoziale und -edukative Maßnahmen genauso wichtig wie aktivierende Pflege und ein freundliches, stabiles Milieu. Zudem sollten Angehörige ermutigt werden, ihre Bedürfnisse nicht zu vernachlässigen und sozialer Isolation vorzubeugen.

5.2 Depression und Suizid

Bei einer Depression handelt es sich um ein vielfältig variierendes, mehrdimensional strukturiertes, multikausal determiniertes komplexes Phänomen. Begriffe wie „Involutionsdepression" oder „Altersdepression" sind wenig hilfreich. Sie repräsentieren eine negativ geprägte Vorstellung vom Altern.

Verwechselt wird häufig eine Trauerreaktion mit einer Depression und dadurch eine notwendige Trauerarbeit behindert. Manchmal ist es auch nicht einfach, eine Depression von einem beginnenden demenziellen Prozess zu unterscheiden.

Depressive Symptome im Alter scheinen weniger von vitaler Traurigkeit und Gefühlen der Depressivität geprägt zu sein als von Unlustgefühlen, Verlustängsten und Schuldgefühlen bis hin zu Wahnvorstellungen. Häufige Klagen sind: vitale Unlust, Zukunftsängste und Sinnlosigkeit des Lebens, Schuldgefühle, Ängste, Selbstvorwürfe und pessimistische Gedanken, Suizidideen, Lust-, Freud-, Interesse- und Antriebslosigkeit, Konzentrationsstörungen, verminderte Leistungsfähigkeit, chronische Obstipation, Schlaflosigkeit und eine Vielzahl von körperlichen Beschwerden.

Hat sich auch generell durchgesetzt, dass es einer mehrschichtigen Behandlung von Depressionen bedarf, so wird in der Praxis dem Medikament – oft unabhängig von der Art der Depression – immer noch mehr Wirkung zugesprochen, als psychosozialen Interventionen. Werden auch in der Praxis Antidepressiva der neueren Generation (selektive Serotonin-Wiederaufnahme-Hemmer) bei alten Menschen bevorzugt eingesetzt, schon wegen ihrer geringeren Nebenwirkungen, so muss man doch manchmal auf „bewährte" trizyklische Antidepressiva zurückgreifen.

Suizide von alten Menschen sind erheblich häufiger als von jüngeren. Die Suizidraten steigen bei Männern wie bei Frauen im Alter an und erreichen im hohen Alter ihren Höhepunkt. Die höchste Suizidrate in der Bevölkerung findet sich bei Männern über 75 Jahren. Suizidversuche nehmen mit zunehmendem Alter ab. Bekannt ist, dass mit zunehmendem Alter Todeswünsche und Suizidgedanken zunehmen.

Ein wichtiger, wenn nicht der wichtigste Einflussfaktor für Suizidalität über alle Altersgrenzen sind psychische Erkrankungen, insbesondere Depressionen. Der Suizidgefahr in Verbindung mit Depressionen kommt im Alter eine besondere Brisanz zu, weil zusätzliche, erschwerende Begleitsymptome wie somatische Störungen, Schmerzzustände, kognitive Einbußen, Krankheits- und Siechtumsängste sowie soziale Isolierung und Vereinsamung den alten Menschen belasten können. Als weitere Risikofaktoren werden genannt: körperliche Erkrankungen, soziale Defizite und Belastungen, emotionale Faktoren und verfügbares soziales Netz.

5.3 Paranoide Störungen und Symptome

Unter paranoiden Störungen im engeren Sinn (synonym: „Altersparanoid", „Spätparanoid", „paranoides Syndrom", „paranoide Reaktion") wird eine Krankheitsgruppe verstanden, bei der ein lang anhaltender Wahn das einzige oder das auffälligste klinische Charakteristikum ist und welche nicht als organisch, schizophren oder affektiv klassifiziert werden kann. Der Inhalt des Wahns oder des Wahnsystems ist bei den Patienten sehr unterschiedlich. Paranoide Symptome können dagegen bei einer Vielzahl von psychischen Erkrankungen auftreten (z. B. Demenz, Depression).

Vielfältig und individuell ist eine paranoide Entwicklung. Zusammenhänge zwischen einer erhöhten körperlichen, hirnorganischen, psychischen und sozialen Vulnerabilität werden diskutiert, die zum Rückzug und Vermeidung von Belastungssituationen führen. Gekennzeichnet ist diese Entwicklung durch Introversion, Ängstlichkeit, Selbstentwertung, Misstrauen und Feindseligkeit. Einschränkungen des Sehens und Hörens sowie demenzielle Erkrankungen sind spezifische Bedingungen, die im Alter eine paranoide Entwicklung unterstützen. Als isolierter Wahn tritt das so genannte „Kontaktmangelparanoid" auf. Ältere Frauen, die sozial isoliert leben, leiden eher unter diesem Krankheitsbild. Paranoide Störungen neigen zur Chronifizierung. Häufig werden sie mit dem Alltagsgeschehen verknüpft und persistieren dann.

Die Behandlung ist in der Regel schwierig und nicht immer erfolgreich. Notwendig ist auch eine ausreichende körperliche Untersuchung, um mögliche andere Erkrankungen zu erkennen und zu behandeln (z. B. Seh- und Hörschwäche). Da paranoide Symptome auch bei anderen psychischen Störungen auftreten, sollten erst differentialdiagnostische Überlegungen durchgeführt werden, um die entsprechende psychische Grunderkrankung nicht zu übersehen. Im Vordergrund der Therapie steht der Aufbau einer angstreduzierenden sowie vertrauensfördernden Beziehung und eines dementsprechenden Milieus. Wenig sinnvoll ist, den Kranken von der Realität überzeugen zu wollen oder einfach „mitzuspielen". Zunächst gilt es, die paranoiden Inhalte ernst zu nehmen und als Realität des Patienten zu akzeptieren. Manchmal ist ein Ortswechsel (z. B. beim Kontaktmangelparanoid) erforderlich. Meist ist das Zusammenspiel mehrerer Interventionen notwendig (Psychopharmaka, stützende psychoedukative Gespräche, Tagesstrukturierung und Milieuverbesserung).

5.4 Angststörungen

Angst ist eine Erlebens- und Verhaltensweise, die der Bewältigung bzw. dem Bewältigungsversuch äußerer und innerer Bedrohungen (reale, befürchtete, eingetretene, grundlose) dient. Angst hat eine affektive (Gefühlserleben im engeren Sinn), eine kognitive (z. B. sich Sorgen machen) und eine körperbezogene (Wahrnehmung von physiologischen Veränderungen und Ausdrucksmotorik) Komponente. Häufige körperliche Symptome sind z. B. Herzklopfen, Atemnot, Schwitzen, Muskelschwäche, Zittern, Schwindel- und Benommenheitgefühle. Pathologische Ängste sind charakterisiert durch (Langs u. Zapotoczky 1995) unangemessene Angstreaktionen, überdauernde (chronische) Angstreaktionen, Unfähigkeit des Betroffenen, sich seine Angst zu erklären, sie zu reduzieren oder zu bewältigen und das Folgen einer mehr oder weniger massiven Beeinträchtigung der Lebensqualität. Im klinischen Bereich wird häufig unterschieden zwischen den Primärängsten (Angstkrankheiten im engeren Sinn: Paniksyndrome, Phobien, generalisierte Angststörungen) und den Sekundärängsten (Angstformen im Rahmen psychiatrischer oder körperlicher Grunderkrankungen).

Angststörungen im Alter werden leicht übersehen und verkannt (Kurz 1993). Dies liegt hauptsächlich daran, daß mit zunehmendem Alter Krankheitsbilder „verschwommen" sind, die Grenze zwischen „gesund" und „krank" eher fließend ist und im Vordergrund der Beschwerdeschilderung häufig uncharakteristische körperliche Symptome stehen. Diese werden bei alten Menschen sehr viel häufiger als bei jüngeren mit organischen Störungen erklärt oder mit dem Alter („das ist im Alter so") und nicht behandelt. Alte Menschen sprechen zudem ungern über psychische Probleme oder Störungen. Auch fällt das für viele Angststörungen – besonders für die Phobie – charakteristische Vermeidungsverhalten bei alten Menschen weniger auf als bei jüngeren. Sie sind seltener Leistungsanforderungen oder vorgegebenen Terminen ausgesetzt. Ihre sozialen Kontakte sind zudem eingeschränkter.

Die Behandlung ist mehrdimensional. Zur medikamentösen Behandlung werden Antidepressiva und Tranquilizer eingesetzt. Entspannungsverfahren (Autogenes Training und Progressive Muskelrelaxation) gehören zur Basistherapie. Verhaltenstherapeutische Techniken werden überwiegend bei Panikerkrankungen oder Phobien eingesetzt. Diesbezügliche Methoden sind: Desensibilisierung, Angst-Meidungs-Training, Angst-Management-

Training und Selbstsicherheitstraining. Psychoanalytisch orientierte Behandlungsverfahren (insbesondere Fokaltherapie) kommen eher bei generalisierten Angstneurosen zur Anwendung.

6. „Nur die Handtasche...."

„Wer alte Menschen oder Behinderte als Opfer auswählt, handelt nach einer perfiden Logik. Er weiß, dort ist kaum oder nur wenig Widerstand zu erwarten, das Risiko ist gering. Und nur diese Logik zählt für die Täter", sieht dies nüchtern ein Ermittler (Seniorenreport 2009). *„Wissen Sie, ich ärgere mich über mich, dass ich mir die Handtasche entreißen ließ, aber er war so schnell wieder weg",* klagt eine 74-jährige Frau. *„In der Handtasche hatte ich kleine persönliche Dinge, die mir sehr ans Herz gewachsen sind, nicht nur Geld und einige Ausweise. Es ist, als ob etwas von mir herausgerissen worden wäre."* Angesprochen, ob sie das Gefühl kenne, meint sie: *„Es ist die Ohnmacht, auch eine ohnmächtige Wut auf mich und die anderen, die Hilflosigkeit und die Beschämung. Als Kind ist mir das öfters passiert, auch von meinen Geschwistern. Die nahmen mir Sachen weg und hänselten mich so sehr, dass ich heulend zu meinen Eltern gelaufen bin. Die haben aber nur gelacht und gemeint, ich solle mich halt wehren. Dieses völlige Ausgeliefertsein und dann auch noch das Verlachen. Ich zog mich dann immer mehr zurück. Ich war dann bei der Polizei. Die war verständnisvoll, hat aber gemeint, dass sie nichts machen könne und ich mich in Zukunft mehr in Acht nehmen solle."*

Natürlich gibt es alte Menschen, die sich über den Raub ärgern und dann ohne weitere Auswirkungen diesen vergessen. Etwas schwieriger wird es, wenn körperliche Verletzungen mit weiteren Auswirkungen dazukommen, die nicht selten dann zu Klinikaufenthalt führen. Allerdings klagen mehr nicht nur über den Raub einer Handtasche, sondern berichten über vielfältige Folgesymptome wie z.B. Schreckhaftigkeit, Selbstvorwürfe und Schlaflosigkeit. Manche bekommen quälende Albträume. Es taucht die Situation im Traum immer wieder auf und lässt sie in der ersten Zeit kaum los. Manche klagen über psychovegetative Symptome. Andere erinnern sich an frühere Traumen, die sie mit dem jetzigen verbinden. Manche verhaften in immer wiederkehrenden Angstgefühlen, die sie quälen. Gerade die Erkenntnis, dass jüngere, kräftige Menschen alte, z. T. nicht mehr so mobile und in ihren Aktivitäten eingeschränkte Menschen berauben, führt auch beim

Opfer dazu, sich „alt" (oft missverstanden als „gebrechlich", „schusselig") zu fühlen mit allen negativen Vorurteilen.

Die Handtasche ist oft Symbol für Intimität und das Selbstbild. Traumatisierend ist weniger der Verlust von Sachen, sondern vielmehr von Kontrolle und Selbstsicherheit. Gerade im Alter ist man hierfür besonders sensibel, vulnerabel und der Beschämung ausgesetzt. So geht es oft nicht nur um eine Bagatelle, sondern um die Auslösung einer psychophysischen Kettenreaktion, die zur Erkrankung führen kann mit der Folge von sozialen Einschränkungen.

7. Aspekte zur Prävention und Intervention

Voraussetzung aller Prävention ist die gesellschaftliche Ächtung von Gewalt und der Schutz der Gemeinschaft für schwächere Gruppen. Dies gilt für den Handtaschenraub genauso wie für Misshandlungen in der Familie oder in Institutionen. Die WHO (2002) formuliert: „Wenn man das Problem der Gewalt umfassend bekämpfen will, müssen die Menschen unbedingt auf allen Ebenen alle möglichen Formen partnerschaftlicher Zusammenarbeit eingehen, um so eine wirksame Gegenwehr aufzubauen." Die Diskussion über Gesetze gegen die Altersdiskriminierung ist immer noch nicht abgeschlossen. Mögen auch Melde- und Anzeigepflichten diskutierbar sein, so können diese Bemühungen auch als Signal verstanden werden, dass die Ahndung von Altenmisshandlung nicht nachrangig der Kindes- oder Frauenmisshandlung ist. Allerdings ist jedes Mitglied einer Gemeinschaft mitverantwortlich für die Verringerung von Gewalt.

Ziel von präventiven Maßnahmen ist generell, vorausschauend einen drohenden Schaden zu verhindern. Voraussetzung hierfür ist, dass ein unerwünschtes bzw. bedrohliches Ereignis mit einer gewissen Wahrscheinlichkeit voraussehbar ist. Zudem müssen Maßnahmen, dieses zu verhindern oder zu verringern, vorhanden sein. Ansatzpunkte sind die Beeinflussung von Bedingungen, die zu Gewalt führen. Die vielfältigen Bilder der Gewalt wie körperliche, psychische, soziale, strukturelle und kulturelle verdeutlichen, wie vielschichtig eine Gewaltsituation sein kann. Betrachtet man die Quellen der Gewalthandlung bei alten Menschen und bedenkt man, dass viele Gewalthandlungen zahlreiche „Vorboten" haben, so können geeignete

Maßnahmen dazu beitragen, diese zu verhindern oder zu verringern (Görgen u. a. 2002, Hirsch u. Vollhardt 2008, WHO 2002):
- Primärprävention: Ansätze, die verhindern sollen, dass es zur Gewalt kommt (z. B. Sensibilisierung der Öffentlichkeit und der Professionellen, ausgewogene Berichte in Medien, Vermehrung des Wissens über Alter und Altern, Vorurteilabbau, regionales Präventionsprogramm, Angebote zum Selbstschutz und Selbstverteidigung von der Polizei, Seniorenbeauftragte der regionalen Polizeikommissariate, Umgebungsgestaltung, Vorinformation über Pflege-Belastung, intergenerative Begegnungen, Suizid-Prävention)
- Sekundärprävention: Ansätze, die sich auf die unmittelbare Reaktion auf Gewalt konzentrieren (z. B. Assessment, Entlastung, Opferschutz, Sensibilisierung der Angebote der Polizei für Senioren, medizinische Behandlung, Psychotherapie, Deeskalation, soziale Unterstützung)
- Tertiärprävention: Ansätze, deren Schwerpunkt auf der Langzeitbetreuung nach Gewalthandlungen liegt (z. B. kontinuierliche Beratung, Psychotherapie, Entzerrung von Beziehungen, Aufbau von Selbstsicherheit, Deeskalationsprogramme, Schulung).

Grundsätzlich ist daher Einfluss auf mehreren Ebenen zu nehmen, um wirkungsvolle Gewaltprävention durchführen zu können. Bedarf es hierzu auch nationaler Aktionsprogramme und politischer Unterstützung, so kann dies primär erst einmal auf regionaler Ebene geschehen (Tabelle 1).

Häufig sind Gewalthandlungen Endpunkte einer schon länger schwelenden Konfliktsituation. In Beziehungen wird sie oft verursacht durch Hilflosigkeit, Überforderung, finanzielle Not, mangelnde Unterstützung und Hilfe. Vielfältige Möglichkeiten bestehen, Gewalt zu reduzieren. Wird der Gewalt nicht Einhalt geboten, tritt sie vermehrt und intensiver auf. Gerade deren Duldung, Wegsehen, Bagatellisieren und Entschuldigen fördert weitere Gewalt.

8. Zusammenfassung und Ausblick

„Gewalt wird oft als unvermeidbarer Bestandteil der menschlichen Befindlichkeit gesehen, als etwas zum Leben Dazugehöriges, das man wohl nicht verhüten und auf das man nur reagieren kann. Doch diese Auffassung wandelt sich allmählich, unterstützt durch die Erfolge, die man bei der Bekämpfung anderer umwelt- und verhaltensbedingter Gesundheitsprobleme erzielt hat, wenn dagegen mit Public-Health-Ansätzen vorgegangen wurde" (WHO 2002).

Gewalt gegen alte Menschen ist ein individuelles und gesellschaftliches Problem, welches nur durch Einsatz aller Beteiligten mit Unterstützung der Politik durch gezielte Präventionsmaßnahmen verringert werden kann (Tabelle 2). Notwendig ist die Sensibilisierung, das Interesse an Veränderungen und die Bewusstwerdung von individuellen und strukturellen Verdrängungsmechanismen. Die vielfältigen Bilder der Gewalt wie körperliche, psychische, soziale, strukturelle und kulturelle verdeutlichen, wie vielschichtig eine Gewaltsituation, die meist eine lange Vorgeschichte hat, und wie notwendig eine differenzierte und auch einzelfallbezogene Sichtweise ist.

Das Beispiel Handtaschenraub verdeutlicht, wie vielschichtig diese oft bagatellisierte kriminelle Handlung sein und die Lebensqualität alter Menschen dadurch erheblich eingeschränkt werden kann. Neben allgemeinen Präventionsstrategien sind daher individuelle, der Situation angepasste Strategien notwendig.

Immer noch gibt es viel zu wenige Möglichkeiten für Betroffene, Hilfe zu erhalten, z. B. durch Notruftelefone oder Krisenberatungsstellen. Die bestehenden Einrichtungen verdeutlichen, dass auf individueller und struktureller Ebene Veränderungen bewirkt werden können. Ist es auch wichtig, dass alte Menschen in ihrer Selbstbehauptung und Verteidigung unterstützt werden, so liegt es mehr denn je an ihnen, die warnenden Worte von Cicero zu berücksichtigen:

„Alter ist nur geehrt unter der Bedingung, dass es sich selbst verteidigt,
seine Rechte behält, sich Niemandem unterordnet
und bis zum letzten Atemzug die eigene Domäne beherrscht".

Tabelle 1: Aspekte zur regionalen Prävention (Hirsch 2006)

Gut erreichbare Anlaufstelle, die zuständig ist für	Bekannt gewordene Altersdiskriminierung Drohende und tatsächliche Misshandlungen (alt - alt / jung - alt / alt - jung) Sensibilisierung der Öffentlichkeit und Medien „regionaler Motor" Fortbildung und Beratung Schulung des Personals Laienarbeit
Krisen- und Notruftelefon:	Ansprechbar für jede Person sowie medizinische und Einrichtungen der Altenhilfe persönliche Beratungszeiten (auch zuhause oder in Institution) „mobiles multiprofessionelles Klärungsteam"
regionale Vernetzung mit:	Altenhilfe / Kommune Lokalen politischen Gremien / Polizei und allen regionalen Anlaufstellen, die Hilfe für Opfer anbieten regionales Fach-Gremium („Runder Tisch") Einbeziehung beim lokalen Altenplan Regionale Pflegekonferenz
Überregionale Zusammenarbeit mit:	Wissenschaftlichen Einrichtungen Themenbezogene Arbeitsgruppen Selbsthilfe- und Interessenverbänden internationalen Vereinigungen Mitarbeit in politischen Gremien
Beratung von:	Professionellen, Institutionen und deren Träger, politischen Gremien u.a.
Weitere Angebote:	Fachbezogene Vorträge und Beiträge Evaluation und praxisorientierte Forschung Erstellung von themenbezogene Handzettel und Broschüren Broschüre mit allen regionalen Hilfsangeboten für alte Menschen
Fortbildungsangebote für:	In der Altenarbeit Tätige, Laienhelfer und alte Menschen Schulen und Weiterbildungsstätten des Gesundheitsbereiches
Schulungen und Kurse für alte Menschen:	Selbstverteidigung Selbstsicherheitstraining Kenntnisvermittlung von regionalen Unterstützungsmöglichkeiten

Tabelle 2 : Wichtige Schlussfolgerungen und Forderungen (Hirsch 2006)

Öffentlichkeit und Kommune:
*Achtung jeglicher Gewalt
Sensibilisierung
Antiageism (auch verbal!)
Schaffung von Krisen- und Notruftelefonen
sowie Altenberatungsstellen*

Politik:
*Einbeziehen von Gewalt gegen alte Menschen
Öffentliche Achtung jeglicher Gewalt
in Gewaltprojekte, Broschüren und Stellungnahmen
Achtung auf Einhaltung von Gesetzen
Förderung von Seniorenvertretern*

Professionelle:
*Sensibilisierung und nicht Verleugnung
Schulung in Fort- und Weiterbildung
Anti-Gewalt-Curricula
Deeskalationstrainings
Kenntnis von Hilfsmöglichkeiten
Zeit zur Reflektion*

Pflegende Angehörige
*Annahme von Hilfsangeboten
Förderung der Psychohygiene
Besuch von Selbsthilfegruppen*

Alter Mensch:
*Selbstverteidigungskurs
Engagement als Seniorenvertreter
Vorsorgevollmacht
Annahme von Hilfen*

Literaturverzeichnis

Bickel H: Epidemiologie psychischer Störungen im Alter. In: Förstl H (Hrsg.): Lehrbuch der Gerontopsychiatrie und -psychotherapie. Stuttgart/New-York: Thieme 2003 (2. Aufl.); 11–26.

Bonner Initiative gegen Gewalt im Alter – Handeln statt Misshandeln e.V.: Alte Menschen in Not: Bei Anruf Rat! Bonn: Eigenverlag 2007.

Böwing (2008): Kriegskinder und posttraumatische Belastungsstörungen. Geriatrie Journal 2008; 6/2008: 35–38.

Brendebach Chr, Hirsch RD: Gewalt gegen alte Menschen in der Familie. In: Hirsch RD, Kranzhoff EU, Schiffhorst G (Hrsg.): Untersuchungen zur Gewalt gegen alte Menschen. Bonner Schriftenreihe „Gewalt im Alter", Band 2. Frankfurt am Main: Mabuse 1999; 83–117.

Cicero T: Cato major de Senectute. Merklin H (Hg.) Stuttgart, Reclam 1998

Bundeskriminalamt: Polizeiliche Kriminalstatistik 2008. http://www.bka.de/pks/pks2008/index.html (10. 01. 2009)

Bundesministerium für Familie, Senioren, Frauen und Jugend: „Sicherer Hafen" oder „gefahrvolle Zone"? Kriminalitäts- und Gewalterfahrungen im Leben älterer Menschen. 2009; http://www.familien-wegweiser.de/bmfsfj/generator/BMFSFJ/Service/Publikationen/publikationsliste,did=126746.html (15. 01. 2009)

Comijs H, Pot AM, Smit HH, Bouter LM, Jonker C: Elder abuse in the community: Prevalence and consequences. Journal of the American Geriatrics Society 1998; 46: 885–888.

Dieck M: Gewalt gegen ältere Menschen im familialen Kontext – Ein Thema der Forschung, Praxis und der öffentlichen Information. Zeitschrift für Gerontologie 1987; 20: 305–313.

Frank Buchmeier (2007): Von der Hochkultur der Tränen. Stuttgarter Zeitung, 2007.

Galtung J: Strukturelle Gewalt, Reinbek bei Hamburg: rororo 1975.

Galtung J: Kulturelle Gewalt. In: Landeszentrale für politische Bildung Baden-Württemberg (Hrsg.): Aggression und Gewalt, Stuttgart: Kohlhammer 1993; 52-73.

Görgen Th, Kreuzer A, Nägele B., Krause S: Gewalt gegen Ältere im persönlichen Nahraum. Schriftenreihe des Bundesministeriums für Familie, Senioren, Frauen und Jugend, Band 217. Stuttgart: Kohlhammer 2002.

Hirsch RD, Erkens F: Wege aus der Gewalt: Notruftelefone, Beschwerdestellen, Krisenberatungs- und Interventionsangebote für alte Menschen und deren Helfer in der Bundesrepublik Deutschland – Erste Bestandsaufnahme. Bonner Schriftenreihe „Gewalt im Alter", Band 5, Frankfurt am Main: Mabuse 1999.

Hirsch RD, Kranich M: Gewalt gegen ältere Menschen im öffentlichen Raum – Ergebnisse der Bonner HsM-Studie. ZfGP 1999; 12 (3): 169–179.

Hirsch RD, Vollhardt BR: Elder maltreatment. In: Jacoby R, Oppenheimer C, Dening T, Thomas A (Hrsg.): Old Age Psychiatry, New York: Oxford Press 2008; 731–745.

Hirsch RD: Zur Notwendigkeit von Beratungsstellen für gewaltbetroffene alte Menschen: Prävention und Intervention. In: Heitmeyer W, Schröttle M (Hrsg.): Gewalt: Beschreibungen – Analysen – Prävention. Bonn: Bundeszentrale für politische Bildung 2006; 171–188.

Illhardt FJ: „Ageism": Vorurteile gegen das Alter. Zeitschrift für Gerontologie 1997; 26: 335–338.

Jones JS, Holstege C, Holstege H: Elder abuse and neclect: understanding the causes and potential risk factors. American Journal of Emergency Medicine 1997; 15: 579–583.

Kleinschmidt KC: Elder abuse: a review. Annales of Emergency Medicine 1997; 30: 463–472.

National Council On Elder Abuse (NCEA): What is elder abuse? http://www.elderabusecenter.org (15. 04. 2009)

Seniorenreport: Wenn alte Menschen zum Opfer werden. 2009; http://seniorenreport.de (22. 06. 2009).

Spiegel: Alles rausrücken. 1990; 51/64b–66.

Stuttgarter Zeitung: Von der Hochkultur ins Tal der Tränen, Nachgeforscht (17) v. F. Buchmeier, 23. 2. 2009

Wetzels P, Greve W, Mecklenburg E, Bilsky W, Pfeiffer Chr: Kriminalität im Leben alter Menschen. BMFSFJ (Hrsg.), Kohlhammer 1995: Stuttgart.

Whittaker T: Elderly Victims. U. S. Department of Justice, Rockville/Md 1987.

World Health Organization: World report on violence and health. Geneva 2002.

Autoren

Prof. Dr. Sabine Bartholomeyczik
Sabine Bartholomeyczik, Krankenschwester, Dipl.-Soz., Dr. rer. pol., habil. Pflegewissenschaft, Inhaberin Lehrstuhl Epidemiologie-Pflegewissenschaft, Institut für Pflegewissenschaft, Fakultät für Medizin, Universität Witten/Herdecke, Deutsches Zentrum für Neurodegenerative Erkrankungen (DZNE), Sprecherin Standort Witten.

Arbeitsschwerpunkte: Demenz (Rahmenempfehlungen, Implementierung von Qualitätsinstrumenten, Assessment), Ernährung (Pfleg. Assessmentinstrumente, Qualitätsinstrumente, epidemiol. Fragen), weitere Assessmentinstrumente, Pflege im Akutkrankenhaus.

Mitglied der Sachverständigenkommission für den Vierten Altenbericht (2000–2002), Mitglied der Enquetekommission NRW zur Zukunft der Pflege (2002–2005), Mitglied im Beirat des Bundesgesundheitsministeriums zur Überprüfung des Pflegebedürftigkeitsbegriffs (2007–2009), Mitglied des Lenkungsausschusses des Deutschen Netzwerks für Qualitätsentwicklung in der Pflege (DNQP).

Prof. Dr. Daniela Birkenfeld
- geb. 1959 in Frankfurt am Main
- Verwaltungsausbildung bei der Stadt Frankfurt am Main
- Studium der Wirtschafts-, Rechts- und Politikwissenschaften an der Johann Wolfgang Goethe-Universität in Frankfurt am Main und in Montreal, Kanada
- Professorin an der Verwaltungsfachhochschule Hessen, Lehrfächer Kommunal-, Europa- und Allgemeines Verwaltungsrecht
- seit 05. 06. 2007 Stadträtin, aktuell Dezernentin für Soziales, Senioren, Jugend und Recht

Prof. Dr. Christina Ding-Greiner
Zur Person:
Verheiratet, drei Kinder und zwei Enkel
Ausbildung:
• Studium der Medizin in Heidelberg und Wien
• 1969 Ärztliche Prüfung, Approbation und Promotion in Heidelberg. Klinische Tätigkeit in Heidelberg, Gießen, Mannheim
• 2001 Diplom in Gerontologie an der Universität Heidelberg. Wissenschaftliche Mitarbeiterin am Institut für Gerontologie
Arbeitsschwerpunkte:
• Ältere Menschen mit geistiger Behinderung oder psychischer Erkrankung
• Konzeptentwicklung in stationären Einrichtungen der Altenhilfe und Behindertenhilfe
• Alternsphysiologie
• Geschlechtsspezifische Alternsprozesse, Prävention und Gesundheitsförderung

Pia Flörsheimer
geb.12. 08. 1955, verheiratet, ein Sohn
Dipl.-Sozialarbeiterin und Dipl.-Sozialgerontologin (Schwerpunkt Gerontopsychiatrie und Suizid im Alter)
Berufliche Schwerpunkte: bis 2000 in verschiedenen psychiatrischen Aufgabenfeldern, zuletzt sozialpsychiatrischer Dienst

Pfarrer Dr. Michael Frase
Leiter der Diakonie des Evangelischen Regionalverbandes Frankfurt am Main, Rechneigrabenstraße 10, 60311 Frankfurt am Main

Univ.-Prof. Dr. med. Gereon Heuft
Facharzt für Neurologie und Psychiatrie
Facharzt für Psychosomatische Medizin und Psychotherapie, Psychoanalyse, Klinische Geriatrie, Lehr- und Kontrollanalytiker (DGPT)
Seit 1990 Direktor der Klinik und Poliklinik für Psychosomatik und Psychotherapie am Universitätsklinikum Münster, verbunden mit dem gleichnamigen Lehrstuhl an der Universität Münster. Mitglied des Wissenschaftlichen Beirates Psychotherapie Bundesärztekammer/Bundespsycho-

therapeutenkammer. Schriftleiter der Zeitschrift für Psychosomatische Medizin und Psychotherapie

Wissenschaftliche Arbeitsschwerpunkte: Gerontopsychosomatik und Alterspsychotherapie; Psychotraumatologie; Motivations- und Ressourcenforschung

Univ.-Prof. Dr. med. Gereon Heuft
Klinik und Poliklinik für Psychosomatik und Psychotherapie
Universitätsklinikum Münster
Domagkstr. 22
48149 Münster
Tel.: 0251-83 52 901
Fax: 0251-83 52 903
E-Mail: heuftge@mednet.uni-muenster.de

Prof. Dr. phil. Dr. med. Dipl.-Psych. Rolf Dieter Hirsch
- 64 Jahre
- Chefarzt der Abteilung für Gerontopsychiatrie und -psychotherapie und des Gerontopsychiatrischen Zentrums der VR-Klinik Bonn
- Vorsitzender von „Handeln statt Mißhandeln – Bonner Initiative gegen Gewalt im Alter e.V." mit Leitung des Notrufs und der Krisen-Beratungsstelle für Senioren und Angehörige
- Vorstandsmitglied im Kuratorium Deutsche Altershilfe
- Professor am Institut für Psychogerontologie der Universität Erlangen-Nürnberg

Beruflicher Werdegang:
Studium der Humanmedizin und der Psychologie an der Ludwig-Maximilians-Universität München. Ärztliche Approbation und Promotion zum Dr. med. 1976, Diplom in Psychologie 1979, Promotion zum Dr. phil. 1983. Weiterbildung zum Nervenarzt im Christophsbad in Göppingen mit Abschluss 1983, Zusatzbezeichnung „Psychotherapie" 1981, „Psychoanalyse" 1987

Anschließend berufliche Tätigkeit an der „Klinik der offenen Tür" in Stuttgart, dann in der Sektion Gerontopsychiatrie der Universität Heidelberg und später als stv. Direktor am Bezirkskrankenhaus Erlangen, seit 1991 Chefarzt der Abteilung für Gerontopsychiatrie und -psychotherapie mit Gerontopsychiatrischem Zentrum der VR-Klinik Bonn

Weitere Tätigkeiten und Aktivitäten:
- Mitarbeit und Leitung verschiedener wissenschaftlicher Projekte im Bereich der Gerontopsychiatrie, -psychotherapie und Gerontologie. Derzeitige Forschungsschwerpunkte: Aggression und Gewalt im Alter, gerontopsychiatrische Versorgung, ethische Fragestellung in der Gerontologie, Witz und Humor im Alter
- Koordinator der jährlichen „Arbeitstagung für Psychotherapie im Alter" (1989–2001)
- Vorsitzender der Deutschen Gesellschaft für Gerontopsychiatrie und -psychotherapie seit (1992–2003)
- Initiator und Vorsitzender von „Handeln statt Mißhandeln – Bonner Initiative gegen Gewalt im Alter e.V." mit Aufbau einer Krisen- und Notrufberatungsstelle (seit 1997)
- Vorstandsmitglied des Kuratoriums Deutsche Altershilfe (seit 1999)
- Mitherausgeber der Zeitschrift für Gerontologie und Geriatrie und der Bonner Schriftenreihe „Gewalt im Alter"
- Präsident der Deutschen Akademie für Gerontologie und- psychotherapie

Dr. med. Andrea Möllering
Geb. 1968, ist Ärztin für Psychosomatische Medizin und Psychotherapie, Ärztin für Psychiatrie und Psychotherapie und Psychoanalytikerin. Seit 2009 ist sie als Chefärztin an der Klinik für Psychotherapeutische und Psychosomatische Medizin am Evangelischen Krankenhaus in Bielefeld tätig. Einer Klinik, die sich seit vielen Jahren schwerpunktmäßig mit der Behandlung schwerer und komplexer Traumafolgestörungen beschäftigt. Zuvor war sie von 2000 bis 2009 an der Klinik für Psychosomatische Medizin und Psychotherapie LVR-Klinikum, Universität Duisburg-Essen tätig. Arbeitsschwerpunkte sind: Diagnostik und Therapie akuter und chronisch komplexer Traumafolgestörungen

Prof. Dr. Michael Quante
Professor für Philosophie mit dem Schwerpunkt Praktische Philosophie an der Westfälischen Wilhelms-Universität Münster. Arbeitsschwerpunkte: Deutscher Idealismus, politische, Rechts- und Sozialphilosophie, Ethik und biomedizinische Ethik

Monografien: Hegels Begriff der Handlung (1993), Ethik der Organtransplantation (Ko-Autor 2000), Personales Leben und menschlicher Tod (2002), Hegel's Concept of Action (2004, Taschenbuch 2007), Enabling Social Europe (Ko-Autor 2005), Einführung in die Allgemeine Ethik (2008, dritte Auflage); Person (2007), Karl Marx: Ökonomisch-Philosophische Manuskripte (2009) und Menschenwürde und personale Autonomie (2010)

Prof. Dr. Jürgen Reulecke
Jürgen Reulecke, geb. 1940, Studium der Geschichte, Germanistik und Philosophie in Münster, Bonn und Bochum, Promotion 1972 und Habilitation 1979 an der Universität Bochum, Lehrstuhlvertretungen und Gastaufenthalte in Berlin, Bielefeld, München (Historisches Kolleg) und Oxford, von 1984 bis 2003 Prof. für Neuere und Neueste Geschichte an der Universität Siegen, von 2003 bis 2008 für Zeitgeschichte an der Universität Gießen, dort auch Sprecher des DFG-Sonderforschungsbereichs „Erinnerungskulturen". Publikationen vor allem zur Geschichte von Sozialpolitik und Sozialreform, von Urbanisierung und Freizeit sowie zur Jugend- und Generationengeschichte im 20. Jahrhundert

Dr. Bettina Roccor
Studium Kulturwissenschaften, Geschichte, Philosophie
Nach der Promotion wissenschaftliche Projektleitung in verschiedenen Forschungsprojekten im Auftrag von Bundes- und Landesministerien zum Thema Case Management in der beruflichen Rehabilitation von behinderten Jugendlichen und Erwachsenen, danach Aufbau eines Case Managements bei einem privaten Altenhilfeträger, heute tätig als Case Management-Ausbilderin (DGCC), Redakteurin der Fachzeitschrift „Case Management"
Dr. Bettina Roccor
Case Management-Ausbilderin (DGCC)
Prüfeninger Schloßstr. 9
93051 Regensburg

Dr. Eckart Schnabel
Studium der Sozialwissenschaft und Romanistik in Münster und Lyon. Seit 1994 ist er im Institut für Gerontologie an der Technischen Universität Dortmund beschäftigt, seit 2002 als Wissenschaftlicher Geschäftsführer. Von 2004 bis 2005 hatte er eine Professur für Soziale Sicherung und Rehabilitation an der Universität Münster inne.

Zu seinen Forschungsschwerpunkten gehören neben Sozialer Gerontologie, der Pflege- und Gesundheitspolitik v. a. die Auswirkungen des demographischen Wandels auf die Gesellschaft, u. a. im Hinblick auf Entwicklung und Organisation von Dienstleistungen für ältere Menschen. Dabei standen in den letzten Jahre Fragen der Qualität, der Nutzer- und Kundenorientierung sowie der Lebensqualität älterer Menschen im Zentrum der Forschungstätigkeit.

Dipl.-Psychologin Christiane Schrader
- Psychoanalytikerin (Frankf. PsA Institut)
- zehnjährige Tätigkeit in einer psychosomatischen Klinik
- seither in freier Praxis als Psychoanalytikerin, Psychotherapeutin, Supervisorin und Dozentin tätig
- langjährige Fachliche Leiterin der Weiterbildung „Psychoanalytische Beratung in Sexual- und Partnerschaftskonflikten" sowie Dozentin für Beratung im Alter beim Pro Familia Bundesverband
- Mitglied der überregionalen Kasseler Arbeitsgruppe „Psychoanalyse und Altern"
- Sprecherin des AK „Psychoanalyse und Altern" am Frankfurter Psychoanalytischen Institut
- Zusammen mit Herrn Dr. Peters und Herrn Dr. Bäurle Mitinhaberin des Instituts für Alternspsychotherapie und angewandte Gerontologie, gegründet von Prof. Radebold
- Publikationen zur Sexualberatung sowie zur Psychotherapie und Entwicklung der Frau im Alter
    Korrespondenzadresse:
    Poststraße 5
    63303 Dreieich
    Tel. +49 (0) 6103 981104
    E-Mail: cschrader.infoalter@gmx.de

Dekan Prof. Dr. Frank Schulz-Nieswandt
Geb. 1958, Sozialwissenschaftler, Direktor des Seminars für Sozialpolitik und Direktor des Seminars für Genossenschaftswesen der Wirtschafts- und Sozialwissenschaftlichen Fakultät der Universität zu Köln; Honorarprofessor (Sozialökonomik der Pflege) an der Philosophisch-Theologischen Hochschule Vallendar

Er studierte Sozialwissenschaften in Bochum. Assistenten- und Oberassistententätigkeit in Bochum, Köln und Regensburg; Gast- und Vertretungsprofessuren in Regensburg, Konstanz, Göttingen, Kassel, Bielefeld, Bochum

Ruf nach Köln zum April 1998, einen gleichzeitigen Ruf nach Kassel ablehnend

Vor seiner Berufung war er Leiter des Deutschen Zentrums für Altersfragen (DZA) in Berlin, heute dort Sprecher des Wissenschaftlichen Beirats des DZA; er war Mitglied der Zweiten und Dritten Altenberichtskommission, ist Mitglied im Vorstand des Deutschen Vereins für öffentliche und private Fürsorge und Kurator im KDA, Vorsitzender der Gesellschaft für Sozialen Forschritt und Vorsitzender des Wissenschaftlichen Beirates des Bundesverbandes Öffentliche Dienstleistungen

Er ist Mitglied im Vorstand und in den Internationalen wissenschaftlichen Kommissionen des International Centre of Research and Information on the Public, Social and Cooperative Economy an der Universität Lüttich.

Seine Forschungs- und Lehrschwerpunkte sind

a) Anthropologie der Sozialpolitik,

b) Gesundheits- und Pflegesystem im Lichte der Gerontologie und

c) Europarecht und Europäische Sozialpolitik mit Schwerpunkt auf soziale Dienste.

Er arbeitet multidisziplinär und hat Drittmittelerfahrung in quantitativer und qualitativer Sozialforschung. Zusammen mit Frau Prof. Dr. Kurscheid (Fresenius Hochschule Köln) begleitet er die Entwicklung und Implementation von Projekten der integrierten Versorgung in der Stadt Zürich im Kontext der Strategie „Gesundheitsnetz 2025" (u. a. mit Schwerpunkten auf Demenzversorgung und Einbindung der Pflege).

Prof. Dr. Barbara Stambolis
Geb. 1952, Professorin für Neuere und Neueste Geschichte an der Universität Paderborn. Kultur-, mentalitäten- und sozialgeschichtliche Forschungsfelder, zahlreiche Veröffentlichungen, u. a. zu Konfessionsgeschichte, religiöser Festkultur, Geschlechtergeschichte, Jugend- und Generationengeschichte, Kindheit im Zweiten Weltkrieg. U. a. Forschungsstipemdium der Gerda-Henkel-Stiftung ab Sommer 2010: Vaterlose Töchter: Vom Umgang mit weiblichen Verlusterfahrungen bei ‚Kindern des Zweiten Weltkriegs'

Peter J. Winzen
Theologe, Soziologe, Psychotherapie in eigener Praxis